Theodor Thesing, Bettina Geiger
Petra Erne-Herrmann, Christina Klenk

Sozialpädagogische Praxisfelder

Ein Handbuch zur Berufs- und Institutionskunde für Sozialpädagogische Berufe

Lambertus

Die Deutsche Bibliothek – CIP-Einheitsaufnahme

Ein Titeldatensatz für diese Publikation ist bei
Der Deutschen Bibliothek erhältlich

2. überarbeitete Auflage

Umschlaggestaltung: Nathalie Kupfermann, Bollschweil
Herstellung: Franz X. Stückle, Druck und Verlag, Ettenheim
ISBN 978-3-7841-1798-0

Inhalt

Einführung

Die Bezeichnung „Sozialpädagogik“ wird in der Alltagssprache wie auch in der pädagogischen Fachsprache und wissenschaftlichen Diskussion unterschiedlich verwendet. So wird einmal zwischen Sozialarbeit und Sozialpädagogik unterschieden, bedingt durch die unterschiedlichen Denk- und Berufstraditionen. Der Beruf des Sozialarbeiters entwickelte sich aus den Vorgängerberufen des Wohlfahrtspflegers und der Fürsorgerin, der Beruf des Sozialpädagogen aus denen der Jugendleiterin und Jugendfürsorgerin. Nach dem 2. Weltkrieg orientierte sich die Wohlfahrtspflege an amerikanischen Vorstellungen von Sozialarbeit. Dozenten der „Sozialen Frauenfachschulen“ und „Wohlfahrtspflegerseminare“ studierten in den USA Soziale Arbeit (social work) und brachten Methoden der Einzelfallhilfe (social casework), Gruppenarbeit (social groupwork) und Ansätze der Gemeinwesenarbeit (community organization for social welfare) in die deutsche öffentliche und freie Wohlfahrtspflege ein. Mit Einrichtung der Fachhochschulen für Sozialwesen Anfang der 70er Jahre wurde der Theoriemangel bewusst und ein Kompetenzstreit begann, was als Oberbegriff bzw. als Bezugswissenschaft zu gelten habe. Mit der Entwicklung und wissenschaftlichen Fundierung der außerschulischen Heilpädagogik und Etablierung auf Hochschulebene kam ein weiterer Beruf des Heilpädagogen in die Diskussion, der vor allem die therapeutischen und heilpädagogischen Behandlungsmethoden in den Vordergrund stellte. Es würde den Rahmen diesen Handbuches sprengen, die wissenschaftstheoretischen und berufspolitischen Positionen und ihre historischen Dimensionen hinreichend zu klären. Die Verfasser vertreten die Position, dass sowohl Sozialarbeit, Sozialpädagogik und Heilpädagogik Disziplinen der Erziehungswissenschaft sind, deren Studiengänge dem gemeinsamen Dach „Soziale Arbeit“ untergeordnet werden.

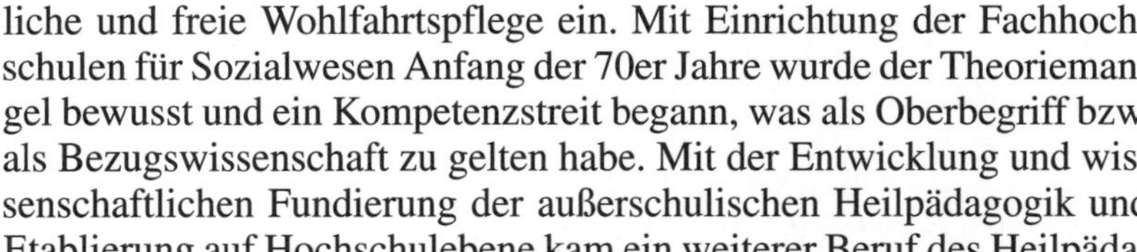

Weiter wird von den Verfassern Sozialpädagogik als Theorie und Praxis der Kinder- und Jugendhilfe verstanden, einschließlich der betroffenen Erwachsenen und Familien.

Zu den sozialpädagogischen Berufen zählen heute die Ausbildungsgänge Dipl. Pädagoge (Uni), Dipl. Sozialpädagoge (FH), Dipl. Sozialarbeiter (FH), Heilpädagoge, Erzieher, Jugend- und Heimerzieher, Heilerziehungspfleger und Arbeitserzieher, die vor allem ab den 70er Jahren ausgebaut wurden. Sozialpädagogik als Theorie und Praxis der Kinder- und Jugendhilfe beschäftigt sich mit dem sozialen Handeln mit und für benachteiligte Gruppen in einer Gesellschaft.

> „Sozialpädagogik lässt sich auf soziale Benachteiligungen und soziale Verelendung von Menschen ein und fragt zugleich nach den Bedingungen, die Notlagen hervorrufen. Sozialpädagogik denkt darüber nach, wie diese Bedingungen – individuell und gesellschaftlich – zu überwinden sind. Sie bietet konkrete Hilfen und stellt politische Forderungen. Schließlich hat Sozialpädagogik im Laufe ihrer Geschichte verstärkt auch danach gefragt, ob und wie – präventiv – verhindert werden kann, dass Menschen in wirtschaftliche und psychosoziale Not geraten. Daneben ist Sozialpädagogik aber über diesen klassischen Aufgaben- und Zuständigkeitsbereich hinaus generell an der Frage der gesellschaftlichen Integration der nachwachsenden Generation interessiert, d.h. daran, wie das Recht jedes jungen Menschen ‚auf Förderung seiner Entwicklung und auf Erziehung zu einer eigenverantwortlichen und gemeinschaftsfähigen Persönlichkeit' (§ 1, Abs. 1 KJHG) realisiert werden kann. Angesichts einer gegenwärtig rapide zunehmenden Individualisierung der Lebensführung und der Pluralisierung von Lebensverhältnissen und einer damit im Zusammenhang stehenden Auflösung traditioneller Milieus, Handlungs- und Orientierungsperspektiven, der schwindenden Geltungskraft universeller Werte und Normierungen, der Veränderung familiärer Lebensformen und der tendenziell abnehmenden Bedeutung der Familie für Sozialisation und gesellschaftlichen Integration von Kindern und Jugendlichen, wird dieser sozialpädagogische Auftrag zunehmend bedeutsam" (Jordan, E.: Kinder- und Jugendhilfe. Einführung in die Geschichte und Handlungsfelder, Organisationsformen und gesellschaftliche Problemlagen, Weinheim/München 2005, 2. Aufl., S. 11/12).

Das vorliegende Handbuch verfolgt einen *institutionsorientierten Ansatz*, der die sozialpädagogischen Arbeitsfelder beschreibt, die Handlungsadressaten mit ihren Problemlagen benennt und Aktionsräume der sozialpädagogischen Berufe aufzeigt.

Die Ordnung der Praxisfelder orientiert sich einmal an der Struktur des KJHG und erweitert diese durch weitere Arbeitsfelder in den Bereichen Behindertenhilfe, Rehabilitation, Gesundheitswesen und sogenannter „grauer" Praxisfelder, wie Tourismus, Laienprojekte, Selbsthilfegruppen u.a.

Die Entwicklung der Praxisfelder wird beeinflusst durch den Wandel von Arbeitsformen und Arbeitsprinzipien:

- Ambulant vor stationär (Beratung im Lebensfeld statt Heimversorgung),
- Ausbau offener Hilfen (z.B. Schulsozialarbeit, street work),
- Verzicht auf stigmatisierende Erziehungshilfen (Fürsorgeerziehung),
- Abbau von geschlossenen Formen der Unterbringung (Anstaltswesen),
- Öffnung der Jugendarbeit für benachteiligte Gruppen (Mädchenarbeit, Migranten),
- Stadtteilorientierung, Gemeinwesenarbeit,
- Prävention (vorbeugen statt heilen),
- Lebensweltorientierung,
- Regionalisierung (Familien benötigen Hilfe in räumlicher Nähe),
- Normalisierung („Es ist normal, verschieden zu sein"),
- Partizipation (Teilhabe der Klienten und Zielgruppen an Entscheidungsprozessen),
- Projektorientierung (erlebnispädagogische Lernfelder),
- Kundenorientierung (Kunde statt Hilfeempfänger).

Das vorliegende Handbuch richtet sich an Studierende der Sozialarbeit/Sozialpädagogik, der Fachschulen für Sozialwesen – ErzieherInnen, Jugend- und HeimerzieherInnen, HeilerziehungspflegerInnen, HeilpädagogInnen, ArbeitserzieherInnen, die eine berufskundliche Einführung in die Institutionen bzw. Praxisfelder der Sozialen Arbeit suchen. Es bietet Lehrkräften der Fächer Berufskunde, Praxis- und Methodenlehre bzw. Didaktik und Methodik der Sozialpädagogik ein Grundwissen zur Institutionskunde. Für Personalentwickler in sozialen Einrichtungen wie auch für Berufsberater dürfte das Handbuch als Nachschlagewerk hilfreich sein.

Anmerkung

Es ist den Verfassern bewusst, dass der überwiegende Teil der sozialpädagogischen Fachkräfte Frauen sind, so dass es angebracht wäre von Sozialpädagoginnen/Sozialpädagogen zu sprechen, analog dazu von Erzieherinnen/Erzieher usw. Um eine bessere Lesbarkeit der Texte zu gewährleisten, wurde auf diese Schreibweise verzichtet und entweder „SozialpädagogInnen" verwendet oder die männliche Form der Bezeichnung belassen.

1. Förderung und Erziehung in der Familie

Theodor Thesing

Überblick

Familien nehmen in unserer Gesellschaft in der Regel die Aufgabe wahr, Kinder zu erziehen, auf das Leben vorzubereiten und in die Gesellschaft einzuführen. Für viele Paare ist es immer noch das höchste Glück, ein Kind zu bekommen und eine Familie zu gründen. Die Familienformen haben sich in den zurückliegenden Jahrzehnten sehr gewandelt, so dass kaum noch von der „traditionellen“ Familie gesprochen werden kann. Ein-Eltern-Familien, die Zunahme der von Scheidung betroffenen Familien, sogenannte Patchwork-Familien, und andere Lebensformen zeigen eine Veränderung des Familienverständnisses und stellen die Familienmitglieder vor Probleme. Das neue Kinder- und Jugendhilfegesetz von 1990 (zuletzt geändert am 29.5.1998) reagierte auf die veränderten Lebensbedingungen von Familien und setzte als oberstes Ziel, die Eltern bei ihren Erziehungsaufgaben zu unterstützen und somit indirekt die Lebens- und Erziehungssituation der Kinder- und Jugendlichen zu verbessern. Der § 16, 2 KJHG definiert die *Leistungen zur Förderung der Familie*, dazu gehören insbesondere:

- Angebote der *Familienbildung*, die auf Bedürfnisse und Interessen sowie auf Erfahrungen von Familien in unterschiedlichen Lebenslagen und Erziehungssituationen eingehen, die Familien zur Mitarbeit in Erziehungseinrichtungen und in Formen der Selbst- und Nachbarschaftshilfe besser befähigen sowie junge Menschen auf Ehe, Partnerschaft und das Zusammenleben mit Kindern vorbereiten.
- Angebote der *Familienfreizeit* und der *Familienerholung*, insbesondere in belastenden Familiensituationen, die bei Bedarf die erzieherische Betreuung der Kinder einschließen.

1.1 Familienbildung

Überblick

Die heutige Familienbildung hat ihre historischen Wurzeln in der Gründung der ersten „Mütterschulen“ 1917 in Stuttgart. In der Nachfolgezeit versuchten sogenannte „Mütterberatungsstellen“ etwas gegen die hohe

Säuglings- und Müttersterblichkeit durch vorsorgliche und aufklärende Arbeit zu tun. Eine weitere Ursache für die Gründung von Mütterschulen und -beratungsstellen in kirchlicher Trägerschaft oder durch Arbeitervereine ist, neben den volksgesundheitlichen Motiven, in der Wanderungstendenz vom Land in die Städte zu sehen mit den Folgen der Auflösung von Großfamilien, Absenkung des familiären Halts und Solidarität. Junge Frauen sollten auf ihre Tätigkeit als Frau, Mutter, Hausfrau und Erzieherin vorbereitet werden (vgl. Kühnert-Löser; Kaut 1986, S. 32). Nach dem 2. Weltkrieg wurde an diese Entwicklung angeknüpft, Ziel war die Restabilisierung der Familie und Vorbereitung der Frau auf Haushaltsführung und Erziehung des Nachwuchses. Erst die gesellschaftliche Entwicklung der 60er Jahre brachte eine Diskussion über die veränderte Rolle der Frau und partnerschaftliche Familienkonzepte. „Die Auswirkungen auf die Mütterschulen spiegelte sich Anfang der 70er Jahre sowohl in einer Namensänderung als auch in den Programmen der Einrichtungen wieder. Aus der ‚Mütterschule' wurden ‚Elternschule', ‚Familienbildungsstätte', ‚Haus der Familie'. ‚Kochkurse für Männer und Frauen', ‚Erziehungskurse für Mütter und Väter', ‚Partnerschaftskurse' etc. wurden in das Programm aufgenommen: damit sollte vor allem die gemeinsame Verantwortung von Mann und Frau propagiert und gefördert werden" (Kühnert-Löser; Kaut 1986, S. 33).

Mütterschule → Elternschule → Familienbildung

Die Familienbildung ist heute ein äußerst heterogenes Gebilde im Spannungsfeld von Erwachsenenbildung und Jugendhilfe. Schiersmann unterscheidet vier Schwerpunkte:

Schwerpunkte der Familienbildung

In Erwachsenenbildungseinrichtungen stellen Familien eine Zielgruppe unter anderem im Rahmen der Bildungsarbeit dar. Familienbildungsangebote finden sich in erster Linie in Volkshochschulen und in kirchlichen Bildungseinrichtungen.

Der zweite Schwerpunkt liegt bei Einrichtungen, die ausschließlich Bildungsangebote für die Zielgruppe Familien durchführen. Sie sind aus den Mütterschulen hervorgegangen und werden als

Familienbildungsstätte, Haus der Familie oder Elternschule bezeichnet, ihre Zahl wird auf ca. 500 in Deutschland geschätzt.

Zur dritten Gruppe gehören selbsthilfeorientierte Angebote wie Familientreffs und Familienzentren. Die Bildungsarbeit bildet hier einen Schwerpunkt neben anderem wie z.B. wohnortnahe Kinderbetreuung, Kommunikation, Secondhand-Verkauf von Kinderkleidung u.a. Die Zahl wird auf ca. 300 geschätzt mit rasch steigender Tendenz.

Zu den nicht-institutionellen Formen der Familienbildung gehören die medialen Angebote, wie z.B. Fernsehreihen „Erziehen ist (nicht) kinderleicht", Elternbriefe und Internetinformationen (Schiersmann 1999, S. 24f.).

KONZEPTE/ARBEITSFORMEN

Betrachtet man primär die Familienbildungsstätten, so stehen heute folgende Themenschwerpunkte vor allem für junge Familien im Vordergrund:

- Offene Angebote (Frauen, ausländische Frauen, Familientreffs),
- Gesundheitsbildung (Geburtsvorbereitung, Ernährung, Suchtprävention, Entspannung und Bewegung),
- Pädagogik (entwicklungspsychologische Fragen und Erziehungskonzepte),
- Partnerschaft und Familie (Leben als Mann und Frau, Ehevorbereitung),
- kreative und musische Gestaltung,
- theologische und weltanschauliche Themen, Wertfragen.

Die Lernformen sind heterogen: Vorträge, Seminare, Kurse, vielfältige offene und selbstorganisierte Angebote, Beratungsformen (vgl. Schiersmann 1999, S. 26/27).

BERUFSPROFILE DER PÄDAGOGISCHEN FACHKRÄFTE

In einer bundesweiten Institutionsanalyse wurde erhoben, dass die Personalstruktur in Einrichtungen der Familienbildung durch eine geringe Zahl festangestellter MitarbeiterInnen geprägt ist, die in erster Linie planende bzw. disponierende Tätigkeiten wie Programmgestaltung, Gewinnung von Referenten etc. ausüben und eine hohe Zahl als freiberufliche Honorarkräfte tätig ist. 1995 wiesen sich knapp 90 % der LeiterInnen durch einen Fachhochschulabschluss (Sozialarbeit/Sozialpädagogik) oder einen Hochschulabschluss (Pädagogik, Psychologie, Theologie) aus. 40 % der LeiterInnen besitzen zusätzlich eine Zusatzausbildung in den Bereichen Beratung, Therapie, Supervision, Didaktik der Erwachsenenbildung (vgl. Schiersmann 1999, S. 28).

Quellen/Literatur

Bundesministerium für Familie, Senioren, Frauen und Jugend (Hrsg.): Familienbildung als Angebot der Jugendhilfe. Aufgaben und Perspektiven nach dem Kinder- und Jugendhilfegesetz, Stuttgart 1996

Kühnert-Löser, Ch.; Kaut, R.: Entwicklung der Familienbildung in den letzten 20 Jahren, in: Bundesarbeitsgemeinschaft von Einrichtungen für Familienhilfe (Hrsg.): Familienbildung und Gesellschaft, Bonn 1986

Schiersmann, C.: Familienbildung in Deutschland, in: Bundesarbeitsgemeinschaft Familienbildung und Beratung e.V. (Hrsg.): Familienbildung in Europa 1999, S. 24ff.

dies. u.a.: Innovationen in der Familienbildung. Ergebnisse einer bundesweiten Institutionsanalyse, in: Zeitschrift für Erziehungswissenschaft, 2/1999, S. 99–113

www.familienbildung.org

www.kafe.de/BundesarbeitsgemeinschaftFamilienbildung.htm

1.2 FAMILIENTREFFS, FAMILIENZENTREN

Überblick

Familientreffs bzw. Familienzentren sind offene, wohnortsnahe und gemeinwesenintegrierte Treffpunkte für Familien in öffentlicher, freier und zunehmend auch in privater Trägerschaft. Sie reagieren auf eine veränderte gesellschaftliche Situation, in der familiäre und nachbarschaftliche Strukturen bei der Betreuung von Kindern nicht mehr greifen bzw. nicht ausreichen. In den Familientreffs, die als Familienzentrum, Familienforum oder mit Phantasienamen wie „Spatzennest e.V.", „Rumpelstilzchen", „Villa Kunterbunt" u.Ä. bezeichnet werden, organisieren Familien sich weitgehend selbst und finden gegenseitige Beratung und Unterstützung. Diese Treffs werden von Vätern, Müttern und Kindern selbst gestaltet, verwaltet und finden ein hohes Interesse. Beispiel: Im süddeutschen Bodenseekreis gibt es 16 Familientreffs mit 1.530 verschiedenen Familien pro Monat, mit 8.188 Besuchern im Monat und mit über 6.500 Veranstaltungen und Gruppenangeboten. Insgesamt werden die Angebote von knapp 100.000 Besuchern im Jahr genutzt (vgl. Heitzler, H.: Familientreffs im Bodenseekreis 2000). Vor allem Frauen mit Kleinkindern möchten ihre speziellen Bedürfnisse zum Ausdruck bringen, suchen hier Kontakte und Begegnungen und möchten sich mit ihren Interessen und Möglichkeiten engagieren. Da das Kinder- und Jugendhilfegesetz eine selbst-organisierte Förderung von Kindern durch ihre Eltern vorsieht, werden die Projekte in der Regel durch das zuständige Jugendamt finanziell gefördert oder bei der Suche nach geeigneten Räumen unterstützt.

KONZEPTE/ARBEITSFORMEN

Familientreffs sind sogenannte niederschwellige gemeinwesenorientierte Angebote, in denen die Besucher sich weitgehend selbst als Experten sehen, eigenständig definieren, was sie brauchen und die notwendigen Hilfen selbst organisieren. Oftmals steht eine professionelle sozialpädagogische Fachkraft für Beratung und Begleitung zur Verfügung. Die Angebote der Familientreffs sind vielfältig und an den aktuellen Interessen junger Familien und der Familienmütter orientiert:

Angebote der Familientreffs

Babytreffs, Krabbelstuben, Stillgruppen, Schwangerschaftsgymnastik, Mütter- oder Familiencafés, Gruppenangebote für Alleinerziehende, Elternstammtisch, Frauengesprächskreis, Kinderturnen, Kinderfriseur, Gesprächskreise und Vorträge zu Erziehungsfragen, Kinderkleidungsbasar, Tagesmüttervermittlung, Sitting-Vermittlung, Beratungsangebote des Sozial- oder Jugendamtes.

Die Konzepte weisen vielfach folgende Merkmale auf:

- Selbsthilfe, Selbstorganisation, Selbstverwaltung,
- Wohnortsnähe, Gemeinwesenorientierung,
- niederschwelliges Angebot, geringes Maß an zeitlicher Verbindlichkeit,
- Frauen verstehen sich als Expertinnen für die Lösung ihrer Probleme,

- Aufwandsentschädigungen für geleistete Arbeit als Betreuerin, Referentin, Sittingdienste,
- Kooperation von Selbsthilfegruppe, ehrenamtlich Tätigen und sozial-pädagogischen Fachkräften.

BERUFSPROFILE DER PÄDAGOGISCHEN FACHKRÄFTE

Die Familientreffs sind von ihrer Konzeption her Selbsthilfeinstitutionen mit der Konsequenz, dass sehr viele Menschen im Sinne eines „bürgerschaftlichen Engagement“ ehrenamtlich bzw. mit sehr geringen Aufwandsentschädigungen tätig sind. Typisch für die Aufbauphase dieser Institutionen ist die professionelle „Grauzone“, d.h. bei der Anstellung der pädagogischen Fachkräfte (Lehrerinnen, Erzieherinnen, Sozialpädagoginnen, pädagogische Laien) sind Engagement und Ideen für das berufliche Engagement entscheidender als der Abschluss einer sozialpädagogischen Ausbildung. Die fachliche Beratung durch das Jugendamt erfolgt in der Regel durch eine Sozialarbeiterin/Sozialpädagogin.

Quellen/Literatur

Heitzler, H.: Familientreffs im Bodenseekreis 2000

1.3 FAMILIENFERIENSTÄTTEN UND -DÖRFER

Überblick

Die Anfänge der Familienferienstätten und -dörfer liegen in der „Müttererholung“ der Nachkriegszeit. Die Entlastung der Familienmutter von den Aufgaben des Haushalts und der Kindererziehung und Erholung bei gesundheitlichen Problemen bildeten die Intention. Konzeptionell folgten die Mutter-Kind-Ferien. Hier hat sich ein deutlicher Wandel vollzogen. Nicht die Entlastung von den Aufgaben der Familie steht heute im Vordergrund, sondern das Zusammenleben der ganzen Familie, die Stärkung des familiären Zusammenhalts. „Die Familienerholung dient dem gemeinsamen Erleben der Freizeit mit vermehrten und vertieften Möglichkeiten des Kontaktes, des Gespräches, gemeinsamen Wanderungen, Erfahrungen und Erlebnissen, besonders in den Bereichen Bildung, Spiel und Sport" (Fachlexikon der sozialen Arbeit 1997, S. 273).

Für kinderreiche Familien ist oftmals ein Urlaub nicht finanzierbar, die Räumlichkeiten für Kinder in Urlaubsorten nicht geeignet. Die in der Regel gemeinnützigen Familienerholungswerke wollen hier eine Chance für preisgünstige Ferien bieten. Familien mit mindestens zwei Kindern oder Alleinerziehende mit mindestens einem Kind können Zuschüsse erhalten, die allerdings einkommensabhängig sind. In der Bundesarbeitsgemeinschaft Familienerholung sind 160 Einrichtungen mit ca. 18.000 Betten zusammengeschlossen (BAGFE 2000).

Konzepte/Arbeitsformen

Die Familienferienstätten arbeiten heute nach einem integrierten Konzept, das Baulichkeit, Personal, Verpflegung und Freizeitkonzeption aufeinander abstimmt (vgl. Arbeitskreis für Familienerholung 1995, S. 4ff.):

Ferienstätte

Familienferienstätten liegen in landschaftlich reizvollen, für Familienferien geeigneten Gebieten. Sie verfügen über familienfreundliche Unterkunftsräumlichkeiten wie über ansprechende, für verschiedene Altersgruppen ebenso wie für verschiedene Aktivitäten ausgestattete Gemeinschaftsräume.

Unterbringung

Die Unterbringung der Familien erfolgt in Ferienhäusern, familiengerechten Appartements und/oder Doppel-/Einzelzimmer verbunden mit Aufenthaltsräumen und Rückzugsmöglichkeiten, die nur den Familien zur Verfügung stehen.

Verpflegung

Ferienstätten bieten je nach Konzeption des Hauses nur Unterkunft, Halbpension oder Vollpension an. Manche Häuser bieten ein „Baukastensystem" an, bei dem die Familien die für sie erforderliche Verpflegungsform zusammenstellen können.

Kinderbetreuung

Träger der Familienerholung bieten während der Familienferienaufenthalte zu bestimmten Zeiten eine altersgemäße Kinderbetreuung oder Animationsprogramme an.

Kinder-, Jugend- und Familienprogramme

Familienferienstätten bieten auf der Basis von Freiwilligkeit für verschiedene Ziel- und Altersgruppen Freizeitprogramme an, die sich vom musisch-kreativen Bereich über Natur-/Umfelderkundung bis hin zu pädagogischen oder politischen Fragen erstrecken.

Pastorale Angebote

Die Familienferienstätten in kirchlicher Trägerschaft machen bewusst Angebote mit pastoralem Inhalt wie familiengemäße Gottesdienste, Gesprächkreise und Meditationen.

Berufsprofile der pädagogischen Fachkräfte

Die Hausleitung einer Ferienstätte wird von einem Leiter oder einer Leiterin, oftmals auch einem Ehepaar, wahrgenommen. Die Berufsprofile reichen von Sozialpädagogen, Sozialarbeiter, Erzieher bis zu Hauswirtschaftsleiterinnen und Fachkräften mit betriebswirtschaftlicher Ausbildung.

Quellen/Literatur

Bundesarbeitsgemeinschaft Familienerholung (BAGFE): Familienerholung in Deutschland 2000

Deutscher Verein für öffentliche und private Fürsorge: Fachlexikon der sozialen Arbeit, Frankfurt 1997, 4. Aufl.

Kath. Arbeitskreis für Familienerholung: Der Kath. Arbeitskreis für Familienerholung, Bonn 1995

2. Tageseinrichtungen für Kinder

Petra Erne-Herrmann

Tageseinrichtungen für Kinder gibt es seit Ende des 18. Jahrhunderts. Sie entstanden in der Zeit der Industrialisierung, als die Mütter gezwungen waren in Fabriken zu arbeiten, um den Lebensunterhalt der Familie zu sichern. Das Ziel dieser frühen Kinderbewahranstalten war es, die Kinder von der Straße zu holen und vor Verwahrlosung zu bewahren. Erst an zweiter Stelle kam die pädagogische Förderung. Jedoch gründete der Pastor Johann Friedrich Oberlin 1769 im Elsass die erste „Kleinkindschule" mit eindeutig pädagogischer Ausrichtung. Die Bewahranstalten wurden nur in Notfällen beansprucht, insbesondere von Eltern der unteren Schichten. Im 19. Jahrhundert entstanden verstärkt Kleinkindschulen für die Kinder des Bürgertums.

Tageseinrichtungen für Kinder sind in Deutschland der Jugendhilfe zugeordnet. Sie werden finanziert vom Land, den Kommunen, dem Träger und den Elternbeiträgen.

Der Auftrag der Einrichtungen ist in § 22 des Kinder- und Jugendhilfegesetzes festgehalten:

(1) In Kindergärten, Horten und anderen Einrichtungen, in denen sich Kinder für einen Teil des Tages oder ganztags aufhalten (Tageseinrichtungen), soll die Entwicklung des Kindes zu einer eigenverantwortlichen und gemeinschaftsfähigen Persönlichkeit gefördert werden.

(2) Die Aufgabe umfasst die Betreuung, Bildung und Erziehung des Kindes. Das Leistungsangebot soll sich pädagogisch und organisatorisch an den Bedürfnissen der Kinder und ihrer Familien orientieren.

(3) Bei der Wahrnehmung ihrer Aufgaben sollen die in den Einrichtungen tätigen Mitarbeiter mit den Erziehungsberechtigten zum Wohl der Kinder zusammenarbeiten. Die Erziehungsberechtigten sind an den Entscheidungen in wesentlichen Angelegenheiten der Tageseinrichtungen zu beteiligen.

2.1 KINDERGARTEN

Quelle: kita heute 9/96, S. 55

Kindergärten sind, im Sinne des Kinder- und Jugendhilfegesetzes, familienunterstützende Einrichtungen, d.h. sie ergänzen die Erziehung in der Familie. Ihr Auftrag ist (vgl. KJHG § 22) die Bildung, Erziehung und Betreuung der Kinder im Alter von drei Jahren bis zum Schuleintritt.

Als „Erfinder" des Kindergartens gilt Friedrich Fröbel (1782–1852). Er gründete 1840 in Rudolfstadt den ersten Kindergarten. Fröbel ging von der Annahme aus, dass der Mensch von Geburt an gut ist und es die Aufgabe der Erziehung ist, ihn zum Einklang und zur Harmonie mit der Welt zu führen. Im Mittelpunkt der Pädagogik Fröbels stand die Förderung des kindlichen Spiels.

Bis dahin stand bei der öffentlichen Kinderbetreuung die soziale Hilfeleistung im Vordergrund. Bei Fröbel handelte es sich erstmals eindeutig um einen Bildungsauftrag. Sein Kindergarten wurde von den Mittelschichtkindern besucht. Kinder der unteren sozialen Schichten gingen weiterhin in die länger geöffneten Bewahranstalten.
Die 1860 gegründeten „Volkskindergärten" lösten die Bewahranstalten ab, ohne jedoch qualitativ an die Fröbelkindergärten heranzukommen. Das lag daran, dass Fröbel sich von Anfang an um die Ausbildung der „Kindergärtnerinnen" kümmerte. 1922 wurde der Kindergarten im Reichsjugendwohlfahrtsgesetz als Teil der Jugendhilfe verankert.
Obwohl viele Elemente der Fröbelschen Pädagogik auch heute noch ihre Bedeutung für den Kindergartenalltag haben, passten sich die Einrichtungen für Kinder über die Jahrhunderte dem Zeitgeist, dem jeweiligen „Bild vom Kind" und den Bedürfnissen der Beteiligten an und entwickelten sich in vielfacher Weise weiter.
75 % der Kindergärten sind in Trägerschaft der großen Spitzenverbände der freien Wohlfahrtspflege (Arbeiterwohlfahrt, Caritas, Diakonie, Rotes Kreuz, Paritätischer Wohlfahrtsverband und Zentral-Wohlfahrtsstelle der Juden in Deutschland). Träger sind aber auch der Arbeiter-Samariter-Bund, die Johanniter und andere caritative Verbände ebenso wie Betriebe, Universitäten, Elternvereine und Kommunen.

2.1.1 Der Regelkindergarten

Überblick

Regelkindergärten sind die am häufigsten anzutreffende Form der Tageseinrichtungen für Kinder. Vor allem in Westdeutschland fand in den letzten Jahren ein starker zahlenmäßiger Ausbau dieser Einrichtungen statt; insbesondere seit ab 1996 ein Rechtsanspruch auf einen Kindergartenplatz besteht.
Den „traditionellen Kindergarten" gibt es nicht mehr. Kindergärten haben inzwischen eine große Spannbreite an Öffnungszeiten, diese reichen von der „klassischen Zeit" 8.00 bis 12.00 Uhr und 14.00 bis 16.00 Uhr bis zur flexiblen 7.00 bis 13.00 Uhr mit vielen Varianten drumherum. Immer häufiger haben die Eltern auch die Wahl zwischen verschiedenen Betreuungszeiten in einer Einrichtung; d.h. ein Teil der Kinder geht um 12.00 Uhr und kommt am Nachmittag wieder, ein

anderer Teil bleibt bis 13.00 Uhr und verbringt den Nachmittag nicht mehr im Kindergarten. Allen Betreuungsformen gemeinsam ist in der Regel die Zeit von sechs Stunden mit den Kindern, die restliche Zeit dient der Vorbereitung der Erzieherinnen. Die „Betriebsformenmischung“ innerhalb eines Kindergarten verlangt einen „Dienstplan“. Es beginnen nicht mehr alle Mitarbeiter zur selben Zeit und hören gemeinsam auf, sondern es wird inzwischen auch im Kindergarten „geschichtet“.
Kindergärten gehen vermehrt dazu über, die Altersgrenzen nach unten und nach oben zu öffnen, d.h. es gibt Kindergärten die Kinder unter drei Jahren aufnehmen und/oder Grundschüler über die Mittagszeit betreuen.
Ab dem Jahr 2010 haben Kinder ab zwei Jahre und ab 2013 ab einem Jahr einen Rechtsanspruch auf einen Betreuungsplatz. Viele Kindertageseinrichtungen richten sich auf diese Entwicklung ein und nehmen Kinder unter 3 Jahren bereits jetzt auf – auch im Zuge der zurückgehenden Kinderzahlen. Voraussetzung für die Aufnahme von „Unter-Dreijährigen“ ist, dass die Konzeption der Einrichtung umgeschrieben und an 5 Kinderjahrgänge angepasst wird.

KONZEPTE/ARBEITSFORMEN

Bildungsauftrag

Nachdem in den 90er Jahren die bedarfsangepasste Betreuung im Mittelpunkt stand, liegt seit einigen Jahren der Schwerpunkt auf der Bildung. Durch die Pisa-Ergebnisse Anfang des neuen Jahrtausends rückte das Bildungsthema im Elementarbereich ins Zentrum.
Die Bundesländer entwickelten Bildungspläne für Ihre Kindergärten, die bereits verbindliche Arbeitsgrundlage für die Erzieherinnen sind oder es in den nächsten Jahren werden.
Spracherziehung, Naturwissenschaften, Mathematik, Körper- und Sinneserfahrungen, Soziales Lernen, Philosophie, Sinn- und Wertorientierung u.v.m. sind die Inhalte dieser Pläne. Sie sind wie die Lehrpläne der Schule Sache der Bundesländer.

Situationsansatz

Die pädagogische Arbeit orientiert sich in den meisten Einrichtungen konzeptionell am „Situationsansatz“. Die Lebenssituation und die

Bedürfnisse des Kindes stehen im Mittelpunkt der pädagogischen Arbeit. Das Lernen findet in den Lebenssituationen der Kinder statt, die von der Erzieherin beobachtet und gegebenenfalls aufgegriffen und thematisiert werden. Im Kinderforum, in der Kinderkonferenz, im Stuhlkreis oder wie immer die Zusammenkunft der Kinder und Erzieherinnen benannt wird, wird mit den Kindern diskutiert, geplant, abgestimmt, wie die Themen, die die Kinder betreffen und interessieren, angegangen und fortgeführt werden. Viel Wert legt der Situationsansatz auf die Planung, Durchführung, Reflexion und Dokumentation von Projekten.

Öffnung

Viele Kindergärten haben in den letzten Jahren die Gruppen nach innen geöffnet, d.h. die Gruppentüren sind zeitweise oder ständig geöffnet, um den Kindern mehr Bewegungsspielraum und Entscheidungsmöglichkeiten zu geben. Manche Kindergärten sind dazu übergegangen, die einzelnen Gruppenräume ganz aufzulösen und die Zimmer in Funktionsräume umzugestalten. Das sieht praktisch so aus, dass es nicht mehr in jedem Gruppenraum eine Bau-, eine Puppen-, eine Gestaltungsecke gibt, sondern dass aus einem Gruppenzimmer das Bauzimmer wird, ein Raum wird zum Rollenspielzimmer, ein Raum wird für das Gestalten eingerichtet und die Kinder bewegen sich im ganzen Haus. Meistens sind sie noch in Stammgruppen eingeteilt, die einige Zeit des Vormittags gemeinsam verbringen. Auch die Öffnung nach außen ist ein Element des Situationsansatzes. Sie bedeutet sowohl, die Türen für Besucher und Hospitanten zu öffnen, als auch selbst rauszugehen.

Profilierung

Regelkindergärten sind viel stärker als z.B. Waldkindergärten oder Montessori-Kinderhäuser von den aktuellen Trends und Diskussionen im Elementarbereich betroffen (momentan ist es die „Altersöffnung“ und Bildungsdebatte) – sie stehen viel mehr in Konkurrenz zu anderen Kindergärten ihres Einzugsgebiets. Viele Einrichtungen entwickeln daher ihr eigenes Profil, indem sie einen Schwerpunkt legen z.B. in Richtung Naturkindergarten, spielzeugreduzierter Kindergarten, Arbeit nach dem Reggiokonzept, interkulturelle Arbeit usw.

Öffentlichkeitsarbeit

Dadurch, dass die Eltern die freie Wahl des Kindergartens haben, sind die Einrichtungen gezwungen, für sich zu werben und ihr eigenes Profil bestmöglichst darzustellen. Sie verstehen sich als Dienstleistungsunternehmen für Familien, denen sie inzwischen in allen möglichen Lebenslagen Unterstützung anbieten (z.B. im Umgang mit Behörden, Vermittlung von Tagesmüttern, Sprechzeiten der Erziehungsberatungsstelle usw.). Je besser vernetzt eine Einrichtung ist, um so effektiver kann sie arbeiten.

Weitere Begriffe, mit denen sich Erzieherinnen im Regelkindergarten auseinandersetzen müssen, sind:

- Konzeptionsentwicklung,
- Qualitätsentwicklung,
- Kundenorientierung,
- Budgetverwaltung.

Berufsprofile der pädagogischen Fachkräfte

In Kindergärten arbeiten überwiegend ErzieherInnen und KinderpflegerInnen, das Arbeitsfeld steht aber auch Jugend- und HeimerzieherInnen, Heilerziehungspflegerinnen, HeilpädagogInnen und SozialpädagogInnen offen. Die LeiterInnen von Kindertageseinrichtungen haben zunehmend eine Zusatzqualifikation in Sozialmanagement oder als Fachwirt für Organisation und Führung absolviert.
Zukünftig werden auch Hochschulabsolventen/innen mit dem Studienschwerpunkt „Elementarerziehung/-bildung" im Kindergarten zu finden sein.
Die Rolle der Erzieherin kann heute als Anregerin, als Entwicklungsbegleiterin, als Forscherin, als Moderatorin, als Mitlernende, als Neugierige zwischen Tradition und Innovation Balancierende, als Entdeckerin und Kommunalpolitikerin verstanden werden (Zimmer 2006).

Quellen/Literatur

Colberg-Schrader H./Krug, M.: Arbeitsfeld Kindergarten. Pädagogische Wege, Zukunftsentwürfe und berufliche Perspektiven, Weinheim, München 1999
Fthenakis, W.E. (Hrsg.): Elementarpädagogik nach Pisa. Wie aus Kindergärten Bildungseinrichtungen werden können, Freiburg 2003
Regel, G./Kühne T.: Arbeit im offenen Kindergarten, Freiburg 2001
Weber, Sigrid: Die Bildungsbereiche im Kindergarten, Freiburg 2003
Zimmer, J.: Das kleine Handbuch zum Situationsansatz, Weinheim 2006

2.1.2 Der Ganztageskindergarten

Überblick

Diese Betreuungsform ist in den meisten Ländern des europäischen Auslandes Standart.
Die Familienstrukturen haben sich in den letzten 50 Jahren drastisch verändert. Die Zahl der Alleinerziehenden nimmt zu, ebenso die Zahl der veränderten Familienstrukturen wie z.B. „Patchworkfamilien“. Frauen kehrten zu einem großen Teil nach der Erziehungszeit wieder in ihren Beruf zurück. Kindertageseinrichtungen müssen sich an den Lebensumständen der Familien orientieren und den Eltern eine Vereinbarkeit von Familie und Beruf ermöglichen.
Ganztageskindergärten bieten eine ganztägige Betreuung mit Mittagessen. Die Öffnungszeiten variieren in den Einrichtungen in der Zeit zwischen 6.30 Uhr und 20.00 Uhr. Das Konzept, die Arbeitsformen und die Öffentlichkeitsarbeit entsprechen i.d.R. denen des Regelkindergartens. Bei den Ganztageskindergärten spielt das Mittagessen und die anschließende Mittagsruhe zusätzlich eine entscheidende Rolle. Die Aufnahme erfolgt nach sozialer Dringlichkeit.
Es gibt auch Betriebe, die eine Kindertagesstätte für die Mitarbeiterkinder unterhalten. Die Gruppengröße diese „Betriebsangegliederten Kindertageseinrichtungen“ richten sich nach dem Alter der Kinder – oft werden Kinder ab Geburt bis in Schulalter aufgenommen.

Konzepte und Arbeitsformen

s. 2.1.1 Regelkindergarten

BERUFSPROFILE DER PÄDAGOGISCHEN FACHKRÄFTE

Ebenso wie im Kindergarten arbeiten hier ErzieherInnen, KinderpflegerInnen, HeilerziehungspflegerInnen, Jugend- und HeimerzieherInnen, HeilpädagogInnen und Sozialpädagoginnen. Die Leiterinnen haben auch hier i.d.R. eine zusätzliche Leitungsqualifikation, da die Führung einer Ganztageseinrichtung nochmals komplexer als die eines Kindergartens ist (Dienst- und Urlaubspläne, Abrechnungen, Essenplanung, mehr Personal u.U. auch für die Küche, usw.). Der Ganztageskindergarten hat weniger Schließungstage als der Regelkindergarten, da die Eltern auf eine zuverlässige, Betreuung angewiesen sind, das bedeutet auch für die Mitarbeiterinnen eine flexiblere Urlaubsplanung. Es wird im Schichtdienst gearbeitet. Eltern brauchen häufig über die reine Betreuung hinaus zusätzliche Unterstützung, dies erfordert Beratungskompetenz und Vernetzung.

Quellen/Literatur

Fried,L./Dippenhofer-Stiem, B./Honig, M./Liegle, L.: Einführung in die Pädagogik der frühen Kindheit, Weinheim 2003
Schäfer, Gerd: Bildung beginnt mit der Geburt, Weinheim 2003
Wehrmann I. (Hrsg.): Kindergärten und ihre Zukunft, Weinheim 2004

2.1.3. DAS MONTESSORI-KINDERHAUS

Überblick

Montessori-Einrichtungen gewinnen in letzter Zeit wieder stark an Bedeutung. Besonders im Rahmen der neuen Bildungsdiskussion und der Frage, ob wir vielfältige Lernressourcen unserer Vorschulkinder brachliegen lassen, erleben die Montessori-Kinderhäuser einen erneuten Boom – denn hier liegt ein Schwerpunkt auf der kognitiven Förderung.
Maria Montessori (1870–1952), die Begründerin der Montessori-Pädagogik, war ihrer Zeit weit voraus. Sie war die erste Frau in Italien, die Medizin studierte und promovierte. Sie kam von der Medizin zur Pädagogik und interessierte sich beim Kind vor allem – das lag nahe – für die Motorik und die Sinne.

In der Arbeit mit Kindern mit einer geistigen Behinderung entwickelte Montessori ihr didaktisches Material und erzielte damit in der Förderung dieser Kinder verblüffende Erfolge. Ihre „zurückgebliebenen Kinder“ konnten z.T. mit „normalen Kindern“ einer Regelschule zusammen Prüfungen ablegen und bestanden diese. Montessori schloss daraus, dass die Regelschule die Kinder zuwenig anregte und aktivierte. Sie kritisierte die Pädagogik der Schulen und setzte ihnen eine Erziehung ohne Repression und Zwang entgegen.
1907 gründete Maria Montessori ihr erstes „casa dei bambini“ in einem Elendsviertel von Rom. Sie nahm verwahrloste Kinder auf, erzog sie nach ihren Vorstellungen und mit ihrem didaktischen Material und erreichte auch hier enorme Erfolge, die ihr weltweite Anerkennung einbrachten.
Montessori ging von der Annahme aus, dass das Kind sein „eigener Baumeister“ ist.

> „Das Kind ist nicht ein leeres Gefäß, das wir mit unserem Wissen angefüllt haben und das uns so alles verdankt. Nein, das Kind ist der Baumeister des Menschen und es gibt niemanden, der nicht von dem Kind, das er selbst einmal war, gebildet wurde“ (Montessori 1972, S. 13).

Es trägt die Anlage, vollkommen zu werden, in sich. Die Aufgabe der Erzieherin ist es, eine entsprechende anregende Umgebung bereitzustellen, in der sich das Kind seinem Tempo gemäß entfalten kann.

Konzepte/Arbeitsformen

Kernpunkte der Montessori Pädagogik lassen sich folgendermaßen zusammenfassen:

Sensible Perioden

Das Kind ist bis zu seinem sechsten Lebensjahr in bestimmten Entwicklungsperioden besonders empfänglich für besondere Lernprozesse. Diese Perioden dienen dem Erwerb gewisser Fähigkeiten und sind nur von einer umrissenen Dauer. Wenn die Fähigkeit nicht in dieser entsprechend sensiblen Phase gelernt wurde, kann sie später nur noch mühsam und nicht mehr perfekt erlernt werden.

> „Das Kind macht seine Erwerbungen in seinen Empfänglichkeitsperioden. Diese sind einem Scheinwerfer vergleichbar, der einen bestimmten Bezirk des Inneren taghell erleuchtet, vielleicht auch einem Zustand elektrischer Aufladung.

> Auf Grund dieser Empfänglichkeit vermag das Kind einen außerordentlich intensiven Zusammenhang zwischen sich und der Außenwelt herzustellen, und von diesem Augenblick an wird ihm alles leicht, begeisternd, lebendig. Jede Anstrengung verwandelt sich in einen Machtzuwachs. Erst wenn während einer solchen Empfänglichkeitsperiode die entsprechende Fähigkeit errungen worden ist, senkt sich ein Schleier der Gleichgültigkeit und Müdigkeit über die Seele des Kindes. Kaum ist jedoch eine dieser seelischen Leidenschaften erloschen, da entzünden sich auch schon andere Flammen, und so schreitet das Kind von einer Eroberung zur nächsten fort, in einem unablässigen Vibrieren von Lebenskraft, das wir alle kennen und als ‚Freude und Glück der Kindheit' bezeichnen" (Montessori 1992, S. 49f).

- Von der Geburt bis zu drei Jahren besitzt das Kind eine gesteigerte Aufnahmefähigkeit und -bereitschaft für Umwelteinflüsse und Sinneserfahrungen.
- Im Alter von eineinhalb bis drei Jahre ist das Kind sensibel für die sprachliche Entwicklung.
- Von eineinhalb bis vier Jahren entwickelt sich die Muskulatur, das Kind hat Interesse an Gegenständen.
- Von zwei bis vier Jahren verfeinern sich die Bewegungen, das Kind beschäftigt sich mit Wahrheit und Wirklichkeit und es entwickelt eine Vorstellung von Zeit und Raum.
- Von zweieinhalb bis sechs Jahren verfeinert es seine Wahrnehmung.
- Von drei bis sechs Jahren ist es empfänglich für Einflüsse von Erwachsenen. Von dreieinhalb bis vier Jahre liebt es Schreiben und Malen.
- Von vier bis viereinhalb Jahre entwickelt sich der Tastsinn. Von viereinhalb bis fünfeinhalb Jahren ist es prädestiniert für das Lesen.

Die vorbereitete Umgebung

Die Erzieherin muss das Material bereitstellen und die Umgebung vorbereiten, damit das Kind sich in seiner sensiblen Phase das Material nehmen kann, das es für seine momentane Weiterentwicklung braucht. Das bedeutet, das Material muss frei zugänglich und übersichtlich für das Kind angeordnet sein. Die Raumgestaltung muss klar und strukturiert sein und dem Kind die Orientierung leicht machen. Das Kind besitzt genügend Eigenmotivation, um sich des Materials zu bedienen und zu üben. Montessori schuf den Begriff der „Polarisierung der Aufmerksamkeit", das Kind konzentriert sich intensiv auf seine Aufgabe, ohne sich durch äußere Störungen ablenken zu lassen. Erziehung zur Selbstständigkeit („hilf mir es selbst zu tun") geschieht durch die Selbsttätigkeit.

In Montessori-Kinderhäusern gibt es neben den vielen Regalen mit Montessori-Material i.d.R. auch Bau-, Puppen- und Bücherecken.

Das Montessori-Material

Das Material ist angelegt auf die Verfeinerung der Sinne, der Motorik, der Sprache und des mathematischen Verständnisses.

- „Das Sinnesmaterial besteht aus einem System von Gegenständen, die nach bestimmten physikalischen Eigenschaften der Körper wie Farbe, Form, Maße, Klang, Zustand von Rauheit, Gewicht, Temperatur usw. geordnet sind. Jede Gruppe verfügt über die gleiche Eigenschaft, jedoch in verschiedenen Abstufungen, es handelt sich also um eine Abstufung, bei der sich der Unterschied von einem Gegenstand zum anderen gleichmäßig verändert und, wenn möglich, mathematisch genau festgelegt ist“ (Montessori 1969, S. 114).

  Um die Welt begrifflich zu erfassen, muss das Kind sie zuerst sinnlich erfahren. Montessori entwickelte Sinnesmaterial, um die Beobachtung, die Zuordnung und die Unterscheidung zu üben. Das Material schult jeweils einen Sinn isoliert und trägt die Fehlerkontrolle in sich, d.h. das Kind kann unabhängig vom Erwachsenen arbeiten und sich selbst korrigieren.

  Der Umgang mit Zahlen und Buchstaben im Kindergarten dient dazu, dass sich das Kind in seinem eigenen Tempo entwickeln kann. Viele Kinder interessieren sich für Buchstaben und Zahlen bereits vor der Einschulung. Sie haben dann die freie Wahl, sich dieses Material zu holen. Das Kind darf in seiner Entwicklung nicht gehemmt werden, indem man ihm Dinge vorenthält.

  Das Material sollte nur seiner Bestimmung entsprechend verwendet, also nicht für irgendwelche Phantasiespiele zweckentfremdet werden. Es sollte ferner dem Kind in einer bestimmten Weise (3-Stufen-Lektion) nahegebracht werden.

- Die „Übungen des praktischen Lebens“ sind ebenfalls in jedem Montessori-Kinderhaus zu finden. Hier handelt es sich um Material

  - zur Pflege der eigenen Person (Hände waschen, Zähne putzen usw.),
  - zur Pflege der Umgebung (Messing oder Schuhe putzen, Wäsche zusammenlegen usw.),
  - zur Pflege der sozialen Beziehungen (Kochen, Tisch decken usw.) und
  - zur Analyse und Kontrolle der Bewegungen (Türen oder Schubladen leise öffnen und schließen, Blumentöpfe tragen usw.).

BERUFSPROFILE DER PÄDAGOGISCHEN FACHKRÄFTE

In den Einrichtungen arbeiten ErzieherInnen, Jugend- und HeimerzieherInnen, Heilerziehungspflegerinnen, HeilpädagogInnen und SozialpädagogInnen.
In einer Montessori-Einrichtung zu arbeiten heißt, nach einem bestimmten Menschenbild zu arbeiten. Die Erzieherin muss an die Eigenkräfte des Kindes glauben, die nur geweckt und begleitet werden müssen. Sie muss sich als Beobachterin verstehen, die keine vorgefertigte Meinung vom Kind hat, sondern dem Kind die Vielfalt seiner Lebensmöglichkeiten zugänglich macht und ihm hilft, „es selbst zu tun".
Sie muss eine Umgebung bereitstellen, die es dem Kind ermöglicht, sich selbstständig zu entfalten und sie muss eine Atmosphäre der Freiheit und Konzentration schaffen.
Generell hält sich die Erzieherin zurück, sie ist keine Animateurin. Sie zeigt dem Kind den Umgang mit dem Material, sie beobachtet, hält sich bereit, falls sie gebraucht wird, sie steht ihm bei Konflikten bei, wenn das Kind dies wünscht, entscheidet aber nie über das Kind bzw. kritisiert und moralisiert nicht.
Fachkräfte in Montessori-Einrichtungen legen i.d.R. vor oder während ihres Arbeitsverhältnisses ein Montessori-Diplom ab (berufsbegleitend in ca. 1 1/2Jahren). Von Leiterinnen der Montessori-Kinderhäusern wird das Montessori-Diplom i.d.R. erwartet.

Quellen/Literatur

Becker-Textor, I.: Maria Montessori. Kinder lernen schöpferisch, Freiburg 1994
Fthenakis, W.; Textor, M. (Hrsg): Pädagogische Ansätze im Kindergarten, Weinheim und Basel 2000
Huppertz, N. (Hrsg.): Kindergärten für Kinder, Oberried 1999
Montessori, Maria: Das kreative Kind, Freiburg 1972
dies.: Kinder sind anders, München 1992
dies.: Die Entdeckung des Kindes, Freiburg 1969

2.1.4. DER WALDORFKINDERGARTEN

Überblick

Die Anthroposophie Rudolf Steiners (1861–1925) ist die Grundlage der Pädagogik im Waldorfkindergarten. Die Arbeit im Waldorfkindergarten unterscheidet sich z.T. erheblich von der in einem Regelkindergarten.

Steiners Menschenbild ist dreigeteilt in Leib, Seele und Geist.

> „So ist der Mensch Bürger dreier Welten. Durch seinen Leib gehört er der Welt an, die er auch mit seinem Leibe wahrnimmt; durch seine Seele baut er sich seine eigne Welt auf; durch seinen Geist offenbart sich ihm eine Welt, die über die beiden andern erhaben ist“ (Steiner 1955, S. 29).

Die Entwicklung des Menschen vollzieht sich in Sieben-Jahresstufen, die aufeinanderfolgen und mit der leiblichen Entwicklung beginnen. In den ersten sieben Jahren ist das Kind damit beschäftigt, seinen Leib aufzubauen. In dieser Zeit nimmt es die Welt über die Sinne auf. Äußere Eindrücke werden „einverleibt“, d.h. sie nehmen Einfluss auf den Organbildungsprozess und zwar – je nach Eindruck – gesundend oder krankmachend. Dies ist grundlegend für die Gestaltung des Umfeldes, für das Verhalten der Erziehungsperson und für die pädagogische Arbeit.
Träger der Waldorfkindergärten sind gemeinnützige Vereine. Die Gehälter der ErzieherInnen, auch der LehrerInnen, sind nicht einheitlich festgelegt, sondern richten sich nach den Möglichkeiten des jeweiligen Vereins. Die Öffnungszeiten liegen i.d.R. zwischen 7.30 Uhr und 12.30 Uhr. Die Gruppengröße liegt, wie in anderen Kindergärten auch, bei ca. 25 Kindern.

KONZEPTE/ARBEITSFORMEN

Kernpunkte der Arbeit im Waldorfkindergarten:

Spielmaterial

Das Spielmaterial im Waldorfkindergarten ist qualitativ sehr hochwertig. Es besteht ausschließlich aus organischen Stoffen. Plastikspielzeug wird abgelehnt, da es die Sinne nicht anregt und die neutrale Perfektion die Phantasie hemmt. Es gibt im Waldorfkindergarten wenig vorgefertigtes Spielzeug. Die Gegenstände sind nur angedeutet und vielfältig einsetzbar, um die Phantasie der Kinder anzuregen.

Solches Spielmaterial sind z.B. die Waldorfpuppen, deren Gesichter nur angedeutet sind, damit das Kind Ausdrücke und Regungen hineindenken kann. Ferner spielen die Kinder mit Kastanien, Holzscheiben und Ästen, Wurzeln, Stroh, Steinen, Muscheln, Tüchern, Märchenwolle usw.
Ein weiterer Bereich des Spielmaterials stellen Utensilien des täglichen Lebens dar, mit denen die Kinder waschen, bügeln, fegen, putzen, kochen, weben, nähen, einkaufen, handwerklich tätig sind usw.
Technische Medien wie Fernseher, Cassettenrecorder, Computer werden abgelehnt. Reigen, Singspiele, Märchen, Puppenspiel und Musik dringen über die Sinne in die Seele des Kindes ein und machen sie reich.

Spiel

Dem kindlichen freien Spiel wird eine große Bedeutung beigemessen. Die Waldorfpädagogen sind sich einig, dass heutzutage den Kindern zu früh zu viel zugemutet wird und die Kinder durch die Kindheit gehetzt werden; dies hemmt die gesamte Entwicklung. Es gibt nur wenige Jahre, in denen das Kind so phantasievoll spielt und es ist wichtig, dies zu ermöglichen, zu unterstützen und zu fördern.

Rhythmus und Wiederholung

Das Kind braucht ebenso wie phantasievolle, lebendige Tätigkeit, die Ordnung, um die sinnesüberflutete Seele zu beruhigen. Der Tages-, Wochen-, Monatsablauf im Waldorfkindergarten ist klar strukturiert. Der Tages- und Wochenablauf kann z.B. folgendermaßen aussehen:

7.30– 9.15 Uhr	Freispiel, währenddessen Frühstücksvorbereitung und Tätigkeiten, die sich aus der Jahreszeit oder der Vorbereitung eines Festes ergeben.
9.15– 9.45 Uhr	Aufräumen, gemeinsamer Gang zur Toilette.
9.45–10.00 Uhr	Rhythmisches Spiel.
10.00–10.20 Uhr	Frühstück, an jedem Wochentag ein bestimmtes, sich wiederholendes.
10.20–11.30 Uhr	2. Freispielzeit im Garten mit Spielen und der Pflege des Gartens, evtl. auch ein Spaziergang.
11.30–11.45 Uhr	Schuhe wechseln, Hände waschen, Puppenkinder wickeln, sich in der Erzählecke sammeln.
11.45–12.00 Uhr	Es wird ein Märchen erzählt und zwar immer dasselbe über einen längeren Zeitraum.

Besonderheiten einzelner Wochentage:

Dienstag	Malen mit Wasserfarben
Mittwoch	Eurythmie
Donnerstag	Kneten mit Bienenwachs
Samstag	Wochenendputz

(vgl. von Kügelgen [Hrsg.] 1991, S. 57)

Auch der Jahresrhythmus wird bewusst und intensiv gelebt durch die Gartenarbeit, durch den Jahreszeitentisch und durch Reime, Gedichte und Lieder zu den Jahreszeiten.

> „Das Jahr ist der Rhythmus des physischen Werdens und darum so besonders wichtig für die mit ihrem Wachstum beschäftigten Kinder“ (in: Fthenakis 2000, S. 61).

Vorbild und Nachahmung

Die Erzieherin wirkt durch ihr Dasein und ihr Tun. Sie strahlt aus, was sie denkt und fühlt, sie fordert nicht, sondern wirkt. Die Erzieherin hält sich mit einer Tätigkeit wie z.B. Nähen, Weben, Blumenpflege, Bügeln usw. bei den Kindern auf; sie ist sich ihrer Vorbildfunktion bewusst, die Kinder ahmen sie nach.
Das Gehirn des Kindergartenkindes wird noch ausgestaltet und darf nicht durch intellektuelle Früherziehung, durch Abverlangen von Leistung und Entscheidungen in seinem Aufbau behindert werden, indem Wachstumskräfte für anderes abgezogen werden. Bis zum 7. Lebensjahr lernt das Kind durch Nachahmung, nicht durch Belehrung, d.h. keine explizite Förderung kognitiver Fähigkeiten.

Zusammenarbeit mit den Eltern

Da Eltern ebenfalls diese Vorbildfunktion haben, wird auf die Zusammenarbeit mit dem Elternhaus großen Wert gelegt. Es finden häufig Elternabende statt und zwar:

- allgemeine Gruppenelternabende mit aktuellem Inhalt und thematischen Schwerpunkten,

- Bastelabende mit dem Ziel, dass Eltern selbst handwerkliche Fähigkeiten erwerben, ferner werden die hergestellten Dinge für die Ausstattung des Kindergartens und zum Verkauf bei Basaren verwendet.
- Vortragsabende zu Fragen der Ernährung, der Kleidung, der häuslichen Raumgestaltung, der Religion, Kinderkrankheiten usw.

Es werden regelmäßig Elterngespräche geführt und es finden Hausbesuche statt, damit die Erzieherin sich ein Bild von der häuslichen Umgebung des Kindes machen kann.

BERUFSPROFILE DER PÄDAGOGISCHEN FACHKRÄFTE

WaldorferzieherInnen werden an speziellen Fachschulen für Sozialpädagogik ausgebildet, diese gibt es in Bochum, Dortmund, Kassel und Stuttgart. Sie ist gleich strukturiert wie die allgemeine Erzieherausbildung und führt ebenfalls zur staatlichen Anerkennung. Ausbildungsschwerpunkte sind hier die menschenkundlichen Grundkenntnisse der Lehre Steiners, methodische, didaktische Fähigkeiten, ebenso wie künstlerische Fächer. Das Aufnahmealter liegt bei den meisten Fachschulen bei 20 Jahren.
Für ErzieherInnen, die bereits eine staatliche Anerkennung haben und an einen Waldorfkindergarten wechseln wollen, gibt es in Berlin, Hannover, Nürnberg, Stuttgart und Witten-Herdecke Fortbildungsseminare. Das Mindestalter beträgt hier 21 Jahre. Die Weiterbildung dauert zwei Jahre, wobei im ersten Jahr die Theorie überwiegt mit Praxiszeiten dazwischen. Das zweite Jahr ist ein Praxisjahr.

Quellen/Literatur

Jaffke, F.: Spielen und arbeiten im Waldorfkindergarten, Stuttgart 2004

Kügelgen von, H. (Hrsg.): Plan und Praxis des Waldorfkindergartens. Beiträge zur Erziehung des Kindes im ersten Jahrsiebt, Stuttgart 1991

Prange, K.: Erziehung und Anthroposophie. Darstellung und Kritik der Waldorfpädagogik, Bad Heilbrunn 1987

Saßmannshausen, W.: Waldorf-Pädagogik im Kindergarten, Freiburg 2003

Steiner, R.: Theosophie, Stuttgart 1955

Thesing, T.: Leitideen und Konzepte bedeutetender Pädagogien, Freiburg i.B. 2001

2.1.5 Der Waldkindergarten

„In den Wäldern sind Dinge,
über die nachzudenken,
man jahrelang im Moos liegen könnte.“
Franz Kafka

Überblick

Die Idee des Waldkindergartens ist rund 50 Jahre alt. Sie entstand in Dänemark aus einer Elterninitiative heraus. In Deutschland wurde der erste Waldkindergarten 1993 in Flensburg von zwei Erzieherinnen gegründet. Heute gibt es über 100 in der Bundesrepublik und die Tendenz ist steigend.
Die Kindergruppe besteht aus maximal 20 Kindern zwischen drei und sechs Jahren, zum Teil auch jünger. An manchen Waldkindergärten ist eine „Zwergengruppe“ angegliedert, ähnlich einer Spielgruppe für Kinder unter drei Jahren, die sich 1 bis 3mal pro Woche im Wald trifft. Zwei Erzieherinnen und evtl. eine Praktikantin oder ein Elternteil begleiten die Kinder.
Die Kinder verbringen die gesamte Kindergartenzeit im Wald. Die Betreuungszeit der meisten Waldkindergärten liegt zwischen drei und vier Stunden (vier Stunden im Sommer, drei im Winter). Es gibt inzwischen aber auch Waldkindergärten mit sechs Stunden Öffnungszeit am Vormittag oder mit Nachmittagsbetreuung.

Vorteile des Waldkindergartens für die Kinder:	Nachteile des Waldkindergartens
• Sie haben viel Raum für Bewegung. • Dadurch, dass mehr Platz da ist, braucht es weniger Regeln und Verbote, es kommt zu weniger Reibereien und Aggressionen zwischen den Kindern. • Natur wird intensiv erlebt und begriffen, die Kinder bekommen den jahreszeitlichen Rhythmus intensiv mit.	• Das Konzept ist nicht für jedes Kind geeignet, da man bei jedem Wetter draußen ist und oft weitere Strecken zurücklegt (vor allem im Winter). • Die Betreuungszeiten sind häufig kürzer als im Regelkindergarten, das schafft Probleme für berufstätige Eltern.

• Sie lernen Wissenswertes über Tiere, Pflanzen und Erscheinungen der Natur, sie werden sensibel für ökologische Zusammenhänge und wertschätzen die Natur. • Das Immunsystem wird gestärkt. • Sie machen vielfältige Sinneserfahrungen, ohne dass diese künstlich geschaffen werden müssen. • Das nicht vorgefertigte Material regt die Kreativität und Phantasie der Kinder an. • Die gesamte Motorik wird geschult. • Die Erzieherinnen haben uneingeschränkt Zeit für die Kinder, da keine Ablenkung von außen droht.	• Kinder aus sozial schwachen Familien und ausländische Kinder erreicht das Konzept kaum. • Waldkindergärten haben ein großes Einzugsgebiet. Die Kinder gehen meist nicht in den wohnortnahen Kindergarten und haben dann oft auch ihre Spielkameraden aus dem Kindergarten nicht in der Nähe.

Träger ist auch hier ein Verein. Häufig sind die Eltern, deren Kinder den Waldkindergarten besuchen, Mitglieder in diesem Verein. Elternabende finden in Gaststätten oder anderen Räumlichkeiten statt. Die Elternzusammenarbeit ist intensiv, da das Geld in der Regel knapp ist und man zusammen hilft (um z.B. den Bauwagen auszustatten), und da die Eltern ein großes Interesse an der Arbeit des Kindergartens haben.

KONZEPTE/ARBEITSFORMEN

Alle Waldkindergärten haben einen Bauwagen (seltener eine Hütte) zur Aufbewahrung der Dinge, die im Wald benötigt werden und evtl. auch zum zeitweiligen Aufenthalt der Kinder.
Es gibt Bauwagen, die mit Tischen und Stühlen, mit Kuschelecke und Ofen ausgestattet sind.
Bei ganz extremen Witterungsverhältnissen findet ein Alternativprogramm z.B. ein Museums- oder Büchereibesuch statt.
Das Gebiet in dem sich die Kinder aufhalten ist räumlich begrenzt und mit dem Förster abgesprochen.
Die Erzieherinnen müssen im Wald immer folgende Dinge in ihrem Bollerwagen mit sich führen: eine Erste-Hilfe-Ausrüstung, ein Wasserkanister, Handwaschmittel, Tee oder andere Getränke, ein Klappspaten

(zum Vergraben von Kot), Toilettenpapier, eine große Plane (für Regen), Ersatzkleidung, Bilderbücher, Bestimmungsbücher, Werkzeug (Taschenmesser, kleine Sägen, Schnüre ...), Lupen, Sammelbeutel (für Müll, Kräuter, sonstige Funde), Handy, Telefonliste der Eltern. Die Kinder haben in ihren Rucksäcken ein Vesper, eine Getränkeflasche, ein Iso-Sitzkissen, ein kleines Handtuch und meist ein Taschenmesser, eine eigene Lupe oder was man sonst noch an persönlichen Dingen braucht.

Der Vormittag im Wald sieht ungefähr folgendermaßen aus:

bis 9.00 Uhr	Ankunft der Kinder und Freispiel am Bauwagen.
9.15– 9.30 Uhr	Gemeinsamer Morgenkreis mit Spielen, Liedern und Besprechung, was heute ansteht.
9.30– 9.50 Uhr	Freispiel (Hänge herunter rutschen, Wett- und Rollenspiele, matschen, experimentieren, forschen usw.).
10.20–10.40 Uhr	Picknick, Frühstück.
10.40–11.40 Uhr	Gemeinsames Tun bzw. Aktivitäten in Kleingruppen (Tipis oder Waldsofas bauen, mit Naturmaterial werkeln, Schnitzen, an einem Bach Wasser stauen, Wasserräder und Brücken bauen, Vogelstimmen lauschen, Tiere beobachten usw.
11.40–12.00 Uhr	Rückweg.
12.00–12.05 Uhr	Schlusskreis.

Bei Kindergäten, die länger geöffnet haben, finden noch bis zur Abholung der Kinder Aktivitäten am Bauwagen statt (Malen, Bücher anschauen, Basteln usw.).

Geburtstage und Feste über das Jahr werden hier genauso gefeiert wie im Regelkindergarten, nur eben im Freien und meist schlichter.
Generell ist jedoch die Arbeit im Freien viel unplanbarer als in geschlossenen Räumen, das bedeutet, dass die Erzieherin spontan sein, aber dennoch gut organisieren können muss.
Nach Miklitz beeinflussen folgende Faktoren die Arbeit im Wald:

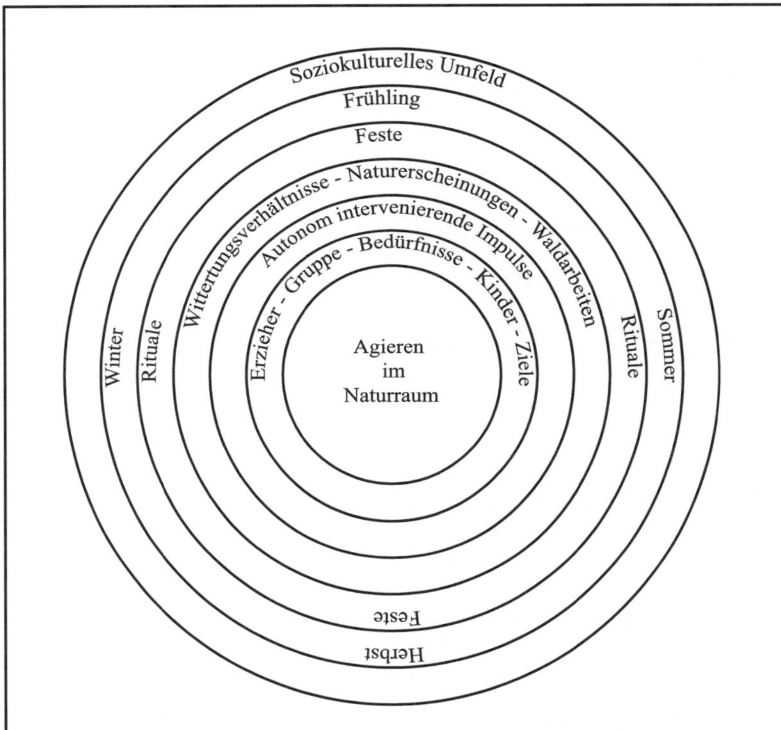

(Quelle: Miklitz 2000, S. 51)

Im Waldkindergarten wird auch situationsorientiert gearbeitet. Die Interessen und Bedürfnisse der Kinder werden aufgegriffen und thematisiert. Auch hier gibt es Projekte über eine längere Zeit, die nicht nur von „Naturthemen“ handeln.
Prinzipiell stehen Waldkindergärten der Integration von Kindern mit Behinderung offen gegenüber, in der Praxis ist es aber noch eher die Ausnahme.
Viele Regelkindergärten sind inzwischen dazu übergegangen, Waldtage, Waldwochen, Waldprojekte durchzuführen.
Auch gibt es Kindergärten mit integrierten Waldgruppen. An einen Regelkindergarten wird als zusätzliche Gruppe eine Wald- oder Wandergruppe angegliedert, die entweder einen festen Kinderstamm hat, einen variablen oder teils, teils; d.h. entweder sind 20 Kinder fest in der

Waldgruppe, analog dem Waldkindergarten oder die Kinder des gesamten Kindergartens entscheiden sich täglich oder wöchentlich neu, wer mit in den Wald geht, oder zehn Kinder gehören fest zur Waldgruppe und zehn Plätze werden immer wieder neu aus den Kindern des Regelkindergartens belegt. Die Nachmittagsbetreuung steht dann allen Kindern im Kindergarten offen.
Die ErzieherInnen müssen festlegen, ob zwei von ihnen fest zur Waldgruppe gehören oder ob sie ein rollierendes System bevorzugen.
In Norddeutschland und in Dänemark gibt es Strandkindergärten.

Berufsprofile der pädagogischen Fachkräfte

Im Waldkindergarten arbeiten ErzieherInnen, Jugend- und HeimerzieherInnen, HeilerziehungspflegerInnen und SozialpädagogInnen. Neben einer guten Konstitution ist die Liebe zur Natur wichtig. ErzieherInnen im Wald bilden sich häufig weiter in Richtung Naturpädagogik oder Erlebnispädagogik, inzwischen gibt es auch eine Reihe an Fortbildungen speziell für WalderzieherInnen.
Auf die Erzieherin im Waldkindergarten kommen andere Anforderungen zu als in einem Regelkindergarten.
„Pädagogik wird von individuell unterschiedlichen denkenden und handelnden Menschen vermittelt. Deshalb sollte die Wahrnehmung des eigenen Verhaltens und die Auseinandersetzung mit den eigenen Einstellungen und Gefühlen immer am Anfang der pädagogischen Arbeit stehen. In diesem Fall lautet die Schlüsselfrage: Was bedeutet Natur für mich?“ (Knauer; Brandt 1995, S. 125).

Quellen/Literatur

Cornell, J.: Mit Kindern die Natur erleben. Mühlheim 1999
ders.: Mit Freude die Natur erleben. Naturerfahrungsspiele für alle, Mühlheim 1999
Knauer, R./Brandt, P.: Ich schütze nur, was ich liebe. Konzept einer ganzheitlichen Umweltpädagogik. Freiburg 1995
Michael-Hagedorn, R./Freiersleben, K.: Kinder unterm Blätterdach. Walderlebnisse planen und gestalten. Dortmund 2003
Miklitz, I.: Der Waldkindergarten. Dimensionen eines pädagogischen Ansatzes. Neuwied, Berlin 2007
www.waldkindergarten.de: Konzept des Flensburger Waldkindergartens (1. Waldkindergarten in Deutschland)

2.1.6 DER INTEGRATIVE KINDERGARTEN

Überblick

Integration bedeutet „Wiederherstellung eines Ganzen" (Duden Fremdwörterlexikon) und bezieht sich im Sprachgebrauch der Kindertageseinrichtungen auf die gemeinsame Erziehung und Förderung von Kindern mit und ohne Behinderung. Für den Begriff „Integration"wird heute häufig der Begriff „Inklusion" verwendet, der die vollständige Aufnahme von Menschen mit einer Behinderung in eine Gemeinschaft bedeutet.
Lange Zeit wurde die Förderung von Kindern mit Behinderung überwiegend in Sondereinrichtungen betrieben. Erst Ende der 70er Jahre kamen Zweifel auf, ob die isolierte Erziehung auch die ideale Förderung für diese Kinder darstellte. Die ersten integrativen Gruppen wurden mit Kindern erprobt, die eine leichte Behinderung hatten, sie waren an Sondereinrichtungen angeschlossen. Natürlich wurden auch schon lange Zeit davor immer wieder Kinder mit einer Behinderung in den ortsnahen Kindergarten aufgenommen, ohne dass sie speziell erfasst oder gar die Rahmenbedingungen verändert wurden.
Laut § 24 KJHG haben alle Kinder vom 3. Lebensjahr bis zum Schuleintritt Anspruch auf den Besuch eines Kindergartens, unabhängig davon, ob das Kind eine Behinderung hat oder nicht.
Dieser Anspruch kann in einer Regeleinrichtung (Regelkindergarten, Ganztageskindergarten, Kinderhaus u.a.) oder in einem Schulkindergarten (s. 2.1.7.) erfüllt werden. Es muss im Einzelfall geprüft werden, wo das Kind die für seine Situation angemessenere Förderung erfährt.
Unterschieden werden drei Formen der Integration im Elementarbereich:

Einzelintegration

Ein einzelnes Kind mit Behinderung wird in einer Regelgruppe mitbetreut. Diese Form kommt am häufigsten vor. Die Aufnahme eines Kindes mit einer Behinderung kommt meist auf einen Kindergarten zu, ohne dass dies im Vorfeld geplant wurde.
Häufig ist es der Wunsch der Eltern, das Kind wohnortnah mit den Kindern der Nachbarschaft im Kindergarten betreuen zu lassen. Es kommt auch vor, dass erst während der Kindergartenzeit die Behinderung festgestellt wird und das Kind in der Gruppe bleibt. Laut Landeswohlfahrtsverband Württemberg-Hohenzollern ist die Anzahl der Kinder mit einer

körperlichen oder geistigen Behinderung, die in Regeleinrichtungen betreut werden, in den letzten 2 Jahren um 45 % angestiegen.

Integrative Gruppe/integrativer Kindergarten

„Integrative Gruppen im Sinne des Kindergartengesetzes sind diejenigen, welche mindestens zwei Kinder mit Behinderung beziehungsweise mit erhöhtem Förderbedarf betreuen" (Kommunalverband für Jugend und Soziales, 2006, S.7). Die Träger dieser Einrichtungen erhalten einen jährlichen Zuschuss. Dieser Zuschuss wird dazu verwendet:

- Die Gruppengröße zu reduzieren,
- Eine zusätzliche Hilfskraft oder Praktikantin zu bezahlen,
- Eine zusätzliche, stundenweise tätige Fachkraft zu finanzieren.

Integrative Einrichtung

Ein Schulkindergarten und ein Regelkindergarten sind in einem Gebäude organisiert und kooperieren. Sie nutzen vorhandene Möglichkeiten, Erfahrungen, Kenntnisse und Potentiale, benutzen Räume gemeinsam, besuchen sich regelmäßig, unternehmen gemeinsame Projekte u.a. (vgl. Landeswohlfahrtsverband 1999).

Konzepte/Arbeitsformen

Aufgabe der integrativen Kindergärten ist es, behinderte ebenso wie nicht behinderte Kinder entsprechend § 22 KJHG/SGB VIII zu fördern. Die gemeinsame Förderung soll unter anderem Lernanreize und gemeinsame Erfahrungsfelder bieten, den behinderten Kindern die Eingliederung in die Gesellschaft erleichtern sowie auf den Schulbesuch vorbereiten. Die Förderung soll wohnortnah erfolgen" (Landeswohlfahrtsverband 16.05.2000).
Um eine angemessene Betreuung von Kindern im Regelkindergarten zu sichern, müssen gewisse Faktoren berücksichtigt werden:

Art und Schwere der Behinderung

Es geht nicht um Ausgrenzung bestimmter Behinderungsarten, sondern es geht um Förderungs-, Therapie-, Pflege- und Zuwendungsaufwand. Prinzipiell muss geprüft werden, inwiefern der Kindergarten den Anforderungen des Kindes mit Behinderung gereicht werden kann, aber auch den Anforderungen der Gesamtgruppe.

Koordination mit anderen Fachstellen

Es muss mit medizinisch-therapeutischen und pädagogisch-psychologischen Fachkräften zusammengearbeitet werden.

Intensive Elternzusammenarbeit

Das Team und die Eltern müssen kooperativ zusammenarbeiten. Es muss abgeklärt werden, welche zusätzlichen Hilfen erforderlich oder gewünscht sind. Die Förderung im Kindergarten und im Elternhaus muss ständig aufeinander abgestimmt werden.

Gruppengröße, räumliche und personelle Bedingungen

- Reduzierte Gruppengröße,
- Abbau von Barrieren,
  zusätzliche Fachkraft mit heilpädagogischer Ausbildung,
- Fortbildungsmöglichkeiten für ErzieherInnen,
  regelmäßige Besprechungen auch mit den therapeutischen Fachkräften,
- evtl. Supervision.

Die Gesamtkonzeption ist auf die Situation abgestimmt

Die Arbeit nach dem „Situationsansatz" bietet gute Voraussetzungen für integrative Erziehung, da bei den Interessen, Bedürfnissen und dem Vermögen der einzelnen Kinder angesetzt wird (s. 2.1.1).

> „Für das behinderte Kind gilt nach dem Situationsansatz ebenso wie für das nicht behinderte Kind, solche Situationen seines Lebens aufzugreifen, in denen es über eine Bearbeitung und eine Erweiterung seiner Fähigkeiten zu größerer Selbstständigkeit und Selbstbestimmung finden kann" (Pausewang 1994, S. 266).

Da im Situationsansatz nicht alle dasselbe machen, finden sich in einem gemeinsamen Projekt Kleingruppen von ähnlichem Entwicklungsstand zusammen, die im Rahmen ihrer Möglichkeiten ein Projekt umsetzen.

Daneben finden auch Angebote mit der Gesamtgruppe statt (Stuhlkreis, Lieder, Feste u.a.).

Es werden in der Arbeit in integrativen Gruppen mehr Einzelbeschäftigungen angeboten, es ist i.d.R. mehr Sinnesmaterial vorhanden, oft ist die räumliche Aufteilung verändert (bei Kindern mit einer körperlichen

Behinderung wird insgesamt mehr auf dem Boden gespielt, es gibt weniger Tische und Stühle), es findet viel gezieltes Beobachten statt, behinderungsbedingte Besonderheiten oder Therapiezeiten bestimmen den Tagesablauf der Gruppe mit. Idealerweise sind die Gruppen in integrativen Kindergärten altersgemischt.

Abbildung: Integrative Gruppen

– Bedeutung für die Gruppe –

Behinderte → ← Nichtbehinderte

- gegenseitiges Kennenlernen
- Lernen voneinander
- Akzeptanz andersartiger Menschen
- gegenseitige Zuneigung

– Bedeutung für die Erzieherin –

- keine Bewertung des Menschen nach seinen Fähigkeiten
- Bereitschaft zum Kenntniserwerb und zur individuellen Erziehung
- jedes Kind dort abholen können, wo es steht
- Empathie gegenüber Kindern und Eltern
- geduldiges und konsequentes pädagogisches Vorgehen
- Differenzierung der Angebote

Quelle: Pausewang 1994, S. 268

Berufsprofile der pädagogischen Fachkräfte

In Integrativen Kindergärten arbeiten überwiegend ErzieherInnen, SozialpädagogInnen, HeilerziehungspflegerInnen und HeilpädagogInnen.
Erzieher müssen sich Kenntnisse über Behinderungen aneignen und oft auch ihre eigenen Ängste und Unsicherheiten überwinden.
Insgesamt stellen die meisten ErzieherInnen in integrativen Gruppen fest, dass diese Arbeit nicht grundsätzlich mit anderen Anforderungen verbunden ist als die Arbeit im Regelkindergarten, aber manche Bereiche eine andere Bedeutung erhalten und dass wesentlich differenziertere Fähigkeiten erforderlich sind (vgl. Miedaner 1997, S. 311).

Quellen/Literatur

Eberwein, H. (Hrsg.): Handbuch Integrationspädagogik. Kinder mit und ohne Behinderung lernen gemeinsam, Weinheim und Basel 1997

Heimlich U./Behr Isabel: Integrative Qualität im Dialog entwickeln. Auf dem Weg zu inklusiven Kindertageseinrichtungen, Münster 2005

Kommunalverband für Jugend und Soziales Baden-Württemberg, Stuttgart, 2006 oder www.kvjs.de

Ders.: Informationen zur Förderung von Kindern mit Behinderung in Kindertageseinrichtungen, Stuttgart 2006

Ders.: Integrierte und flexible Hilfen in Kindertagesstätten – pädagogische, finanzielle und organisatorische Aspekte, Stuttgart 2002

Miedaner, L.: Gemeinsame Erziehung behinderter und nichtbehinderter Kinder. Materialien zur pädagogischen Arbeit im Kindergarten, München 1997

Pausewang, F.: Ziele suchen – Wege finden. Arbeits- und Lehrbuch für die didaktisch-methodische Auseinandersetzung in sozialpädagogischen Berufen, Berlin 1994

2.1.7 DER SCHULKINDERGARTEN FÜR KINDER MIT BEHINDERUNG

Überblick

Schulkindergärten für Kinder mit Behinderung gibt es seit Anfang der 60er Jahre. Sie sind immer an Schulen für Kinder mit Behinderung angeschlossen und werden nach Art der Behinderung unterschieden. Die frühere Bezeichnung „Sonderschulkindergarten“wird heute nicht mehr verwendet. Nicht zu verwechseln sind diese Kindergärten mit den Schulkindergärten für Kinder, die vom Schulbesuch zurückgestellt sind und in Baden-Würt-temberg „Grundschulförderklassen“ heißen (vgl. 2.2).
Die Voraussetzungen zum Besuch eines Schulkindergartens richten sich nach dem Schulgesetz. Die Kinder müssen förderungsbedürftig sein. 1997 wurden in Baden-Württemberg 4015 Kinder in 116 öffentlichen und 100 privaten Schulkindergärten betreut (LWV 1999, S. 3).
Die Förderung und Betreuung erfolgt i.d.R. in Ganztageseinrichtungen. Die Zeiten richten sich nach der zugeordneten Schule, da die Kinder meist gemeinsam mit dem Bus fahren.
Die Gruppengröße variiert je nach Behinderung zwischen 5 und 15 Kindern.
Es gibt Schulkindergärten für blinde, gehörlose, geistigbehinderte, körperbehinderte, besonders förderungsbedürftige (lernbehinderte), schwerhörige, sehbehinderte, sprachbehinderte und verhaltensgestörte Kinder.

> „Die Kinder werden in den ihrer Behinderung entsprechenden Sonderschulkindergarten aufgrund eines sonderpädagogischen Gutachtens aufgenommen. In der Regel ist eine amtsärztliche Untersuchung zu veranlassen. Für die Zuweisung von Kindern mit mehrfacher Behinderung zu einem Sonderschulkindergarten ist entscheidend, in welchem Typ des Sonderschulkindergartens das Kind am besten gefördert werden kann“ (Verwaltungsvorschriften 1984, S. 4).
> Schulkindergärten sind nicht unumstritten. Im Zuge der Integrationsbemühungen von Kindern mit Behinderung sind diese Einrichtungen immer wieder in der Situation, ihre Institution rechtfertigen zu müssen. Die Zahl der Kinder mit schweren Mehrfachbehinderungen nehmen in den Schulkindergärten zu, da Kinder mit einer leichteren Behinderung wenn möglich in Regelkindergärten integriert werden (vgl. 2.1.6).

Konzepte/Arbeitsformen

Jeder Kindergarten fördert die Kinder entsprechend ihrer Behinderung.
Arten von Schulkindergärten:

Schulkindergarten für blinde und sehbehinderte Kinder

Die Kinder werden mit Methoden der Blinden- und Sehbehindertenpädagogik gefördert und darauf vorbereitet, die Anforderungen der Schule für Blinde und Sehbehinderte oder die der Grundschule zu bewältigen. Gruppengröße: 6 bis 8 Kindern.

Schulkindergarten für gehörlose bzw. schwerhörige Kinder

Hier liegt neben der Hörgeschädigtenpädagogik ein Schwerpunkt auf der Anbahnung der Sprache durch die Entwicklung des aktiven und passiven Sprachschatzes. Auch hier wird, wenn möglich, auf die Grundschule vorbereitet. Gruppengröße: 8 bis 10 Kinder.

Schulkindergarten für geistigbehinderte Kinder

Diese Kindergärten haben die Aufgabe, die Erziehungsarbeit des Elternhauses zu unterstützen und zu ergänzen, die Kinder in ihrer Persönlichkeit zu fördern, ihnen eine Spielgemeinschaft zu bieten und sie auf den Übergang in die Schule vorzubereiten. Die Kinder brauchen Freiraum zur persönlichen Gestaltung und einen Raum der Geborgenheit. Die Gruppengröße wird für 6 bis 8 Kinder empfohlen mit stundenweiser Mitarbeit einer Krankengymnastin o.a.

Schulkindergarten für körperbehinderte Kinder

Ein Schwerpunkt liegt auf der Förderung der Bewegungsfähigkeit und auf der Funktionsschulung, auf der Erweiterung der Selbstständigkeit und dem Aufbau grundlegender Denkstrukturen, auf der Entwicklung der Sinne und des Sprachvermögens, ebenso auf der Erweiterung der Möglichkeiten zur Eingliederung in die Gruppe. Hier werden häufig auch Kinder mit zusätzlicher geistiger Behinderung betreut. Die Gruppengröße beträgt 6 bis 8 Kinder. Sind Kinder mit zusätzlicher geistiger Behinderung in der Gruppe, liegt die Größe bei 4 bis 6 Kindern bei jeweils 1,5 Erziehungskräften.

Schulkindergarten für besonders förderungsbedürftige Kinder

Es werden hier Kinder betreut, bei denen aufgrund deutlicher Entwicklungsverzögerungen oder unzureichender Lebens- und Erziehungsbedingungen davon ausgegangen wird, dass sie nach dem Kindergartenbesuch eine Förderschule besuchen. Wenn es keinen entsprechenden Kindergarten gibt, werden auch Kinder mit Sprach- und Verhaltensstörungen aufgenommen. Aufgabe des Kindergartens ist es, die Kinder entsprechend zu fördern und die Eltern zu beraten mit dem Ziel, einer Lernbehinderung vorzubeugen bzw. den Schweregrad zu mildern. Gruppengröße: 10 bis 15 Kinder.

Schulkindergarten für sprachbehinderte Kinder

Hier werden nur Kinder mit erheblichen Sprachstörungen aufgenommen. Für Kinder mit leichteren Sprachstörungen werden sprachheilpädagogische Maßnahmen durchgeführt.
Die Kinder werden, wenn möglich, mit sprachheilpädagogischen Methoden auf den Besuch der Grundschule vorbereitet. Gruppengröße: 10 bis 15 Kinder.

Schulkindergarten für verhaltensauffällige Kinder

Ziel des Kindergartens ist es, einer drohenden Verhaltensstörung vorzubeugen und vorhandene Störungen abzubauen oder abzuschwächen. Es werden nur Kinder aufgenommen, deren Verhalten erheblich von der Norm abweicht und die ansonsten nicht hinreichend gefördert werden können. Der Besuch der Grundschule wird angestrebt. Gruppengröße: 10 bis 12 Kinder (vgl. Ministerium für Kultus und Sport Baden-Württemberg 1984, S. 6–10).

Berufsprofile der pädagogischen Fachkräfte

Es arbeiten überwiegend ErzieherInnen und HeilpädagogInnen in Schulkindergärten. Anstellungsträger ist i.d.R. das Land, es gibt aber auch private Schulkindergärten. Die Fachkräfte des Kindergartens arbeiten wie die Lehrkräfte der Schule nach schulischen Rahmenbedingungen (bzgl. Arbeitszeit, Ferien usw).
Eine enge Zusammenarbeit findet statt mit anderen Fachdiensten wie Krankengymnasten, Logopäden, Frühförderstellen u.a., ebenso mit den Kollegen der angegliederten Schule und den Eltern.
Durch die Zunahme von Kindern mit schwereren oder Mehrfachbehinderungen kommen veränderte Anforderungen auf die Fachkräfte zu. Der Pflegeanteil wird größer, Kenntnisse über basale Förderung sind wichtig, ebenso über optimale Lagerung und rückengerechtes Heben und Tragen. Viele Fachkräfte in Sonderkindergärten bilden sich zum Fachlehrer (vgl. 14.2) weiter.

Quellen/Literatur

Landeswohlfahrtsverband Württemberg-Hohenzollern, Landesjugendamt: Organisatorische und pädagogische Empfehlungen zur Aufnahme und Betreuung behinderter Kinder im Kindergarten, Stuttgart 1999
Ministerium für Kultus und Sport Baden-Württemberg: Rechts- und Verwaltungsvorschriften zu Schulkindergärten 1984

2.2 Die Grundschulförderklasse/der Schulkindergarten

Überblick

Der Begriff für diese Institution wird nicht einheitlich verwendet (teilweise wird auch von Förderklasse oder Vorschule gesprochen). In Baden-Württemberg hat sich der Begriff „Grundschulförderklasse“ etabliert, der im Folgenden verwendet wird.
Die erste Grundschulförderklasse wurde 1906 in Berlin unter dem Begriff „Vermittlerklasse“ eingerichtet. Anfang der 70er Jahre entstanden dann eine Vielzahl von Grundschulförderklassen.
Diese Institution ist zwischen Kindergarten und Grundschule angesiedelt, jedoch an eine Grundschule angegliedert und wie in der Schule ist der Besuch Pflicht.

> „Der Schulkindergarten hat eine doppelte Vermittlungsfunktion: Er ist ein Übergang zwischen Kindergarten und Schule und einer zwischen familiär-nahen und institutionell-distanzierten und professionalisierten Formen des Lernens“ (Rath, Ewering 1997, S. 16).

Ziel und Aufgabe der Grundschulförderklasse ist es, Kindern, die zwar das Schulalter, nicht aber die Schulreife erreicht haben, d.h. vom Schulbesuch zurückgestellt sind, zur Grundschulfähigkeit zu verhelfen.
Gründe für die Zurückstellung:

- Entwicklungsverzögerungen im kognitiven, körperlichen, motivationalen und sozial-emotionalen Bereich,
- Verhaltensauffälligkeiten,
- Sprachprobleme,
- Lernstörungen,
- Wahrnehmungsstörungen.

Die Abbildung von Rolf (in: Rath, Ewering 1997, S. 34) verdeutlicht die Faktoren, die bei der Klärung der Schulfähigkeit bedacht werden müssen.

Es werden Kinder aufgenommen, bei denen davon ausgegangen wird, dass die Defizite in einem Jahr aufgeholt werden können.
Rund 7 bis 10 % aller schulpflichtigen Kinder besuchen die Grundschulförderklasse.

Abbildung: Einflussfaktoren der Schulfähigkeit

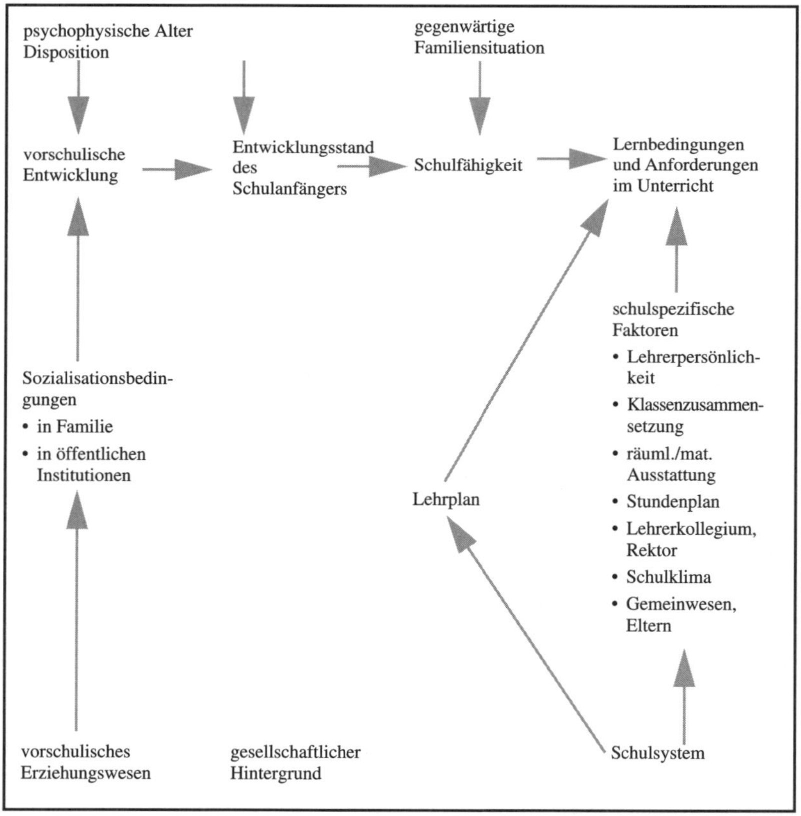

Quelle: Rath, Ewering 1997, S. 34

Konzepte/Arbeitsformen

Aufgrund der Angaben (von Eltern und Erzieherinnen) zum Entwicklungsstand des Kindes und eigener Beobachtungen wird für jedes Kind ein Förderplan aufgestellt. Die Bildungsprozesse setzen an den Erfahrungen und Erlebnissen der Kinder, an ihrer Lebenssituation an.

Der Gruppenraum enthält Spielecken wie im Kindergarten, aber auch Tische und Stühle für gemeinsame Aktionen ähnlich denen der Schule. Es ist sowohl Material aus dem Elementarbereich als auch aus dem Primarbereich vorhanden (Spielsachen ebenso wie Arbeitsmappen). Die Arbeit mit den Kindern findet in der Gesamtgruppe aber auch in Kleingruppen statt.

Bildungsbereiche sind:

- spielen,
- Sprache und sprechen,
- soziales Lernen,
- religiöse Erziehung,
- Förderung der Wahrnehmungs- und Denkfähigkeit,
- rhythmisch-musikalische Erziehung,
- Bewegungserziehung,
- ästhetische Erziehung,
- das Kind in seiner Umwelt,
- Verkehrserziehung.

Das freie Spiel nimmt in der Grundschulförderklasse noch einen breiten Raum ein.
Es geht nicht darum, schulische Inhalte vorwegzunehmen, sondern Defizite auszugleichen. Neben der Schulfähigkeit soll auch die Schulbereitschaft gestärkt werden, so dass ein erfolgreicher Einstieg in die Grundschule möglich wird.

> „Der Schulkindergarten kann vieles in einem sein: ein Moratorium für reifungs- und entwicklungsverzögerte Kinder, ein Ort sozialen Lernens und szenischen Verstehens von ‚Auffälligkeiten', ein Schonraum und zugleich ein Bewegungs- und Toberaum, ein Ort des Auffangens von Unselbstständigen und zugleich ein Ort der Vorbereitung auf ein Mehr an Selbstständigkeit, ein Raum des Defizitausgleichs und der unaufdringlichen und altersgerechten Förderung für den Einzelnen und die Gruppe" (Rath, Ewering 2002, S. 16).

Die Grundschulförderklasse hat einen eigenständigen Auftrag, der sie vom Kindergarten ebenso wie von der Grundschule unterscheidet.
Unterstützt wird die Arbeit in der Grundschulförderklasse von einer Gundschullehrkraft.

Berufsprofile der pädagogischen Fachkräfte

In diesem Berufsfeld arbeiten überwiegend SozialpädagogInnen, ErzieherInnen und HeilpädagogInnen und zwar unter schulischen Arbeitsbedingungen (bzgl. Arbeitszeit, Ferien usw.). Die Arbeit erfordert heil-, sozial- und schulpädagogische Kompetenzen. Oft kommen die Kinder aus „schwierigen" Familienverhältnissen und zeigen verstärkt Auffälligkeiten, was eine gewisse Belastbarkeit voraussetzt. ErzieherInnen in Grundschulförderklassen müssen intensiv mit den Eltern und anderen Institutionen wie Beratungsstellen, sonderpädagogischen Einrichtungen, Ergotherapeuten, Logopäden usw. zusammenarbeiten.

Quellen/Literatur

Ministerium für Kultus und Sport Baden-Württemberg (Hrsg.): Die Grundschulförderklasse. Leitgedanken und pädagogische Anregungen für die Arbeit in der Grundschulförderklasse, Stuttgart 1991

Rath, N.; Ewering, H. (Hrsg): Der Schulkindergarten. Arbeitsmodelle für eine Schnittstelle von Sozial- und Grundschulpädagogik, Münster 2002

2.3 Das Kinderhaus

Überblick

Anfang der 90er Jahre schuf das Deutsche Jugendinstitut München den Begriff „Orte für Kinder". Es wurde ein bundesweites Projekt zu diesem Thema durchgeführt.

„Der Begriff ‚Orte für Kinder' steht für die Perspektive, neue Formen einer angemessenen Infrastruktur für Kinder, die über die Grenzen bisheriger Institutionen hinausreichen, zu entwickeln" (Colberg-Schrader, Krug 1999, S. 111).

Veränderte Lebensbedingungen heutiger Familien verlangen flexible Angebote in der Kinderbetreuung. Kinderhäuser bieten bedarfsgerechte Öffnungszeiten für Kinder verschiedener Altersstufen an.

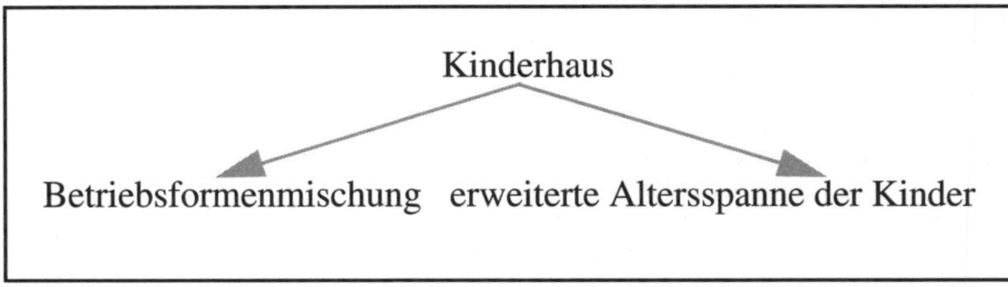

Betriebsformenmischung

Sie beinhaltet meist eine Ganztagesbetreuung für alle Kinder und für die Kindergartenkinder zusätzlich Regel- und/oder flexible Öffnungszeiten. Oft können die Eltern auch die Betreuungsformen mischen (z.B. ein Kind braucht an 2 Tagen ganztägige Betreuung und an 3 Tagen das flexible Angebot bis 13.00 Uhr mit Mittagstisch). Der große Vorteil dieser Form ist, dass die Kinder in der Einrichtung und meist auch in der Gruppe bleiben können, wenn sich die Arbeitszeiten der Eltern oder die Familienverhältnisse ändern.

Erweiterte Altersspanne

Die Gruppen können innerhalb der Einrichtung eingeteilt sein in: Krippe, Kindergarten, Hort; die Kinder können aber auch innerhalb der Gruppen gemischt sein – und dahin geht der Trend. Unterschieden wird die kleine Altersmischung, die entweder das Alter von 0 bis 6 oder von 3 bis 12 umfasst oder die große Altersmischung die von 0 bis 12 Jahren reicht. Für Pausewang beinhaltet die altersgemischte Gruppe folgende Aspekte:

Bedeutung für das Kind	**Bedeutung für die Erzieherin**
Vielfältige Lernchancen zwischen Großen und Kleinen	Lernmöglichkeiten und gegenseitige Anregungen innerhalb der Gruppe erkennen und bestärken
Größere Lebensnähe, da dem Leben mehr entsprechend	Differenzierte Angebote je nach Entwicklungsstand der Teilgruppe planen und anbieten
Geringe Dominanz der Erzieherin, Erleben von unterschiedlichen und vielfältigen Fähigkeiten und Prozessen	Gefahr, dass sich innerhalb der Gruppe Hierarchien zwischen Älteren und Jüngeren herausbilden, beachten
Geringeres Konkurrenzverhalten	Sich selbst in der Führung und Anleitung von Lernleistungen zurücknehmen
Starke Betonung auf emotionalem und sozialem Lernen	Emotionale und soziale Erlebens- und Lernchancen
Geringerer Wechsel der Bezugsgruppen und Erziehungspersonen	Intensivere Beziehung durch langzeitiges Zusammenleben pädagogisch einsetzen und als angenehm erleben

Quelle: Pausewang 1994, S. 211

Konzepte/Arbeitsformen

Kinderhäuser arbeiten inhaltlich in der Regel wie Kindergärten bzw. Horte nach dem Situationsansatz (s. 2.1). Die Altersspanne der Gruppe bestimmt stark die Arbeit. Eine erweiterte Altersmischung fordert von den ErzieherInnen ein noch individuelleres Eingehen auf jedes Kind, da die Entwicklungsstände, Bedürfnisse und Interessen weit auseinander liegen.

Viele Kinderhäuser und verstärkt auch Kindergärten fungieren als Zentrum für Familien oder als Nachbarschaftszentrum, in dem nicht nur die Familien, deren Kinder die Einrichtung besuchen ein- und ausgehen, sondern evtl. auch Kinder vom Stadtteil, die hier Hausaufgabenhilfe erhalten, die das Ferienprogramm mitmachen oder offene Freizeitangebote besuchen, ebensowie Mütter kleiner Kinder, die sich als Still- oder Krabbelgruppe treffen oder Senioren, die sich als Hobbygruppen zusammengefunden haben.

Ebenso wie für Kindergärten ist es für Kinderhäuser wichtig, vernetzt zu sein und mit anderen Einrichtungen und Institutionen zusammenzuarbeiten.

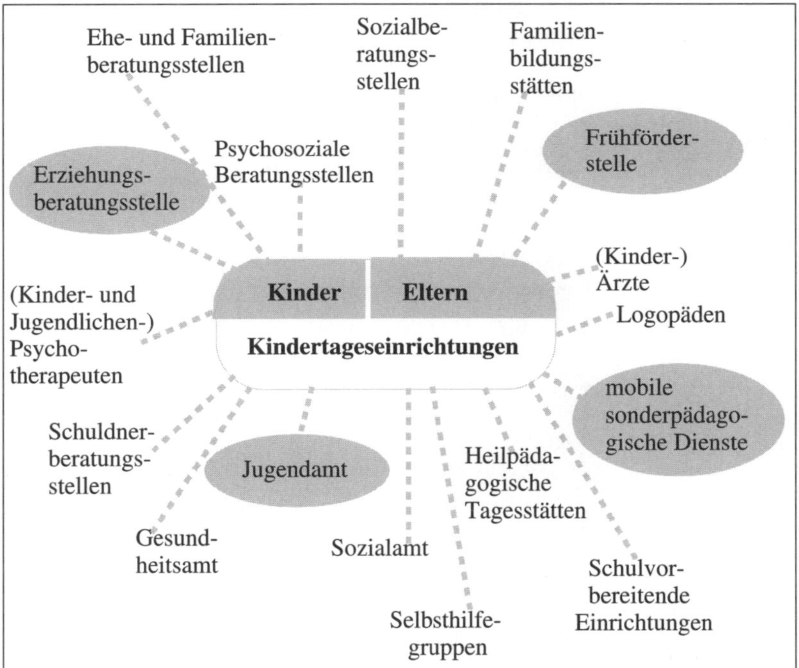

(Quelle: Textor, M. in klein&groß 5/2000, S. 31)

BERUFSPROFILE DER PÄDAGOGISCHEN FACHKRÄFTE

Im Kinderhaus arbeiten ErzieherInnen, KinderpflegerInnen, Jugend- und HeimerzieherInnen, Heilerziehungspflegerinnen, SozialpädagogInnen und HeilpädagogInnen.
Prinzipiell entsprechen die Berufsprofile denen der Fachkräfte im Kindergarten, im Hort und in der Krippe. Bei altersgemischten Gruppen muss die Fachkraft jedoch in der Lage sein, sowohl mit Babys als auch mit Teenagern zu arbeiten; auch muss im Kinderhaus mit sehr unterschiedlichen Lebensbedingungen der Familien gerechnet werden, was ein sehr individuelles Eingehen auf die Kinder erfordert.

Quellen/Literatur

Colberg-Schrader, H./Krug, M.: Arbeitsfeld Kindergarten, Weinheim und München 1999

Erath, P./Amberger, C.: Vom Kindergarten zum Kinderhaus, München 2000

Kebbe, A. (Hrsg.): Kinderhaus konkret, Altersmischung 0 bis 12 Jahre, TPS extra 19, Bielefeld 1995

Landeswohlfahrtsverband Württemberg-Hohenzollern, Landesjugendamt: Projekt-Materialien 1 bis 6 zu „Altersmischung und Öffnung der Gruppen als Prinzip der Arbeit in Kindereinrichtungen“, Johannesstr. 47b, 70176 Stuttgart

Pausewang, G.: Ziele suchen – Wege finden, Berlin 1994

2.4 DIE KINDERKRIPPE

Quelle: Ernst, A.; Herbst, V.; Langbein, K.; Skalknik, C.: Kursbuch Kinder, Bertelsmann Gütersloh 1993, S. 607

Überblick

Die aktuelle Krippendiskussion, die von Bundesfamilienministerin Ursula von der Leyen angestoßen wurde, rückt die Krippenerziehung in der Bundesrepublik in den Fokus – sowohl quantitativ als auch qualitativ. Im Mai 2007 beschloss die große Koalition die Einführung eines Rechtsanspruchs auf Betreuung für alle Kinder ab einem Jahr.

Kinderkrippen sind i.d.R. Ganztageseinrichtungen für Kinder unter drei Jahren, deren Eltern berufstätig sind.

In die Zeit der Industrialisierung Anfang des 19. Jahrhunderts (s. Pkt. 2. Tageseinrichtungen für Kinder) fallen, ebenso wie die Kinderbewahranstalten und Horte, aus sozialen Gründen die ersten Krippengründungen. 1819 wurde in Berlin von F. Wadzeck die erste Kinderbewahranstalt für Kinder im Alter von 9 Monaten bis 2 Jahren gegründet.
Bei der Krippenerziehung stoßen ideologische Gegensätze aufeinander wenn es um die Frage geht, ob es den 0- bis 3-jährigen Kindern schadet oder nützt, wenn sie eine Tageseinrichtung besuchen, wogegen bei den Kindern ab drei Jahren Einigkeit herrscht, dass der Kindergarten wichtig für die Entwicklung ist.
Insgesamt herrscht vor allem in Großstädten ein Mangel an Plätzen. Als Gründe für die geringe öffentliche Aufmerksamkeit wird im 10. Kinder- und Jugendbericht (1998, S. 200) im Westen Deutschlands das „traditionelle Familienbild" vermutet. In den neuen Bundesländern gibt es erheblich mehr Krippenplätze.
Die Gruppengröße bei 0- bis 3-Jährigen liegt bei 10 Kindern, die von zwei Fachkräften während der Hauptbetreuungszeit versorgt werden. Sind Kinder unter 3 Jahren in Gruppen mit größerer Altersmischung untergebracht, variiert entsprechend die Gruppengröße (vgl. LWV 1999, S. 9).
Die meisten Kinder in Krippen sind zwischen ein und drei Jahre alt. Aufgrund des Elterngeldes und -urlaubs ist die Zahl der Säuglinge dort gering.
Wie bei den anderen Ganztageseinrichtungen werden die Kinder nicht nach Alter, sondern nach sozialer Dringlichkeit aufgenommen (Alleinerziehende haben Vorrang vor Doppelverdienern).

Konzepte/Arbeitsformen

Das KJHG hat den eigenständigen Bildungs-, Erziehungs- und Betreuungsauftrag auch auf die Einrichtungen der 0- bis 3-Jährigen ausgedehnt.
Wenn früher vor allem die bewahrende Funktion im Vordergrund stand, so ist es heute auch die pädagogische. Seit den 70er Jahren wird in der Krippenerziehung die frühe Förderung der Kinder betont.
„Die Qualität der Krippenarbeit (und die Qualifikation von Krippenerzieherinnen) gerät in dem Maße in den Blick der (Fach)Öffentlichkeit wie die Bedeutung des Entwicklungs- und Aneignungsprozesses während der ersten drei Lebensjahre mehr und mehr in unser Bewusstsein tritt" (Lill; Sporleder 2007, S. 28).

Die enorme Entwicklungsleistung der Kleinkinder ist zur Zeit aufgrund neuer bildgebender Verfahren wie „Magnetresonanztomografie" wieder aktuelles Thema (vgl. KiTa aktuell BW 1/2001).
Die Krippe stellt nach der Familie den zweitwichtigsten Lebensraum für das Kind dar. Eine „gute Krippe" bietet fördernde Rahmenbedingungen für die Entwicklung der Kleinkinder und stellt eine Ergänzung zur Familienerziehung dar und keine Notlösung.
Folgende Aspekte sind bei der Krippenpädagogik wichtig:

Räumliche Bedingungen und Material

Die Krippe sollte zum einen eine Basisstation bieten, die Sicherheit gibt, aber zugleich auch „Tor zur Welt" sein. Der Raum muss überschaubar für die Kinder sein, aber auch gemütlich mit Rückzugsmöglichkeiten und Kuschelecken. Er muss dem Kind freies Agieren ermöglichen, ohne dass es sich ständig in Gefahr bringt.
Vielseitig verwendbares, anregendes Spielmaterial wie Kartonschachteln in allen Größen, nicht genormte Holzbausteine usw. ist ideal.

Eingewöhnung

Die Ablösung ist ein wichtiger und schwieriger Schritt, sowohl für die Eltern wie auch für die Kinder. Das Fachpersonal der Einrichtung muss diese Phase behutsam und individuell begleiten.

Beziehung

Die Kontinuität und die Qualität der Beziehung zur Fachkraft ist für die ganz kleinen Kinder besonders wichtig, da sie noch intensiv den Kontakt zu Erwachsenen suchen. Je älter sie werden, umso mehr nehmen sie Beziehung zu Gleichaltrigen auf, die unterstützt werden müssen.

Bedürfnisse der Kinder

Die KrippenerzieherInnen bemühen sich, auf die individuellen Bedürfnisse der Kinder bzgl. Essen, Schlafen, Spielen, Ruhe usw. einzugehen. In dem starren Zeitraster wie früher, wo alle Kinder gemeinsam gegessen haben, danach gewickelt wurden, dann geschlafen haben usw., wird heute nicht mehr gearbeitet.

Pflege

Füttern, Wickeln u.a. wird von der Fachkraft heute nicht mehr nur als pflegerische Pflicht abgeleistet, sondern als Zeit der Nähe und Zuwendung genutzt, die man uneingeschränkt dem Kind widmet.

Förderung

Es ist wichtig, die Eigenmotivation und Selbstbestimmung der Kinder zu unterstützen, indem Anregungen, Experimentiermöglichkeiten und Herausforderungen geboten werden, die dem Tätigkeitsdrang und der Unternehmungslust der Kleinen gerecht werden. Der Forscherdrang der Kleinen muss gefördert und der Wissensdurst gestillt werden. In diesen ersten Jahren bilden sich Basiskompetenzen und Grundhaltungen für das zukünftige Lernen heraus.

Elternzusammenarbeit

Die Eltern sind oft unsicher, wenn sie ihr Kind in eine Krippe geben. Sie haben eine ganze Reihe von Ängsten und Befürchtungen, wenn sie ihr Kleinkind fremden Personen überlassen. Hier ist es wichtig, den Eltern Sicherheit zu vermitteln, dass ihr Kind gut aufgehoben ist. Eltern sollten regelmäßig und ausführlich über den Alltag in der Einrichtung und über ihr Kind informiert werden. Wichtig für beide Seiten sind laufende Abstimmung bezüglich der Erziehung, da es für Kinder diesen Alters sonst problematisch wird (z.B. das Kind wird zuhause gefüttert und in der Einrichtung zu Selbstständigkeit angehalten) (vgl. Lill/Sporleder 2007).

Berufsprofile der pädagogischen Fachkräfte

In Krippen sind vorwiegend ErzieherInnen, KinderpflegerInnen und Kinderkrankenschwestern tätig.
Für das Fachpersonal ist es oft eine Gradwanderung, die Balance zwischen emotionaler Nähe und Distanz zu halten. Da das Kleinkind eventuell sehr enge Bindungen zu Bezugspersonen eingeht, die es tagsüber betreuen, muss die Erzieherin darauf achten, das Kind nicht zu stark an sich zu binden, und dennoch eine gute emotionale Grundlage schaffen.
Mehr als in anderen sozialpädagogischen Arbeitsfeldern ist die Krippe eine Frauendomäne, obwohl in dieser Einrichtung, die viele Kinder alleinerziehender Mütter besuchen, männliche Identifikationsmuster wichtig wären. Einer von vielen Gründen ist sicher, dass das Ansehen der Fachkräfte mit dem Alter der Kinder, die sie betreuen, steigt.

Quellen/Literatur

Bertelmann Stiftung/ Staatinstitut für Frühförderung (Hrsg): Wach, neugierig, klug – Kinder unter 3. Ein Medienpaket für Kitas, Tagespflege und Spielgruppe, Bielefeld 2006

Kasten, Hartmut: 0–3 Jahre. Entwicklungspsychologische Grundlagen, Weinheim 2005

Reyer, J./Kleine H.: Die Kinderkrippe in Deutschland. Sozialgeschichte einer umstrittenen Einrichtung, Freiburg i.B. 1997

Lill, G./Sporleder, W.: Von Abflugrampe bis Zwischenlandung. Qualitätslexikon für Krippenprofis, Neuwied 2007

Weber, Christine: Spielen und Lernen mit 0- bis 3-Jährigen. Der entwicklungszentrierte Ansatz in der Krippe, Weinheim 2004

2.5 DER HORT

Ernst, A.; Herbst, V.; Langbein, K.; Skalnik, C.; Kursbuch Kinder, Bertelsmann, Köln 1993, S. 641

Überblick

Der Hort ist eine sozialpädagogische Tageseinrichtung zwischen Elternhaus und Schule. In ihm werden Schulkinder im Alter zwischen 6 und 14 Jahren außerhalb der Unterrichtszeiten betreut.

In die Zeit der Industrialisierung (vgl. 2. Tageseinrichtungen für Kinder) fiel auch die Einrichtung des ersten Horts. 1872 eröffnete Schmid-Schwarzenberg in Erlangen das „Haus Sonnenblume". Da Schmid-Schwarzenberg viel umherreiste, um für seine Idee zu werben, kam es in der Folgezeit zur Verbreitung dieser Einrichtungen. Wichtigster Zweck war, die Kinder von der Straße wegzuholen, wenn die familiäre Erziehung versagte.

Während in der Folgezeit in der DDR der Hort ein Regelangebot für Kinder darstellte, das z.B. 92 % aller Erstklässler in Anspruch nahmen, führte er in der BRD ein Schattendasein.

> „In den alten Bundesländern war der Hort als spezielle Hilfeleistung für Kinder aus schwierigen Familienverhältnissen, von berufstätigen alleinerziehenden Müttern oder auch bei voller Berufstätigkeit beider Eltern, für sozial vernachlässigte Kinder und Kinder aus Familien ausländischer Herkunft konzipiert worden. Da der Bedarf an familien- und schulergänzenden Betreuungsangeboten weit höher ist als das vorhandene Angebot, werden die knappen Hortplätze weiterhin nach Kriterien der sozialen Bedürftigkeit vergeben" (10. Kinder- und Jugendbericht 1998, S. 216).

Formen:

Der traditionelle Hort

Es werden Schulkinder vor und nach dem Unterricht und in den Ferien betreut. Die Kinder essen nach der Schule im Hort, erledigen ihre Hausaufgaben und nehmen an Freizeitangeboten teil oder sie gestalten ihre Freizeit eigenständig mit Gleichaltrigen. Die Horte haben auch in den Ferien geöffnet (mit Ausnahme einer Schließungszeit von 3 bis 4 Wochen in den Sommerferien). In den Ferien finden Freizeitaktivitäten statt.
Der traditionelle Hort hat ein eigenes Gebäude oder Räume in einem Kinderhaus und arbeitet ausschließlich mit Fachpersonal.

Hort an der Schule

Obwohl diese Einrichtung an der Schule angesiedelt ist, ist es kein schulisches Angebot, sondern ein Angebot der Jugendhilfe, d.h. die Einstellung und Bezahlung des Personals ist Sache der Gemeinde bzw. eines freien Trägers. Die Betreuung findet i.d.R. nach der Schule statt, z.B. von 12.00 bis 17.00 Uhr. In den Ferien ist der Hort geschlossen.

Kernzeitenbetreuung

In Baden-Württemberg ist die Kernzeitenbetreuung seit 1991 eingeführt. Sie garantiert eine lückenlose Aufsicht um die Unterrichtszeiten herum (ca. von 7.30 bis 13.00 Uhr). Falls also der Unterricht erst später beginnt oder früher endet, was in den unteren Klassen häufig der Fall ist, wird das Kind in dieser Zeit betreut.
Die Rahmenrichtlinien von Baden-Württemberg schreiben keine spezielle Qualifikation der Betreuungskräfte vor. Die Kernzeitenbetreuung kann auch von Müttern oder fachfremden Personen abgedeckt werden. Auch hier ist die Betreuung nur während der Schulzeiten garantiert, die Ferien müssen von den Eltern andersweitig abgedeckt werden.

Kinderhaus/große Altersmischung

Die Schulkinder werden im Kinderhaus entweder in eigenen Hortgruppen oder in altersgemischten Gruppen betreut (vgl. 2.3 Kinderhaus). Die Gruppengröße liegt bei der großen Altersmischung (0 bis 12 Jahre) bei 17 Kindern. In der Regel arbeiten dann drei pädagogische Fachkräfte in der Gruppe.

Konzepte/Arbeitsformen

Aufgaben des Horts:

- Die Bedürfnisse der Kinder wahrnehmen und auf sie eingehen,
- soziale Lernerfahrungen und Gemeinschaftsgefühl vermitteln,
- individuelle Entfaltungsmöglichkeiten gewähren,
- Anregungen zur Freizeitgestaltung bieten,
- Hilfestellung bei persönlichen und schulischen Fragen geben, Schaffung eines Lebensraumes,
- Unterstützung individueller Neigungen, Begabungen und Interessen,
- Unterstützung der Selbstständigkeit,
- Hilfestellung bei der Bewältigung der Hausaufgaben und des schulischen Lernens.

Insbesondere der letzte Punkt nimmt während der Schulzeiten einen großen Raum in der Nachmittagsgestaltung ein. Wenn die Kinder am Abend nach Hause gehen, sollten sie auch wirklich Feierabend haben. Die Ferien sind dann ganz der Freizeitgestaltung entsprechend den Wünschen und Interessen der Kinder gewidmet.
Die Arbeitszeit mit den Kindern verteilt sich laut einer Umfrage unter Erzieherinnen folgendermaßen (Huppertz; Meier-Musahl 1999, S. 270):

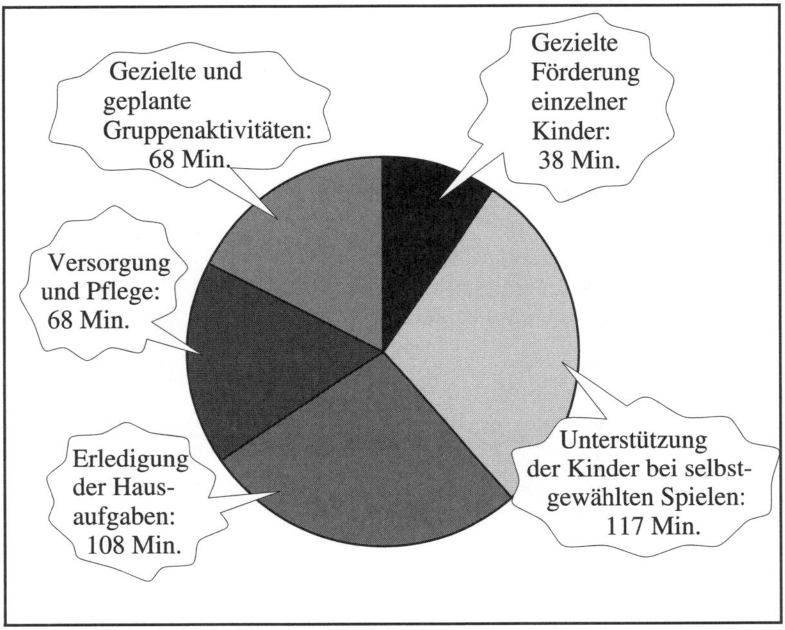

Quelle: aus Huppertz/Meier-Musahl 1999, S. 270

Die Pädagogik im Hort muss klar von der Elementarpädagogik abgegrenzt sein und die Bedürfnisse der 6- bis 14-Jährigen im Blick haben, d.h. die wachsende Selbstständigkeit der Kinder berücksichtigen und ihnen alters-entsprechende Anregungen geben, aber auch Freiräume gewähren. Moderne Medien, neue Informationstechnologien, Sportangebote gehören dazu und ebenso die Wahrnehmung von Angeboten des Stadtteils.

Arbeitsformen:

- Gruppenarbeit als übergreifende Methode,
- Projekte,
- Medienarbeit,
- Aktivitätsangebote,
- individuelle Beschäftigung mit einzelnen Kindern,
- Arbeitsgemeinschaften,
- Selbstbeschäftigung (Musik hören, Sport, Lesen ...),
- Plenum, Kinderkonferenz,
- Gemeinwesenarbeit.

BERUFSPROFILE DER PÄDAGOGISCHEN FACHKRÄFTE

Der Hort ist ein Arbeitsfeld für SozialpädagogInnen, ErzieherInnen, Jugend- und HeimerzieherInnen, Heilerziehungspflegerinnen und HeilpädagogInnen.
Eltern und Lehrer sehen oft in der Hausaufgabenbetreuung und -hilfe eine Hauptaufgabe der Erzieherin. Hier ist eine Abgrenzung wichtig, um nicht zum verlängerten Arm der Schule zu werden. Dennoch muss sich die Horterzieherin in sehr unterschiedliche Unterrichtsinhalte einarbeiten können, da evtl. jedes Kind eine andere Klasse/Schule besucht. Oft bleibt wenig Zeit für Freizeitaktivitäten, dennoch sollten animative Fähigkeiten vorhanden sein. Eine enge Zusammenarbeit mit Schule, Kindergarten, evtl. Jugendhaus u.a. Institutionen muss gepflegt werden.

Quellen/Literatur

Bundesministerium für Familien, Senioren, Frauen und Jugend (Hrsg.): Zehnter Kinder- und Jugendbericht, Bonn 1998
Kaplan, K.; Becker-Gebhard, B.: Handbuch der Hortpädagogik, Freiburg 1999
Huppertz, N.; Meier-Musahl, R.: Hortpädagogik. Eine Einführung in Theorie und Praxis, Oberried 1999

2.6 HEILPÄDAGOGISCHE TAGESEINRICHTUNGEN

Überblick

Heilpädagogische Einrichtung unterstützen und ergänzen die Erziehung, Bildung und Betreuung der Familie mit pädagogisch ausgebildeten Fachkräften.
Die Heilpädagogische Tagesgruppe ist als teilstationäre Einrichtung zwischen stationärer und ambulanter Hilfe angesiedelt. Sie wird definiert durch das Kinder- und Jugendhilfegesetz (KJHG). § 32: „Hilfe zur Erziehung in einer Tagesgruppe soll die Entwicklung des Kindes oder des Jugendlichen durch soziales Lernen in der Gruppe, Begleitung der schulischen Förderung und Elternarbeit unterstützen und dadurch den Verbleib des Kindes oder des Jugendlichen in seiner Familie sichern.“

Kinder mit besonderen Erziehungsproblemen, bei denen eine professionelle Betreuung sinnvoll erscheint, werden im Rahmen der Hilfe zur Erziehung (27/32 KJHG) im Auftrag der Erziehungsberechtigten in einer Heilpädagogischen Tageseinrichtung gefördert. Solche Einrichtungen gibt es sowohl für Kindergarten- als auch für Hortkinder.

Heilpädagogischer Kindergarten

Hier werden Kinder von 3 bis 6 Jahren gefördert, die aufgrund erheblicher Entwicklungshemmnisse und auffälliger Verhaltensweisen nicht in eine Regeleinrichtung aufgenommen werden können. Den heilpädagogischen Kindergarten gibt es als Regelkinderkindergarten (vormittags 4–5 Stunden und nachmittags 2 Stunden), mit verlängerten Öffnungszeiten (vormittags bis ca. 13.30 Uhr) und als Ganztageseinrichtung. Dem kindlichen Spiel wird eine zentrale Bedeutung beigemessen.
Die Gruppengröße liegt im heilpädagogischen Kindergarten bei 6 bis 10 Kindern, der Personalschlüssel ist 1:3, manchmal auch 1:4. Ziel ist es, einen guten Übergang in die Grundschule zu schaffen.

Heilpädagogischer Hort

Hier werden Schulkinder nach der Schule betreut und gefördert. Die Kinder gehen nach dem Unterricht in den Hort, erhalten dort ein Mittagessen, erledigen ihre Schulaufgaben mit pädagogischer Begleitung und nehmen dann an pädagogischen und therapeutischen Angeboten teil. Der heilpädagogische Hort arbeitet eng mit den Schulen, die die Kinder besuchen, zusammen. Die schulische Förderung ist in den pädagogischen Alltag integriert.
Ziel ist es, die Auffälligkeiten im Verhalten abzubauen, das Erkennen und den Umgang mit den eigenen Stärken und Schwächen, die selbstständige Alltagsbewältigung, die Erweiterung des Verhaltensrepertoires, der Aufbau eines positiven Selbstwertgefühls und die Reintegration in das soziale Umfeld.

KONZEPTE/ARBEITSFORMEN

Strukturierter Tagesablauf

Durch klare Alltagsstrukturen erhalten die Kinder Sicherheit und Geborgenheit und werden in ihrer Selbstständigkeit gefördert. Hierfür sind auch beständige und vertrauensvolle Beziehungen zu kontinuierlichen Bezugspersonen, sowie stabile Gruppenbeziehungen und wiederkehrende Rituale, wie geordnete Lernzeiten und ein überschaubarer Tagesablauf, unabdingbar.

Therapien/Angebote

Die Kinder müssen in ihrem Umfeld wahrgenommen und beobachtet werden. Bei Bedarf finden heilpädagogische Behandlungen oder Therapien (z.B. Spieltherapie) als Einzeltherapien statt.
Gruppenfreizeiten mit erlebnispädagogischen Aspekten bieten eine Herausforderung für die Gesamtgruppe und den Einzelnen. Während des Jahres finden Projekte zu Themen der Kinder statt. Die Angebote beziehen sich auf sportliche Aktivitäten, Entspannung, Musik, Gestalten usw. In fast allen Horten gibt es geschlechtsspezifische und medienbezogene Angebote. Als spezielle heilpädagogische Hilfen gibt es neben der heilpädagogischen Spieltherapie die heilpädagogische Rhythmik, das heilpädagogische Reiten, die Kunsttherapie, das heilpädagogische Werken u.a.

Zusammenarbeit mit Eltern, Institutionen und Fachdiensten

Von den Eltern wird eine intensive Zusammenarbeit erwartet. Regelmäßig finden Gespräche statt. In der Familienberatung geht es um die Unterstützung der Eltern in ihrer Erziehungsfunktion. Daneben organisieren die Einrichtungen Elternnachmittage, Elterngruppen und Hospitationen. Es wird ferner eng mit Psychologen, Ergotherapeuten, Logopäden, Kinder- und Jugendpsychiatern und andern Fachdiensten kooperiert.

BERUFSPROFILE DER PÄDAGOGISCHEN FACHKRÄFTE

In heilpädagogischen Einrichtungen arbeiten (Diplom-)Heilpädagoginnen, ErzieherInnen, Jugend- und HeimerzieherInnen, HeilerziehungspflegerInnen, SozialpädagogInnen, DiplompädagogInnen.
Die Beziehungen zwischen den Kindern und den Bezugspersonen sind oftmals eng und intensiv. Für die Arbeit in einer heilpädagogischen Einrichtung ist eine gute physische und psychische Konstitution nötig, da man häufig mit belastenden Situationen (wie z.B. Kinder/Jugendliche mit hoher Gewaltbereitschaft, dissoziales Verhalten, gestresste und überforderte Eltern usw.) konfrontiert wird. Die MitarbeiterInnen müssen in der Lage sein, auch in schwierigen Situationen einen wertschätzenden und ressourcenorientierten Ansatz umzusetzen. Die Zusammenarbeit mit Eltern und Fachdiensten nimmt einen breiten Raum ein. Häufig erwerben die MitarbeiterInnen Zusatzqualifikationen z.B. in Motopädagogik, Musiktherapie, Mediation oder Gesprächsführung.

Quellen/Literatur

Eitle W.: Basiswissen Heilpädagogik, Troisdorf 2003
www.hort-caritas-münster.de
www.jugendhilfswer.de/kitaeinricht/hort/p.php4?sn=hortallg

2.7 SELBSTORGANISIERTE KINDERBETREUUNG

Quelle: Schwäbische Zeitung, Ravensburg vom 3. März 2001

Überblick

Selbstorganisierte Formen der Förderung und Betreuung von Kindern gehen zurück auf die Kinderladenbewegung Ende der 60er Jahre. In dieser Zeit wurde im Zuge der bundesweiten Studentenproteste auch die autoritäre Erziehung in den Kindergärten angeprangert. Ihr wurden „antiautoritäre Kinderläden“ entgegengesetzt, die von Elterninitiativen gegründet und geführt wurden. Neben der Kritik an der herkömmlichen Pädagogik ging es auch um die Emanzipation der Frauen, die sich ohne entsprechende Betreuung ihrer Kinder nicht entfalten konnten (z.B. Studentinnen, die Zeit für ihr Studium brauchten).
Inzwischen gibt es eine große Bandbreite an Elternvereinen oder privat organisierten Formen der Förderung und Betreuung von Kindern. In

Ermangelung von Plätzen oder weil das Angebot nicht den Vorstellungen entspricht, organisieren Eltern selbst Formen der Kinderbetreuung. Die meisten dieser Einrichtungen werden von Kindern unter drei Jahren besucht, also vor Eintritt in den Kindergarten. Mit drei Jahren haben die Kinder einen Anspruch auf einen Kindergartenplatz und die Eltern haben oft wieder eine Auswahl an öffentlichen Angeboten. In Großstädten gibt es aber nach wie vor auch ein größeres Angebot an selbstorganisierten Kindergärten.

KONZEPTE/ARBEITSFORMEN

Eltern-Kind-Gruppen

- Die Eltern sind mit dabei,
- die Treffen finden ein bis zwei Mal die Woche für ca. 2 Stunden statt,
- ca. 6 bis 8 Kinder,
- Kinder haben Kontakt zu anderen Kindern, es wird soziales Lernen angestrebt,
- die Kinder werden gefördert (Bsp: Prager-Eltern-Kind-Programm),
- für die Eltern ist es eine Kontakt- und Austauschmöglichkeit,
- Eltern bekommen von Fachleuten Anregungen und Hilfen für alltägliche Erziehungsfragen und -probleme,
- entweder ist eine sozialpädagogische Fachkraft verantwortlich oder die Eltern bereiten die Treffen in Eigenregie vor.

Spielgruppen

- Der Name wird nicht einheitlich verwendet, die Bezeichnungen für diese Gruppen sind zahlreich. Reyer/Müller (1992, S. 13) sprechen von 35 Bezeichnungen.
- 6 bis 12 Kinder,
- die Kinder treffen sich ein bis fünf Mal die Woche für ca. 3 Stunden ohne Eltern,
- die Eltern werden entlastet,
- die Kinder lernen den Umgang miteinander und das Zusammenleben in einer Gruppe,
- sie üben langsame Ablösung von den Eltern vor dem Kindergarteneintritt,

- sie werden auf den Kindergarten vorbereitet,
- zuständig ist eine sozialpädagogische Fachkraft und eine zweite Kraft (ErzieherIn, KinderpflegerIn, Mutter, Vater o.a.).

Kindergarten

- Träger ist eine Elterninitiative oder ein Elternverein,
- meist sind die Kindergruppen in selbstinitiierten Kindergärten kleiner als in Regelkindergärten und die Alterspanne ist oft größer (unter 3 Jahre und über 6 Jahre),
- das pädagogische Konzept wird gemeinsam mit den Eltern entwickelt und getragen,
- es besteht eine intensive Zusammenarbeit mit den Eltern, die zugleich die Arbeitgeber sind.

BERUFSPROFILE DER PÄDAGOGISCHEN FACHKRÄFTE

Es arbeiten hier ErzieherInnen, SozialpädagogInnen, KinderpflegerInnen, HeilpädagogInnen, seltener Diplom-PädagogInnen und Jugend- und HeimerzieherInnen.
Bei Eltern-Kind- und Spielgruppen ist oft keine Vollzeitbeschäftigung möglich. Viele sozialpädagogischen Fachkräfte im Erziehungsurlaub nutzen diese Möglichkeit, um im Beruf zu bleiben und etwas dazuzuverdienen.

Quellen/Literatur

Fluri, H.: Spielgruppen. Gründung, Planung, Spielideen, Zürich und Wiesbaden 1991

Jacobus-Schoof, G.: Die Eltern-Kind-Gruppe. Ein Handbuch zur Planung und Gestaltung, Lahr 1998

Reyer, J., Müller U.: Eltern-Kind-Gruppen. Eine neue familiale Lebensform? Freiburg i.B. 1992

2.8 FACHBERATUNG FÜR KINDERTAGESEINRICHTUNGEN

Überblick

Seit den 20er Jahren gibt es Fachberatungen. Anfang der 70er Jahre hat sich, im Rahmen der Bildungsreform, die Fachberatung in ihrer heutigen Form etabliert.

Fachberater sind bei den Trägern der Kindertageseinrichtungen angestellt. Ihre Aufgabe ist es, die Arbeit in Kindertageseinrichtungen pädagogisch zu begleiten, weiterzuentwickeln und zu qualifizieren. Fachberatung ist ein „Serviceangebot“ für den Träger, für die pädagogischen Fachkräfte, für die Eltern und für die Gemeinden in Belangen, welche die Kindertageseinrichtung betreffen.

Konzepte/Arbeitsformen

Zu den Aufgaben einer Fachberatung gehören folgende Punkte:

Beratung

- des Trägers bzgl. Bedarfsorientierung, Bau- Einrichtungs- und Spielplatzfragen, Personalangelegenheiten, Konzeptionsfragen u.a.;
- der pädagogischen Fachkräfte bzgl. Konzeptionsentwicklung und -fortschreibung, Teamkonflikten, Zusammenarbeit mit den Eltern, Fortbildungen, pädagogischer Fragestellungen und Problemen, Dienstplangestaltung, Organisation u.a.;
- der Eltern und Elternbeiräte bzgl. Möglichkeiten und Formen der Zusammenarbeit mit der Einrichtung u.a.

Fortbildungen planen und organisieren

- Veranstaltungen durchführen,
- Innovation und Weiterentwicklung in den Einrichtungen fördern u.a.

Arbeitskreise organisieren und durchführen

- für ErzieherInnen und LeiterInnen der Einrichtungen, um Informationen weiterzugeben und um sich über aktuelle Themen auszutauschen und weiterzubilden.

Kooperation mit anderen Institutionen

- Zusammenarbeit mit Ämtern, Behörden, Verbänden, Fachschulen u.a.;
- regionale Vernetzung koordinieren;
- Zusammenarbeit mit Fortbildungsveranstaltern u.a.;
- Arbeit in Gremien.

Öffentlichkeitsarbeit

- Veröffentlichungen (z.B. Arbeitsmaterialien, Stellungnahmen des Verbandes) u.a.

Verwaltungsarbeit

- Budgetverwaltung,
- Statistik,
- Schriftverkehr u.a.

BERUFSPROFILE DER PÄDAGOGISCHEN FACHKRÄFTE

In diesem Berufsfeld arbeiten SozialpädagogInnen, SozialarbeiterInnen, Diplom-PädagogInnen, aber auch ErzieherInnen mit Zusatzqualifikationen, LehrerInnen und Fachleute aus nicht sozialpädagogischen Berufen (TheologInnen, SoziologInnen u.a.). Es ist vorteilhaft, bei manchen Arbeitgebern auch Bedingung, zuvor im Kindertagesstättenbereich gearbeitet zu haben.
Fachberater arbeiten überwiegend selbstständig. Sie treffen sich in regelmäßigen Abständen mit KollegInnen zum fachlichen Austauch. Sie reisen viel und müssen die unterschiedlichsten Interessen abdecken können. Nicht selten ist ein Fachberater für über 100 Einrichtungen zuständig. Um immer auf dem aktuellsten Stand zu sein und innovativ arbeiten zu können, müssen sie sich laufend selbst fortbilden.

Quellen/Literatur

Hebenstreit, S.: Fachberatung für Tageseinrichtungen für Kinder. Konzeption, Arbeitsfeld und berufliches Selbstbild, München 1984

Verband Katholischer Tageseinrichtungen für Kinder (KTK) – Bundesverband e.V.: Fachberatung für katholische Tageseinrichtungen für Kinder – Eine Reflexionshilfe zur Weiterentwicklung des Selbstverständnisses von Fachberatung und ihrer Bedingungen in den Diözesen, Freiburg 1993

3. Hilfe zur Erziehung

Christina Klenk

Das Kinder- und Jugendhilfegesetz spricht den Personensorgeberechtigten (meist den Eltern) einen Rechtsanspruch (§ 27 KJHG) auf die Hilfe zu, die sie in ihrer speziellen Situation benötigen. Hatten im alten JWG die stationären Hilfen und der Eingriff des Jugendamtes einen hohen Stellenwert, so haben heute offene, präventive und freiwillig angenommene Hilfen eine hohe Akzeptanz bei Eltern und Jugendämtern.

Vorläufige Schutzmaßnahmen 2005

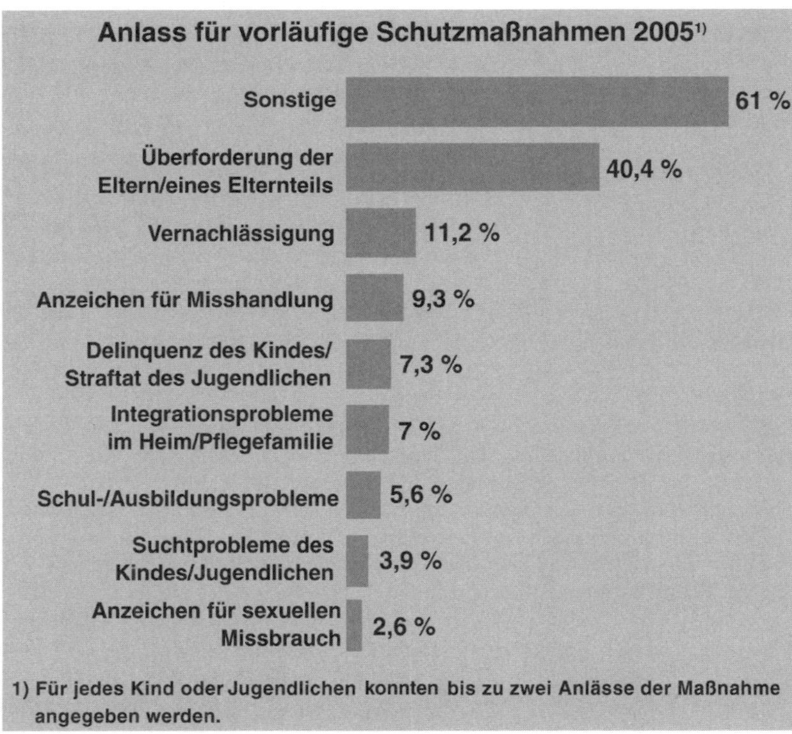

Im Jahr 2005 wurden in Deutschland für 25.660 Kinder und Jugendliche von Jugendämtern vorläufige Schutzmaßnahmen durchgeführt. Davon waren 25.440 Inobhutnahmen und 220 Herausnahmen.
Eine vorläufige Schutzmaßnahme ist eine kurzfristige Maßnahme der Jugendämter zum Schutz von Kindern und Jugendlichen, in einer akuten, sie gefährdeten Situation. Minderjährige werden auf eigenen Wunsch oder auf Initiative Anderer (etwa Polizei oder Erzieher) in Obhut genommen und- meist für Stunden oder einige Tage in einer geeigneten Einrichtung untergebracht, etwa in einem Heim.
15.700 (61 %) der Kinder und Jugendlichen, bei denen eine vorläufige Schutzmaßnahme durchgeführt wurde, waren älter als 14 Jahre. 56 % aller vorläufigen Schutzmaßnahmen wurden für Mädchen durchgeführt.
Anlass für die Durchführung einer vorläufigen Schutzmaßnahme war in 23 % der Fälle (5.900) Vernachlässigung bzw. Anzeichen für Misshandlung oder sexuellen Missbrauch. Überforderung der Eltern war in 40 % der Fälle der Grund. Weitere Anlässe bildeten Integrationsprobleme im Heim oder in der Pflegefamilie (7 %), Probleme in der Schule (6 %), Kriminalität (7 %) und Suchtprobleme (4 %).
Als Ansatz in der Institutionsbeschreibung lassen sich *ambulante/teilstationäre* und *stationäre Hilfen* bzw. Schutzmaßnahmen unterscheiden.

Quelle: Statistisches Bundesamt 2005

Ambulante Hilfen – ein Überblick

Für Kinder, denen die Unterstützungsangebote und Betreuungsmöglichkeiten (Beratung, Tagesbetreuung, Schülerhilfen) nicht ausreichen, haben sich ambulante und teilstationäre Erziehungshilfen entwickelt. Diese versuchen die Lücke zwischen den Maßnahmen der Kindertagesbetreuung (z.B.: Kindergarten, Hort, Kinderhäuser, etc.) und den Angeboten der stationären Hilfen zur Erziehung (Fremdunterbringung) zu schließen. Als *ambulante Hilfen zur Erziehung* werden vom KJHG aufgeführt:

- Erziehungsberatung § 28,
- soziale Gruppenarbeit § 29,
- Erziehungsbeistände/Betreuungshelfer § 30,
- sozialpädagogische Familienhilfe § 31,
- Tagesgruppen § 32.

Das im § 5 KJHG verankerte Wunsch- und Wahlrecht der Eltern und Kinder kommt hier zum Tragen. Die Minderjährigen haben einen Anspruch geltend zu machen. Sie müssen in die sie betreffenden Entscheidungen miteinbezogen werden (Beteiligungsrechte: je nach Entwicklungsstandes des Kindes und Jugendlichen).

Die ambulanten und teilstationären Hilfen zur Erziehung haben folgende pädagogische Orientierung:

- sie haben einen präventiven Charakter und sollen Fehlentwicklungen in der Familie oder sozialen Gruppen (Kindergarten oder Schule) vorbeugen;
- es sind Hilfs- und Unterstützungsangebote dort, wo schon Defizite auftauchen, das Kind oder der Jugendliche aber in der Familie verbleiben kann;
- lebensfeldbezogene ganzheitliche Hilfen;
- beratende und unterstützende Hilfen zur Erziehung unter Einbeziehung des ganzen familiären Systems (vgl. Jordan, Sengling 2005).

Diese Hilfen haben eine schon längere Tradition. Sie waren bereits im Jugendwohlfahrtsgesetz verankert. Sie werden je nach Politik des zuständigen Jugendamtes präventiv oder ergänzend zur stationären Unterbringung oder anstelle von Fremdunterbringung bewilligt.
In jüngster Zeit werden „Jugendhilfezentren" wieder in die Diskussion gebracht mit dem Motto: Hilfen aus einer Hand mit dem Prinzip der Regionalisierung einer umfassenden Jugendhilfe.
Die anschließende Grafik zeigt in Zahlen auf wie die einzelnen Angebote nachgefragt werden – exemplarisch gelten hier die Jahre 2004/2005.

Kinder und Jugendhilfe in Deutschland 2004 und 2005

Gegenstand der Nachweisung	2004	2005
Erzieherische Hilfen		
Ambulante Hilfen		
Institutionelle Beratung[1])	304.972	309.355
Betreuung einzelner junger Menschen		
begonnene Hilfen	28.596	28.192
beendete Hilfen	26.082	26.033
bestehende Hilfen[2])	24.840	25.847
Sozialpädagogische Familienhilfe		
begonnene Hilfen (Familien)	20.760	21.976
Zahl der Kinder	44.961	47.440
beendete Hilfen (Familien)	17.774	18.324
Zahl der Kinder	38.821	39.090
bestehende Hilfen[2] (Familien)	27.413	29.978
Zahl der Kinder	62.272	68.021
Stationäre/teilstationäre Hilfen		
Erziehung in einer Tagesgruppe		
begonnene Hilfen	7.974	7.717
beendete Hilfen	6.954	6.970
Hilfen am 31.12.	15.934[3]	16.541
Vollzeitpflege in einer anderen Familie		
begonnene Hilfen	10.617	10.272
beendete Hilfen	8.948	9.043
Hilfen am 31.12.	48.993[3]	50.364
Heimerziehung; sonstige betreute Wohnform		
begonnene Hilfen	26.937	25.037
beendete Hilfen	24.898	24.184
Hilfen am 31.12.	69.723[3]	61.806
Intensive sozialpädagogische Einzelbetreuung		
begonnene Hilfen	1.654	1.540
beendete Hilfen	1.552	1.552
Hilfen am 31.12.	2.692[3]	2.294
Sonstige Leistungen der öffentlichen Jugendhilfe		
Adoptionen	5.072	4.762
Sorgerechtsentziehungen (auch teilweise)	8.527	8.773
Vorläufige Schutzmaßnahmen	25.916	25.664

1) Beendete Hilfen. – 2) Am Jahresende. – 3) Am 31.12.2000.

Quelle: Statistisches Bundesamt 2005

Stationäre Hilfen – ein Überblick

Unter stationären Hilfen versteht man die Betreuung von Kindern und Jugendlichen außerhalb der eigenen Familie bei Tag und bei Nacht.
Zu stationären Hilfen greift man dann, wenn das Wohl des Kindes nachhaltig gefährdet ist und eine Hilfe innerhalb der Familie keine Besserung verspricht.
Diese Hilfemaßnahmen wenden sich gezielt an Eltern, die für ihre Kinder keine förderlichen Erziehungsbedingungen schaffen können. Sie werden unterstützt, indem die Kinder zunächst fremdbetreut werden mit dem Ziel, die Bedingungen und Strukturen im Elternhaus so zu entlasten, dass eine Veränderung einsetzt und damit eine Rückführung der Kinder und Jugendlichen in die Herkunftsfamilien möglich ist.

Als Stationäre Hilfen sind zu nennen:

- Vollzeitpflege/Pflegefamilien (§ 33),
- Heimerziehung und sonstige betreute Wohnform (§ 34),
- Intensiv sozialpädagogische Einzelbetreuung (§ 35),
- Eingliederungshilfe für Kinder mit seelischer Behinderung (§ 35a) als Unterpunkt unter den § 35. Sie kann ambulant/teilstationär oder stationär bewilligt werden.

Die stationären Hilfen zur Erziehung haben folgende pädagogische Orientierung:

- es sind Hilfs- und Unterstützungsangebote in den Fällen, in denen das Wohl des Kindes stark gefährdet ist und ein Verbleib des Kindes oder des Jugendlichen in der Familie nicht mehr verantwortet werden kann;
- sie gleichen Fehlentwicklungen aus und sorgen für entwicklungsfördernde Lebensbedingungen;
- die meisten Einrichtungen orientieren sich am soziologischen Ansatz der Lebenswelt und am systemischen Ansatz der sozialen Arbeit;
- lebensfeldbezogene pädagogisch ganzheitliche Hilfen;
- diese Hilfen werden geleistet unter Einbeziehung des ganzen familiären Systems (vgl. Jordan, Sengling 1992).

Das Konzept der Lebensweltorientierung der Erziehungshilfen wurde als Leitidee im 8. Jugendbericht der Bundesregierung dargestellt. Das Wesentliche dieses Ansatzes beschreibt die gesellschaftlichen Struktu-

ren und deren Wandel in ihrem Einfluss auf die kindlichen Entwicklungsprozesse. Die zentralen Gedanken beschäftigen sich mit der Individualisierung von Lebenslagen und der Pluralisierung der Lebensgestaltung.
Die Aufgabe der Jugendhilfe ist es, den Trend der Individualisierung und dem damit verbundenen Druck auf das einzelne Kind/den Jugendlichen und die Eltern zu begegnen und pädagogische Strategien entgegenzusetzen.
Ziel ist die Integration der Familien und nicht deren Stigmatisierung und Ausgrenzung.
Über die Aufforderung zur Partizipation entscheiden die Jugendlichen mit, welche Hilfen angeboten und umgesetzt werden.

Flexible Hilfen

Es gibt Situationen, in denen einer Familie mehrere Hilfen gleichzeitig gewährt werden. Dies bedingt aus fachlicher Sicht, dass diese Hilfen und die ausführenden Fachkräfte gut miteinander kooperieren, die Zielfindung gemeinsam in einem Aushandlungsprozess erarbeiten.
Dabei ist darauf zum achten, dass ein Verantwortlicher klar benannt wird, der die Moderation übernimmt und für den Prozess verantwortlich ist. Er muss dafür sorgen, dass der Informationsfluss und die Transparenz der Absprachen gesichert sind.
Die Möglichkeit der Flexiblen Hilfen bringt, dass die Hilfeformen, die im KJHG als versäulte Hilfen dargestellt sind, aufgebrochen und neu miteinander im Sinne der betroffenen Familien kombiniert werden (siehe Münder u.a. in Günder: Praxis und Methoden der Heimerziehung, Lambertus, Freiburg 2007).
Einen Rahmen für diese Flexibilisierung bietet der in vielen Region stattgefundene Prozess der sozialräumlichen Organisation der Hilfen zur Erziehung. Ein Aspekt dieser Form der Hilfen ist die enge Vernetzung zwischen öffentlichen und freien Trägern. Je nach Region ist die Art und die Verantwortung für die Hilfen unterschiedlich geregelt.
Deutlich wird für das Berufsfeld der ErzieherInnen , dass die Hilfen zur Erziehung nicht nur für die betroffenen Familien flexibler gestaltet und bewilligt werden müssen. Das Fachpersonal muss deutlicher wie bislang flexibel handeln und seine pädagogisch-therapeutischen Angeboten und zeitlicher Intensität die Hilfen gestalten.

Es erfordert auch immer mehr neue Kooperationen über die eigene Einrichtung hinaus zu schließen, um so auf kommunaler Ebene politische Entscheidungen zu beeinflussen und Allianzen zu schnüren.
Der Bereich des Sponsoring und Fundraising für Projekte und besondere Ideen muss verstärkt betrachtet und umgesetzt werden (siehe u.a. Günder in Gründer: Praxis und Methoden der Heimerziehung, Lambertus Freiburg 2007).

Statistisches Bundesamt:
Leistungen der Hilfe zur Erziehung kosteten die öffentlichen Träger der Kinder- und Jugendhilfe 2005 insgesamt 4,8 Milliarden Euro (+ 0,6 % gegenüber 2004). Zwei Drittel (rund 3,2 Milliarden Euro) dieser Ausgaben entfielen auf die Unterbringung junger Menschen außerhalb des Elternhauses in Vollzeitpflege, Heimerziehung oder anderer betreuter Wohnform.

Quellen/Literatur

Jordan, E./Sengling, D.: Jugendhilfe, Weinheim und München 2005, 2. Aufl.
Müller, J.: Heimerziehung Entwicklungen, Veränderungen und Perspektiven des Theorie-, Forschungs- und Methodenwissens der stationären Erziehungshilfe; Kovac, J. 2006
Flosdorf, Peter: Heilpdädagogische Beziehungsgestaltung, Lambertus 2004
Knab, E. Perspektiven für die Kinder- und Jugendhilfe – von der Heimerziehung zur Vielfalt der erzieherischen Hilfen, Lambertus 2007

3.1 Erziehungsberatungsstellen

Überblick

Institutionelle Erziehungsberatung findet in Erziehungsberatungsstellen statt, die in kommunaler oder freier Trägerschaft betrieben werden. Nach § 27 KJHG besteht für Personensorgeberechtigte ein Anspruch auf Erziehungsberatung.

> „Erziehungsberatungsstellen leisten Kindern, Jugendlichen und ihren Bezugspersonen Hilfestellungen in psychologischen, medizinischen, pädagogischen und sozialen Fragen der Erziehung und der Gestaltung der gegenseitigen persönlichen Beziehungen in Familie und sozialem Umfeld. Ihre Tätigkeit umfasst neben ambulanter Diagnose und Beratung auch Therapie von Beziehungs- und Verhaltensstörungen der oben genannten Personen sowie die Prävention“ (Statis-Bund 2000).

1993 bestanden in den alten Bundesländern 833 Erziehungsberatungsstellen (für Kinder, Jugendliche und ihre Familien). Sie befinden sich zu 40 % in öffentlicher und zu 60 % in freier Trägerschaft. In den neuen Bundesländern bestanden 1992 ca. 180 Erziehungsberatungsstellen, davon 54 % in öffentlicher und 46 % in freier Trägerschaft (vgl. Fachlexikon der sozialen Arbeit 1997, S. 285/286). 1998 wurden bezogen auf das gesamte Gebiet der Bundesrepublik Deutschland 224.452 Beratungen nach § 28 KJHG durchgeführt. Ca. 93.000 Mädchen und 132.000 Jungen unter 18 Jahren erhielten eine institutionelle Beratung (vgl. Taschenbuch der Kinderpresse 2000, S. 121).

Abbildung: Institutionelle Beratung von Kinder in den Ländern 1998

Bundesland[1]	1998 beendete institutionelle Beratungen[2] von Kindern und Jugendlichen unter 18 Jahren							
	insgesamt		Mädchen	Jungen	Kinder im Alter von ... bis unter ... Jahren			
					unter 6	6–12	12–15	15–18
	Anzahl	auf 1.000 K.	Anzahl		in % von insgesamt (Sp.1)			
Baden-Württemberg	18.053	13,4	11.360	16.693	20,7	50,0	16,4	12,9
Bayern	30.740	12,9	12.109	18.631	24,1	50,0	15,5	10,4
Berlin	17.519	29,8	8.862	8.657	15,8	28,3	22,1	33,8
Brandenburg	5.943	11,9	2.614	3.329	12,8	43,8	24,7	18,7
Bremen	2.163	19,2	933	1.230	29,1	44,1	14,9	11,9
Hamburg	3.125	11,4	1.301	1.824	25,4	45,8	15,9	12,9
Hessen	15.237	13,6	6.193	9.044	21,6	46,6	18,0	13,8
Mecklenburg-Vorpommern	2.691	7,5	1.094	1.597	8,84	6,32	5,9	19,0
Niedersachsen	22.273	14,3	9.555	12.718	19,6	47,9	18,2	14,3
Nordrhein-Westfalen	57.836	16,5	22.736	35.100	20,4	51,2	16,9	11,4
Rheinland-Pfalz (1997)	9.843	12,4	4.111	5.732	24,5	47,5	16,8	11,1
Saarland	1.330	6,8	533	797	22,5	45,8	18,4	13,3
Sachsen	9.290	22,8	X	X	14,5	48,3	20,4	16,7
Sachsen-Anhalt	6.180	12,7	2.481	3.699	12,1	45,1	22,0	20,8

Bundesland[1]	1998 beendete institutionelle Beratungen[2] von Kindern und Jugendlichen unter 18 Jahren							
	insgesamt		Mädchen	Jungen	Kinder im Alter von ... bis unter ... Jahren			
					unter 6	6–12	12–15	15–18
	Anzahl	auf 1.000 K.	Anzahl		in % von insgesamt (Sp.1)			
Schleswig-Holstein	9.809	18,7	4.290	5.519	23,8	44,5	17,9	13,8
Deutschland (1997)	224.452	14,3	92.874	131.578	20,4	47,4	17,8	14,4
Früheres Bundesgebiet	197.928	15,3	81.983	115.945	21,2	47,4	17,3	14,1
Neue Länder und Berlin-Ost	24.104	8,6	6.189	8.625	12,8	46,2	22,5	18,5

1. Aus Thüringen lagen keine Angaben vor. Für Rheinland-Pfalz und Deutschland insgesamt waren nur die Zahlen aus 1997 verfügbar.
2. Erziehungs-, Familien-, Jugend- und Suchtberatung in Beratungsstellen öffentlicher und freier Träger.
X Angaben lagen nicht vor.
Daten: Statistik, der Jugendhilfe I (Institutionelle Beratung)
Quelle: Statistische Ämter der Länder; Statistisches Bundesamt (Zweigstelle Berlin); Berechnungen der agis.

Konzepte/Arbeitsformen

Die mehrdimensionalen Probleme der Kinder und ihrer Familien erfordern ein breites Spektrum der Hilfen. Sie können folgende Formen umfassen:

- intensives Beratungsgespräch,
- diagnostische Abklärung,
- Psychotherapie,
- Einzel-, Gruppen- und Familiensetting.

Als Methoden finden Anwendung:
- Familientherapie,
- Gesprächspsychotherapie,
- Verhaltenstherapie,

- Psychoanalyse,
- Spieltherapie,
- Gruppentherapie, soziale Gruppenarbeit (vgl. Fachlexikon der sozialen Arbeit, S. 285).

BERUFSPROFILE DER PÄDAGOGISCHEN FACHKRÄFTE

Die Förderrichtlinien für Erziehungsberatungsstellen sehen als Regelteam vor: Dipl. PsychologInnen, SozialarbeiterInnen/SozialpädagogInnen, Kinder- und JugendlichenpsychotherapeutInnen, HeilpädagogInnen, Dipl. PädagogInnen und LogopädInnen, zusätzlich als Honorarkräfte Ärzte und Psychiater. Die Statistik des Jahres 1998 der 349 Kath. Erziehungsberatungsstellen zeigt z.B. folgende Verteilung: Von 697 hauptamtlichen Mitarbeitern haben eine Ausbildung als Dipl. Psychologen (214), Dipl. Sozialarbeiter (46), Dipl. Sozialpädagogen (158), Heilpädagogen (40), Kinder- und Jugendlichenpsychotherapeuten (2), Dipl.Pädagogen (15), Erzieher (6).

Quellen/Literatur

Deutscher Verein für öffentliche und private Fürsorge: Fachlexikon der sozialen Arbeit 1997, 4. Aufl.

Vergleichende Grunddatenstatistik für Erziehungsberatungsstellen in kath. Trägerschaft 1998

Statistisches Informationssystem (Statis-Bund) 2000, www-zr.statistik-bund.de

Deutscher Kinderschutzbund; Volkswagen AG (Hrsg.): Taschenbuch der Kinderpresse 2000

3.2 SOZIALE GRUPPENARBEIT

Überblick

Die Soziale Gruppenarbeit ist eine Leistungsform der Hilfen zur Erziehung. Dieser Begriff wird allerdings auch genutzt, um eine Auswahl von sozialpädagogische Methoden zu umschreiben.
Diese Erziehungshilfe ist so organisiert, dass Hilfe zur Entwicklung der Persönlichkeit, zur Ablösung vom Elternhaus oder aus einer problema-

tischen Gleichaltrigengruppe im Rahmen einer eigens zusammengestellten pädagogisch geleiteten Gruppe ermöglicht wird. Über gruppendynamische Prozesse, ausgelöst durch z.B. Selbstdarstellung, Nachstellen von alltäglichen problematischen Lebenssituationen und Reflexion werden alltägliche Themen wie Konflikte, Freundschaft, berufliche Orientierung, Gewalt und Gewaltbereitschaft, die begangenen Delikte ..., können die belastenden Lebenssituationen bearbeitet werden.
Das Ziel ist, mit jungen Menschen Alternativen zu ihren bisherigen Verhaltensweisen zu erarbeiten. So kann der Weg zu einer gemeinschaftsfähigen Person, die autonom und selbstbestimmt gesellschaftliche Regeln einhält, geebnet werden.
Soziale Gruppenarbeit kann durch das Jugendamt gewährt oder von einem Richter im Rahmen einer Jugendgerichtsverhandlung angeordnet werden. Der Rahmen ist flexibel ebenso wie die Dauer und Intensität. Zum einen ist es möglich, die Soziale Gruppenarbeit als ambulante Hilfe zu gestalten oder als Ergänzung einer stationären Heimunterbringung.

Zielgruppe

Dieses Angebot ist geschaffen vor allem für Jugendliche und junge Erwachsene, für die ein Training notwendig ist, um ihren Platz in einer Gruppe auf gesellschaftlich anerkannte Weise zu finden. Wichtig ist, dass das familiäre Netz oder eine Heimgruppe den Jugendlichen weiter tragen kann und er für die Zeit der Sozialen Gruppenarbeit nicht ohne feste Bezüge lebt oder nach neuen Ausschau halten muss.

KONZEPTE/ARBEITSFORMEN

Man kann zwei Arbeitsformen voneinander unterscheiden:

1. in Form einer fortlaufende Gruppe:

   Bei der fortlaufenden Gruppe werden von den Mitarbeitern Themen und Methoden vorgeschlagen und je nach Bedarf und Gruppenzusammensetzung gearbeitet. Da immer wieder neue Gruppenmitglieder hinzukommen können, wiederholen sich die Gruppenprozesse. Es birgt die Chance alte Erfahrungen immer wieder neu zu überprüfen und die neu gewonnenen Fähigkeiten auszuprobieren. Nach einem Abbruch der Maßnahme kann ein neuer Versuch in der gleichen Gruppe mit den bekannten Trainern beginnen.

2. in Form eines Kurses:

   Die Arbeitsform eines Kurses bietet allen Mitgliedern zu Beginn die gleiche Unvertrautheit und im gleichen Zeitraum die gleichen Themen. Diese Art der Gruppenführung lässt einen gemeinsamen Wachstumsprozess zu.

Beide Formen arbeiten situationsorientiert und orientieren sich in ihren Methoden und Themen an den Gruppenmitgliedern und deren Bedürfnissen.
Bei der Gestaltung der Einheiten greifen Trainer auf handlungs-, erlebnis- oder auch themenorientierte Inhalte (z.B. Coolness-Training, Anti-Aggressionstraining, um nur zwei zu nennen) zurück.

BERUFSPROFILE DER PÄDAGOGISCHEN FACHKRÄFTE

Die Mitarbeiter der Soziale Gruppenarbeit müssen über eine gute Sensibilität und eine hohe berufliche und persönliche Kompetenz verfügen. Viele Fachkräfte verfügen über diverse Zusatzqualifikationen wie Erlebnispädagogik oder therapeutische Verfahren. Eine gute Mischung dieser Fähigkeiten bietet vielfältige Chancen für das Mitarbeiterteam, vor allem auch für die Jugendlichen und jungen Erwachsenen. Als Basis ihrer Arbeit ist die lebensweltliche – ganzheitliche Wahrnehmung der Situation und Bedürfnisse der einzelnen Klienten zu sehen. Sozialräumliche Verankerung der Arbeit ist von großem Nutzen. Die Arbeitszeiten sind sehr variabel und oft zu Beginn der Gruppe nicht absehbar. Es kommt auf die Zwischenfälle und die einzelnen Ereignisse während der Gruppensitzungen an.

Quellen/Literatur

Günder, R.: Praxis und Methoden der Heimerziehung. Lambertus, Freiburg 2007
Jordan E./Sengling D.: Jugendhilfe. Weinheim, München 2005

3.3 ERZIEHUNGSBEISTAND/BETREUUNGSHELFER

Überblick

Im § 30 KJHG ist diese Form der ambulanten Hilfe verankert mit dem Ziel, eine ambulante, beratende und unterstützende Erziehungshilfe anzubieten.

Voraussetzung für die Gewährung dieser Hilfe ist, dass, wie im § 27 KJHG beschrieben, das Wohl des Kindes gefährdet ist und Hilfe zur Erziehung in Anspruch genommen werden muss.

> „Der Erziehungsbeistand und der Betreuungshelfer sollen das Kind oder den Jugendlichen bei der Bewältigung von Entwicklungsproblemen möglichst unter Einbeziehung des sozialen Umfeldes unterstützen und unter Erhaltung des Lebensbezuges zur Familie seine Verselbstständigung fördern" (§ 30 KJHG).

Zielgruppe dieser Hilfe:

- Kinder und Jugendliche in krisenhaften Lebenssituationen mit auffälligem Sozialverhalten und in familiären Spannungen lebend, mit Problemen in der Schule oder Ausbildung;
- Kinder und Jugendliche, die unter dem Erziehungsstil der Eltern leiden;
- Jugendliche, die im Rahmen eines Jugendstrafverfahrens die Auflage erhalten haben und einen Betreuungshelfer zur Seite gestellt bekommen.

Hinsichtlich des Durchschnittsalters der Kinder und Jugendlichen kommt Schoene bei seinen Untersuchungen zu dem Ergebnis, dass dies bei knapp 14 Jahren liegt und damit ca. 3,5 Jahre über dem Durchschnitt des Durchschnittsalters der Kinder der anderen ambulanten Hilfen.
Er stellt auch fest, dass zwei Drittel der betreuten Jugendlichen männlichen Geschlechts sind.
Bei der Ausformulierung dieses Gesetzes wurden zwei zunächst getrennte Maßnahmen miteinander verbunden:

(1) Die Erziehungsbeistandschaft: eine freiwillige Entscheidung der Eltern, um Hilfe bei der Erziehung zu bekommen;

(2) gleichzeitig kann ein Richter im Einvernehmen mit dem Jugendamt die Erziehungsbeistandschaft anordnen und damit einen Betreuungshelfer einsetzen. Mit dem Betreuungshelfer kommt der Kontroll- und Schutzgedanke in diese Hilfeform. Im Jugendgerichtsgesetz ist die Betreuungshilfe ebenso verankert mit einer etwas anderen Zielgruppe und damit anderen Zielsetzungen: die Resozialisierung jugendlicher Straftäter.
Es ist ein Ansatz, der sich sehr an den Kindern/Jugendlichen orientiert und deren Bedürfnisse und Problemlagen in den Vordergrund stellt. Im

Gegensatz dazu hat die Sozialpädagogische Familienhilfe die Familie im Zentrum ihrer Betreuung.

KONZEPTE/ARBEITSFORMEN

Ziele dieser Betreuungsform sind:

- Verhaltensänderungen beim Kind/Jugendlichen;
- Wiederherstellung tragfähiger familiärer Beziehungen;
- Vermeidung von Fremdunterbringung;
- gegebenenfalls eine Fremdunterbringung vorzubereiten für den Fall, dass die ambulante Hilfe nicht ausreicht; damit ist die Aufgabe verbunden, die Trennung der Familienmitglieder vorzubereiten;
- Entwicklungsperspektiven für die einzelnen Familienmitglieder erarbeiten.

Methoden:

- Einzelarbeit/Soziale Einzelfallhilfe,
- gruppen- und freizeitpädagogische Arbeit/Aktivitäten,
- Familienberatung,
- soziale Gruppenarbeit.

Zu den Methoden gehört auch eine genaue Analyse:

- der Bedürfnisse und des Entwicklungsstandes der Betroffenen,
- der Familienstrukturen und des sozialen Umfeldes, um die Jugendlichen in örtliche Strukturen zu integrieren. (vgl. Gebert, A.; Schoene, R. 1993)

BERUFSPROFILE DER PÄDAGOGISCHEN FACHKRÄFTE

Ein in der Erziehungsbeistandschaft/Betreuungshilfe Tätiger muss über umfangreiche Kenntnisse im Bereich der Sozialpädagogik (Einzel- und Gruppenarbeit) verfügen. Rechtskenntnisse und Erfahrungen sowie Weiterbildungen im pädagogisch-therapeutischen Bereich sind von großer Wichtigkeit und werden oft bei Einstellungen von neuen Mitarbeitern stark gefordert. Es arbeiten überwiegend Sozialpädagogen und Sozialarbeiter in diesem Bereich.

Knapp 51.900 junge Menschen erhielten eine erzieherische Einzelbetreuung durch einen Erziehungsbeistand oder Betreuungshelfer oder nahmen an sozialer Gruppenarbeit teil. Die beendeten Hilfen durch Erziehungsbeistände dauerten im Durchschnitt 14 Monate; Betreuungshelfer, die häufig auf Grund richterlicher Weisung tätig werden, kümmerten sich im Schnitt zehn Monate um die anvertrauten Kinder, Jugendlichen und jungen Volljährigen.

Quelle: Statistisches Bundesamt 2005

Quellen/Literatur

Gebert, A.; Schoene, R.: Erziehungsbeistände im Umbruch, Münster 1993
Günder, Richard: Praxis und Methoden der Heimerziehung – Entwicklungen, Veränderungen und Perspektiven der stationären Erziehungshilfe, Lambertus 2007

3.4 Sozialpädagogische Familienhilfe

Überblick

Die Sozialpädagogische Familienhilfe wird im KJHG unter dem § 31 als Angebot der ambulanten Hilfe zur Erziehung definiert. Mit der Hilfeform: Sozialpädagogische Familienhilfe soll durch intensive Betreuung und Begleitung Familien in ihren Erziehungsaufgaben, bei der Bewältigung von Alltagsproblemen, der Lösung von Konflikten und Krisen, im Kontakt mit Ämtern und Institutionen unterstützen und Hilfe zur Selbsthilfe geben. Sie ist in der Regel auf längere Dauer angelegt und erfordert die Mitarbeit der Familie (Junge, H.; Lendermann, H.B. 1990, S. 70f.).
Mit der Familienhilfe ist ein Angebot geschaffen, das Eltern und Kindern Hilfe vor Ort in ihrem Lebensumfeld anbietet. Es muss zur Erlangung der Hilfe keine „fremde" Umgebung, kein unbekanntes Büro aufgesucht werden. Die Hilfe bei Erziehungsfragen, Hilfe zur Tagesstruktur, bei schulischen Problemen der Kinder erfolgt in der Familienwohnung in der problematischen Situation, im Binnenraum der Familie, ohne dass zwischen Bedarf und Bearbeitung Tage und Nächte liegen.
Es ist ein familienorientiertes Leistungsangebot der ambulanten Hilfen zur Erziehung mit einem klar präventiven Auftrag, das, als fachlich

anspruchsvolle Tätigkeit, umfassende psychologische und pädagogische Kenntnisse voraussetzt.
Dieses Hilfeangebot wird nahezu von allen örtlichen Jugendämtern mit unterschiedlichen Organisationsformen angeboten. Teilweise sind es eingetragene Vereine (Freie Träger) oder das Hilfeangebot wird vom Jugendamt direkt dem Allgemeinen Sozialen Dienst (ASD) angegliedert.
Häufig haben die Familien nicht nur psychische, sondern auch materielle Probleme, was umfassende Hilfe erfordert. Sie sind eingebettet in eine komplexe Lebenswelt mit ihren Zuschreibungen.

Zielgruppe

Es ist schwierig, genau die Familien zu beschreiben, die diese Hilfe bekommen, vor allem in Abgrenzung zu den Familien, die andere Leistungen der ambulanten oder teilweise auch stationären Hilfe zur Erziehung bekommen. Gedacht ist diese Hilfe für Familien in schwierigen Lebenslagen. Die Dauer und die Intensität lässt den JugendamtsmitarbeiterInnen einen großen Ermessungsspielraum. Die vereinbarte Dauer und Intensität ist wiederum abhängig vom Grad der Hilfsbedürftigkeit der Familie. Die sozialpädagogische Familienhilfe soll aber nicht als billige Alternative zur stationären Heimerziehung eingesetzt werden, da diese auch als Hilfeform über mehrere Jahre hinweg gewährt werden kann.
Der Umfang der Hilfe beträgt durchschnittlich 8-15 Stunden pro Familie und dauert ca. 24 Monate.

KONZEPTE/ARBEITSFORMEN

Ziel der sozialpädagogischen Familienhilfe ist es, den Familien zu helfen, neue Spielräume und Möglichkeiten des Umgangs miteinander zu entdecken, Selbstheilungskräfte in Konfliktlagen zu erfahren und eigenständig anzuwenden. Die Integration von sozial randständigen Familien oder einzelner Familienmitglieder soll gefördert und Stigmatisierung und Ausgrenzung über den Abbau von sozialer Kontrolle entgegengewirkt werden.
Zum methodischen Vorgehen gehören: die genaue Analyse der Herkunftsmilieus, Verankerung der Familie in ihrem sozialen Nahfeld über Integration in Vereinen und nachbarschaftlichen Kreisen. Hier ist zu

beachten, dass ein Familienhelfer zunächst die Stigmatisierung weiter bekräftigen wird, wenn bekannt wird, dass eine Familie professionelle Hilfe braucht. Somit reicht die Betreuung von der sozialen Unterstützung und pädagogischen Beratung bis zu quasi therapeutischen Hilfen in Konfliktlagen. Immer steht sie aber unter dem Gesichtspunkt der Hilfe zur Selbsthilfe und der Methode des Lernens am Modell. Dieses modellhafte Handeln setzt an bei Hilfen, den Haushalt zu strukturieren, praktische Ratschläge in pädagogischen Fragen zu geben bis hin zu komplexen Konfliktlösungen und der Veränderung von Einstellungen der Familienmitglieder.

Dies wird eingelöst über:

- lebenspraktische Hilfe zur Problembewältigung und pädagogisch-therapeutischen Orientierung;
- Lebensalltag wird mit der Familie erlebt;
- Familienhelfer setzen Lernprozesse im alltäglichen Zusammenleben in Gang.

BERUFSPROFILE DER PÄDAGOGISCHEN FACHKRÄFTE

Als Fachkräfte gelten in der sozialpädagogischen Familienhilfe Sozialarbeiter und Sozialpädagogen. Es ist auch ein Berufsfeld für Erzieher, die häufig eine Zusatzausbildung in Familienbegleitung bzw. Familientherapie haben und mit den dynamischen Problemen in Familienkonstellationen professionell umgehen können. So ist es wünschenswert von allen Familienhelfern, dass sie umfassende Kenntnisse über familiäre Strukturen, Familienanamnese, systemisches Arbeiten und Konfliktlösungsstrategien besitzen.

Wie bei allen Hilfen zur Erziehung fungiert der Hilfeplan als ein Instrument, die Hilfe zur Selbsthilfe methodisch zu planen. Er ist auch für die Familie ein Instrument, um die Maßnahme zu kontrollieren und gezielt Einfluss zu nehmen.

Eine pädagogische Herausforderung stellt das spezielle Verhältnis von Nähe und Distanz zwischen Sozialarbeiter und Familienmitglieder dar. Man arbeitet meist zwar in Teams, jedoch in den einzelnen Familien ist man ganz auf sich und seine fachliche Kompetenz angewiesen. Vorsicht ist geboten, wenn der einzelne Familienhelfer in mehreren Familien eingesetzt wird, da man in jedem

Familiensystem für die Dauer der Maßnahme auch zu einem Teil der Familiengruppe wird. Man wird Delegationen annehmen, Projektionen (Übertragung von psychischen Aufgaben) erleben und in spezifische Familienrollen hineinwachsen.
Als weitere Herausforderung ist die Ambivalenz zwischen Kontrolle und Hilfe zu sehen. Man erlebt viel mit und in der Familie und ist doch kein eigentliches Familienmitglied, sondern beauftragt von der staatlichen Behörde. Der Familienhelfer sollte Vertrauen und Hilfe so anbieten, dass er nach geraumer Zeit überflüssig wird.
Wichtig ist, dass die Familien innerlich für diese intensive und auch intime Hilfeform bereit sind. Schwierig wird es für die Helfer, wenn bereits viele Maßnahmen im Vorfeld vor der sozialpädagogischen Familienhilfe gescheitert sind, wenn von beiden Seiten eine unvoreingenommene Begegnung nicht mehr möglich ist.
Im Jahr 2005 wurden 48.300 Familien durch eine sozialpädagogische Familienhilfe unterstützt (beendete und am Jahresende bestehende Hilfen). In diesen Familien lebten rund 107.000 minderjährige Kinder. Bezogen auf 10.000 Familien mit minderjährigen Kindern lag die Quote bei 54. Im Jahr 2001 lag die Quote noch bei 37.
Die Familien mit sozialpädagogischer Familienhilfe setzen sich wie folgt zusammen:

Zum größten Teil waren es Familien von allein Erziehenden. In knapp einem Drittel der Fälle lebten die Kinder mit ihren Eltern und in 17 % mit einem Stiefelternteil zusammen.
Bei nahezu 16.000 Familien (33 %) handelte es sich um Familien mit zwei Kindern, in 34 % der betroffenen Familien lebte ein Kind. In 13 % der Hilfen hatte mindestens ein Elternteil eine ausländische Staatsangehörigkeit.
Erziehungsschwierigkeiten waren der mit Abstand häufigste Anlass zur sozialpädagogischen Familienhilfe (70 %). Überwiegend wurde diese Hilfe von Jugendämtern oder anderen öffentlichen Stellen angeregt (62 %). Von Seiten der Eltern erfolgte dieser Schritt in 29 % der Fälle. 46 % der beendeten Hilfen nahmen weniger als ein Jahr in Anspruch.

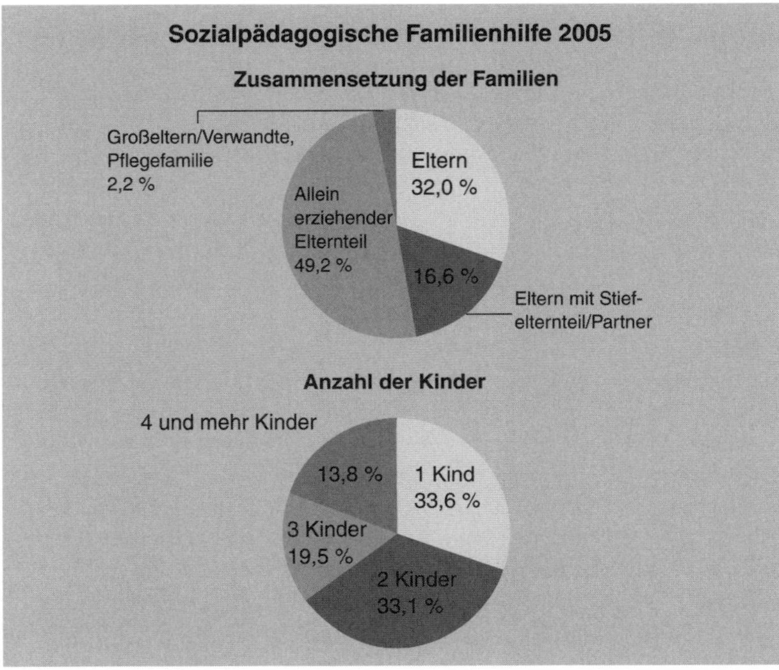

Quelle: Statistisches Bundesamt 2005

Quellen/Literatur

Junge, H.; Lendermann, H.B.: Das Kinder- und Jugendhilfegesetz (KJHG), Freiburg 1990

Günder, R.: Praxis und Methoden der Heimerziehung – Entwicklungen, Veränderungen und Perspektiven der stationären Erziehungshilfe, Lambertus 2007

3.5 TAGESGRUPPEN

Überblick

Erziehung in einer Tagesgruppe § 32 KJHG:
Hilfe zur Erziehung in einer Tagesgruppe soll die Entwicklung des Kindes oder des Jugendlichen durch soziales Lernen in der Gruppe, Begleitung der schulischen Förderung und Elternarbeit unterstützen und dadurch den Verbleib des Kindes oder des Jugendlichen in seiner Familie sichern. Die Hilfe kann auch in geeigneten Formen der Familienpflege geleistet werden.
„Die Initiative zu dieser neuen Hilfeart ging wesentlich von den Trägern der Heimerziehung aus" (Junge, H.; Lendermann, H.B. 1990, S. 73). Es ist ersichtlich, dass es Kinder und Jugendliche gibt, denen das bisherige Leistungsspektrum zwischen stationärer Heimerziehung und den ambulanten Hilfearten nicht die geeignete Unterstützung bietet. In der Tagesgruppe wird lebensfeldorientiert die individuelle Förderung eines Kindes/Jugendlichen geleistet und dazu das soziale Umfeld in die pädagogische Arbeit einbezogen. 1997 erhielten ca. 16.000 Kinder Hilfe zur Erziehung im Rahmen einer Tagesgruppe (vgl. Taschenbuch der Kinderpresse 2000, S. 105).

Ein wesentliches Ziel der Tagesgruppenarbeit ist es, den Verbleib des Kindes in der Herkunftsfamilie zu ermöglichen. Die gewachsenen Beziehungen in Familie, Verwandtschaft, Vereinen und Cliquen sollen nicht unterbunden werden. In der Praxis hat sich bewährt, dass die Tagesgruppen an ein Heim angegliedert sind. So können die Tagesgruppenmitarbeiter die gesamte Infrastruktur der Einrichtung mitnutzen.

Zielgruppe

Es werden Kinder und Jugendliche betreut, die aufgrund ihrer Familiensituation und ihrer lebensweltlichen Umgebung in Schwierigkeiten geraten sind.

„Es werden Kinder und Jugendliche aufgenommen:

- Die zu ihrer positiven, persönlichen, sozialen und schulischen Entwicklung die intensive Hilfe und Unterstützung durch sozialpädagogische Fachkräfte und den Rahmen einer überschaubaren Gruppe benötigen,

- deren Familien aufgrund bestehender Probleme (Überforderungssituationen, materielle Not, Partnerkonflikte usw.) Unterstützung und Entlastung in der Bewältigung ihrer Erziehungsaufgaben brauchen und/oder intensive alltagsbezogene (beraterische und/oder sozialarbeiterische) Hilfe benötigen,
- deren Eltern einer Betreuung ihres Kindes in der Tagesgruppe zustimmen, für eine regelmäßige Anwesenheit des Kindes sorgen können und zu einer konstruktiven Zusammenarbeit zum Wohle des Kindes bereit sind,
- die noch positive Bezugspunkte in ihrem Lebensfeld haben, welche zur Integration in Familie, Schule und sozialem Umfeld genutzt werden können" (Diakonisches Werk, Caritasverband der Diözese Rottenburg-Stuttgart, Deutscher Paritätischer Wohlfahrtsverband: Tagesgruppen: Grundlagen-Ausdifferenzierung-Vernetzung).
- 7.700 Minderjährige begannen eine erzieherische Hilfe in einer Tagesgruppe. Fast zwei Drittel der Kinder und Jugendlichen (64%) waren zu Beginn der Maßnahme zwischen 9 und 17 Jahren alt, wobei der Schwerpunkt bei den 9- bis 12-jährigen lag. Quelle: Statistisches Bundesamt 2005

KONZEPTE/ARBEITSFORMEN

Grundlagen – Bedingungen – Vernetzung		
Grundversorgung	Bedingungen	Aspekte zur Vernetzung

• Mittagessen
• Pädagogisch strukturierter Alltag
• Pädag.-Therapeut. Einzelförderung
• Elternarbeit
• Kooperation mit der Schule
• Arbeit im Lebensfeld
• Kooperation mit dem Jugendamt
	• Betreuungsschlüssel 1:3
	• Öffnungszeiten: 220 Tage
	• Beratung u. Supervision
	• Standort: bei der Schule, am Heim, im Stadtteil
	• Weiterentwicklungen:
	  • Flexible Öffnungszeiten
	  • Betreuung mit reduziertem Angebot
	  • Krisenintervention auch über Nacht
		← flexible Betreuungsformen in Kooperation mit den Tageseinrichtungen
		← gemeinsame Nutzung von Ressourcen mit z.B. einem Hort
		← Kooperation mit
		• Schulsozialarbeit
		• Erziehungsberatung
		• Sozialpäd. Familienhilfe
		• Soziale Gruppenarbeit
		• Heimerziehung
		• Einrichtungen der offenen Kinder- und Jugendarbeit, Kinder- und Jugendkulturarbeit

vgl. Diakonisches Werk, Caritasverband der Diözese Rottenburg-Stuttgart, Deutscher Paritätischer Wohlfahrtsverband: Tagesgruppen: Grundlagen – Ausdifferenzierung – Vernetzung

Was sich hinter diesen im Gesetz formulierten Arbeitsformen: Soziales Lernen, Begleitung der schulischen Förderung, Elternarbeit verbirgt, stellt die folgende Auflistung dar (vgl. Papier der Trägerverbände, s.o.):

- Ein strukturierter Tagesablauf mit festen Zeiten für Essen, Hausaufgaben, Kleingruppen, Freispiel usw. bietet einen Orientierungsrahmen für die einzelnen Kinder und für das soziale Lernen und Leben in der Gemeinschaft.
- Im schulischen Bereich erhalten die Kinder Unterstützung bei der Erledigung der Hausaufgaben und Förderung in ihrer Leistungsmotivation, Konzentrationsfähigkeit und Selbstständigkeit.
- Bei Gruppenaktivität und Unternehmungen mit der gesamten Gruppe steht das soziale Lernen im Vordergrund. Sie sind der Rahmen zum schrittweisen Erlernen von Anpassungs-, Durchsetzungs- und Konfliktfähigkeit.
- In Kleingruppen findet mit Hilfe vielfältiger Medien sowohl eine individuell ausgerichtete Förderung als auch gruppenorientiertes Lernen statt.
- In verschiedenen Formen von Einzelbetreuung erfahren die Kinder ein hohes Maß an Aufmerksamkeit und Zuwendung; dort ist auch der Einsatz heilpädagogischer Methoden möglich.
- Durch die verschiedenen Methoden können die geschlechtsspezifischen Bedürfnisse der Kinder und Jugendlichen gezielt berücksichtigt werden.
- Der Erfolg dieser Betreuungsform hängt wesentlich vom Gelingen der Elternarbeit ab. Durch eine partnerschaftliche Kooperation soll ein Vertrauensverhältnis geschaffen werden, auf deren Grundlage sich Entwicklungs- und Veränderungsprozesse ereignen können. Diese Basis wird durch z.B.: Elterngesprächsgruppen, Familienaktivitäten, Ausflüge und Familienfreizeiten, Einbeziehung der Eltern in den Gruppenalltag und gemeinsame Veranstaltungen im Gemeinwesen gestärkt.
- Die Tagesgruppenmitarbeiter nehmen auch regelmäßig mit den Klassenlehrern Kontakt auf, indem sie sich gegenseitig informieren, gemeinsame Gespräche mit Eltern und Lehrer führen und zusätzliche Fördermög-lichkeiten herausfinden. Die Kooperation soll zu einer ganzheitlichen Sichtweise der Leistungs- und Verhaltensprobleme führen.

Die Einrichtungen sollten von einem Betreuungsschlüssel von 1:3 ausgehen, um bei Erkrankung eines Mitarbeiters die qualitativ hochwertige pädagogische Arbeit weiterführen zu können. Auch sollte die Gruppengröße zwischen 7 und 9 Kindern nicht über- bzw. unterschritten werden. Dies dient den notwendigen Gruppenprozessen, die nur dann stattfinden können, wenn die Gruppe nicht in allzu viele Untergruppen zerfällt.

Berufsprofile der pädagogischen Fachkräfte

In diesem Berufsfeld arbeiten verschiedene Berufsgruppen integrativ zusammen. Neben ErzieherInnen sind vor allem SozialpädagogInnen und HeilpädagogInnen beschäftigt. Sie beziehen sich in ihrer Didaktik und Methodik auf den Lebensfeld-Ansatz. Das Hauptarbeitsfeld liegt in der Alltags- und Freizeitgestaltung sowie in der schulischen und heilpädagogischen Förderung. Häufig erwerben die Fachkräfte besondere Kompetenzen, um den Kindern gezielte Hilfestellungen geben zu können. Zu den besonderen Kompetenzen zählen neben therapeutischen auch die heilpädagogischen Zusatzqualifikationen bis hin zu Körpertherapieverfahren und der Reittherapie.

Quellen/Literatur

Günder, R.: Praxis und Methoden der Heimerziehung – Entwicklungen, Veränderungen und Perspektiven der stationären Erziehungshilfe, Lambertus 2007

Positionspapier Diakonisches Werk Württemberg, Caritasverband der Diözese Rottenburg-Stuttgart und dem DPWV Baden-Württemberg: Grundlagen – Ausdifferenzierung – Vernetzung (das Erscheinungsjahr ist diesem Papier nicht zu entnehmen)

Junge, H./Lendermann, H.B.: Das Kinder- und Jugendhilfegesetz (KJHG) 1990

Deutscher Kinderschutzbund/Volkswagen AG (Hrsg.): Taschenbuch der Kinderpresse, 2000

Statistisches Bundesamt: Kinder- und Jugendhilfe 2005

3.6 VOLLZEITPFLEGE/PFLEGEFAMILIEN

Überblick

„Unter Vollzeitpflege wird im Gegensatz zur Tagespflege die Betreuung und Erziehung eines Kindes oder Jugendlichen über Tag und Nacht außerhalb des Elternhauses für längere Zeit in einer anderen Familie verstanden" (§ 33 KJHG).

1997 wurden in der Bundesrepublik 48.488 Kinder und Jugendliche im Rahmen einer Hilfe zur Erziehung außerhalb des eigenen Elternhauses in andere Familien untergebracht. Hinzuzurechnen wären hierbei allerdings noch Minderjährige in Verwandtschaftspflegestellen, bei denen keine Erziehungshilfe geleistet wird (oder nur Leistungen nach dem BSHG erfolgen).
Nach Schätzungen dürfte die Zahl der in Verwandtschaftspflegestellen lebenden Kinder nicht wesentlich geringer sein als die Zahl der im Rahmen der Jugendhilfe untergebrachten Kinder und Jugendlichen (Jordan/Sengling, 1992, S. 173).
Als Pflegefamilie bezeichnet man die Familie, die die Betreuung eines Kindes auf Dauer in der eigenen Familie anbietet. Es ist ein offener Begriff. Es wird nicht nur die klassische Familie, verheiratete Eltern mit eigenen Kindern, darunter verstanden. Es kann sich ebenso um ein unverheiratetes Elternpaar, aber auch um Einzelpersonen handeln, die als Pflegepersonen die Betreuung von Kindern übernehmen.

Die Form dieser Betreuung kann ganz unterschiedlich sein.

- Zum Einen kann diese Familie eine auf Dauer angelegte Begleitung und Betreuung eines Kindes oder Jugendlichen gewährleisten (Dauerpflege). Damit ist sie eine Ersatzfamilie und bietet eine dauerhafte Alternative zur Herkunftsfamilie. Oder die Aufnahme eines Kindes dient nur zur Krisenintervention und ist damit vorübergehend (Verweis: Inobhutnahme § 42 KJHG) geplant. So kann der Sozialarbeiter des Jugendamtes Zeit gewinnen, um mit der Herkunftsfamilie über den weiteren Verbleib des Kindes zu reden.
- Eine weitere Variante ist, wenn eine Adoption geprüft wird und die abgebenden Eltern letztendlich noch nicht entschlossen sind. Hier kann der Säugling oder das Kind zunächst in einer Pflegefamilie betreut werden. Diese Form der Betreuung wird als Bereitschaftspflege oder Kurzzeitpflege bezeichnet. Sie hat zunächst das Ziel, in

einer kürzeren überschaubaren Zeit ein Kind psychisch zu stabilisieren.

- Als Übergangspflege bezeichnet man die Betreuungsverhältnisse, in denen für einen befristeten, möglicherweise auch länger andauernden, Zeitraum die Eltern die Versorgung ihres Kindes nicht mehr übernehmen können. Die Eltern werden hierbei dicht in die Betreuung des Kindes mit einbezogen, so dass eine Entfremdung von der Herkunftsfamilie erst gar nicht entsteht.
- Pflegestellen für Kinder und Jugendliche mit klar diagnostizierten psychiatrischen Auffälligkeiten sind in manchen Regionen bereits entstanden. Dies ist das Ergebnis einer gelungenen Kooperation zwischen der Kinder- und Jugendpsychiatrie und der Jugendhilfe.

Das Pflege- und Betreuungsarrangement stellt hohe Anforderungen an die Flexibilität und Fachlichkeit der Pflegeeltern und deren Kinder, zumal die Betreuungsformen ineinander fließen können.

Zielgruppe

Meist sind es Kinder im Vorschulalter/Grundschulalter, Jugendliche werden eher sehr selten in Pflegefamilien untergebracht. Es können keine gravierenden Unterschiede bezüglich der Verhaltensauffälligkeiten festgestellt werden zwischen Kindern, die ins Heim kommen und den Kindern, die in einer Pflegefamilie leben. Ein festgestellter Unterschied ist die Bereitschaft der leiblichen Eltern, ein Kind in die Pflegefamilie abzugeben. Diese müssen befürchten, dass sich ihr Kind in der neuen Familie sehr gut eingewöhnt und möglicherweise nicht mehr in die Herkunftsfamilie zurück möchte.
Dennoch muss für die Pflegeeltern klar sein, dass es Pflegekinder sind und keine Adoptivkinder.

KONZEPTE/ARBEITSFORMEN

Die Aufnahme in eine Pflegefamilie muss gut vorbereitet werden. Die Beratung durch die MitarbeiterIn des Jugendamtes muss sehr sorgfältig sein. Es gilt, unterschiedliche Erwartungen, Befürchtungen und Empfindsamkeiten der daran beteiligten Personen abzuwägen, da

- ist das Kind, das mit schwierigen Lebenserfahrungen in seiner Herkunftsfamilie konfrontiert wird;

- sind die leiblichen Eltern, die viele Erwartungen und persönlichen Wünsche an ihr Familienleben revidieren müssen;
- sind die leiblichen Eltern, die über dieses Kind mit ihrer Art der Beziehungsgestaltung in die neue Familie hineinwirken; diese indirekte Art der Einwirkung wird über den Hilfeplan zum Teil gewollt und damit auch institutionalisiert;
- ist die Pflegefamilie, die bereits mit unterschiedlichen Personen und einem spezifischen Familiengefüge existiert.

Schwierig wird es dann, wenn

- die Pflegefamilie eigentlich ein Adoptivkind möchte und keines bekommen kann und nun auf diesem Weg den Kinderwunsch befriedigen möchte;
- beide Elternpaare nicht ausreichend auf den Wechsel vorbereitet wurden;
- eine unsägliche Konkurrenz zwischen der Herkunfts- und Pflegefamilie entsteht;
- die Vermittlung im „Hau-Ruck-Verfahren" ohne ausgiebige Prüfung der Bedürfnisse und Erwartungen aller Parteien stattgefunden hat;
- sich die Erwartungen an die Betreuung verändern;
- die Herkunftsfamilie ihr Kind nicht loslassen kann, da es noch eine wichtige familienstabilisierende Funktion hat;
- die Integration des Kindes in die Pflegefamilie nicht gut gelingt;
- sich Unstimmigkeiten über die Dauer und den Veränderungsprozess der Herkunftsfamilie ergeben – wenn die Perspektive des Kindes unklar ist.

Die Jugendämter sind verpflichtet, Familien für die Pflegedienste anzuwerben. Sie müssen diese im Vorfeld schulen und ihre Eignung als Pflegefamilie prüfen. Nicht jedes Kind passt in jede Ersatzfamilie, nicht jede Familie kann jedes fremde Kind betreuen. So muss das Spezifische an jeder Familie herausgearbeitet werden, damit eine Vermittlung eines Kindes gelingen kann.
Zum Zeitpunkt der Entscheidung der leiblichen Eltern müssen diese von einem Mitarbeiter des Jugendamtes gut begleitet werden. Erst dann kann der Übergang für das Kind in die neue Familie gelingen. Die Beratung hört mit der Aufnahme des Kindes noch nicht auf. Über eigens gestaltete Pflegeelternseminare erhalten die Ersatzeltern eine

fachliche Begleitung und die Möglichkeit dem Kind fachlich kompetente Hilfe anzubieten.
Die Pflegeeltern einer Region sind entweder an das Jugendamt gebunden oder aber in einem eingetragenen Verein in freier Trägerschaft organisiert. Dieser Zusammenschluss ermöglicht gegenseitige Unterstützung (z.B. Babysitting, Infobörse usw.).
Zu den Methoden gehören Hilfeplangespräche, Supervision (Beratung durch Fachstellen des Jugendamtes), Gestaltung des Alltages, schulische Begleitung, Integration in ein intaktes Familiengefüge und in ein neues Lebensfeld. Im Durchschnitt lebten die jungen Menschen 4 Jahre in der Pflegefamilie (Quelle Statistisches Bundesamt 2005).

BERUFSPROFILE DER PÄDAGOGISCHEN FACHKRÄFTE

Für die Erziehungs- und Pflegeaufgaben in einer Pflegefamilie können Laien eingesetzt werden, die vom Jugendamt ausgesucht, ausgebildet und begleitet werden.
Für die Aufgaben der Bereitschaftspflege, Krisenintervention bzw. Inobhutnahme wird angestrebt, Paare zu gewinnen, von denen ein Teil eine pädagogische Ausbildung als Erzieher oder Sozialpädagoge hat. Vor allem bei der Betreuung von verhaltsauffälligen Kindern und Jugendlichen muss ein sozialpädagogisch ausgebildeter Elternteil vorhanden sein. Diese Betreuungsform bietet auch eine Möglichkeit der freiberuflichen selbstständigen Tätigkeit für Absolventen der Fachschulen und Fachhochschulen.
Die Betreuung der Pflegefamilien durch die Jugendbehörde wird durch Sozialarbeiter bzw. Sozialpädagogen wahrgenommen. Auch die Supervision der Elterngruppen wird von ihnen gestaltet.

Quellen/Literatur

Conrad, A./Stumpf, N.: Das Pflegekind im Spannungsfeld zwischen Pflegeeltern und Herkunftseltern, Kovac, J. 2006

Deutscher Kinderschutzbund/Volkswagen AG (Hrsg.): Taschenbuch der Kinderpresse 2000

Gintzel, U.: Erziehung in Pflegefamilien, Münster 1996

Jordan, E.; Sengling, D.: Jugendhilfe, Weinheim 2005

Lohrentz, U./Denno, T.: Elternrecht im Alltag, Recht und Praxis verständlich gemacht, Verbraucherzentrale NRW, 2005

Statistisches Bundesamt 2005

3.7 HEIMERZIEHUNG

Theodor Thesing

Überblick

Heimerziehung, als eine Form der Erziehung und Fremdunterbringung außerhalb der Familie, hat eine lange Tradition. Ohne eine kurzen Exkurs in die Geschichte der „Fremdplatzierung" bzw. Heimerziehung ist dieser Bereich der sozialpädagogischen Institutionen nur schwer zu verstehen. Im Jahre 330 erfolgt die erste Waisenhausgründung durch Bischof Zotikos in Konstantinopel und eine Hospitalgründung in Cäsarea/Kappadocien 369 durch Bischof Basilius (Heitkamp 1984, S. 23). 1041 wird in Laibach ein erstes deutsches Findelhaus beurkundet. Im Mittelalter werden neben Findelhäusern auch Klosterschulen in Internatsform eingerichtet. Im 16./17. Jahrhundert entstehen eine größere Zahl Waisenanstalten, so 1546 in Lübeck und 1572 in Augsburg. Waren die Findelhäuser und Waisenanstalten primär für die Versorgung der Kinder der Armen geschaffen, so dienten die Klosterschulen und Kadettenanstalten der Heranbildung der geistlichen und weltlichen Elite. In den folgenden Jahrhunderten ist die Anstaltserziehung von Kindern häufig mit Kasernierung, Strenge, Zucht und Ordnung verbunden. Günder verweist darauf, dass der Begriff „Heim" erst im 20. Jahrhundert entsteht, vorher überwiegend Bezeichnungen wie:

- Besserungs- und Corrigendenanstalt,
- Rettungshaus und Rettungsanstalt,
- Zwangserziehungsanstalt,
- Fürsorgeerziehungsanstalt,
- Erziehungsanstalt und
- Jugendschutzlager/Konzentrationslager für Jugendliche/Arbeitslager für Fürsorgezöglinge

verwendet wurden (vgl. Schrapper; Heckes 1986, S. 1f, in: Günder 2007, S. 20). Für die Heimerziehung lassen sich geschichtlich drei Wurzeln ausmachen:

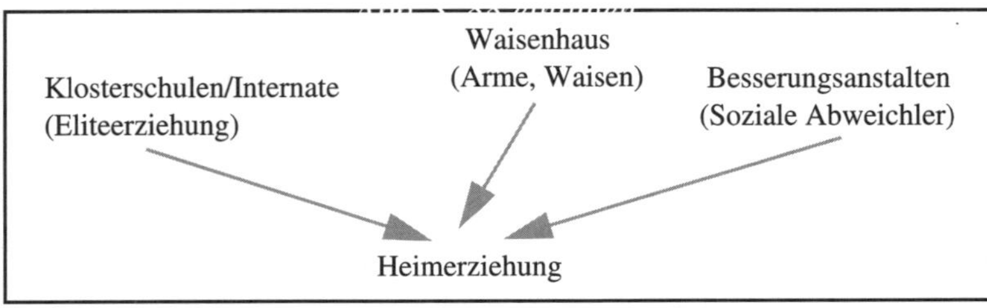

Nach dem Ende des 2. Weltkrieges musste in Deutschland eine große Zahl Kinder versorgt werden, die heimat- und elternlos waren. Kinderdörfer wurden gegründet und noch bestehende Kinder- und Jugendheime, sowie Fürsorgeheime nahmen ihre Arbeit wieder auf. Gruppenstärken von 25 bis 30 Kinder, untergebracht in Schlafsälen, wenig und überwiegend nicht ausgebildetes Personal waren die Regel. In den 60er Jahren gerieten die Heime durch eine politisch motivierte Heimkampagne („Holt die Kinder aus den Heimen“) massiv unter Druck. Repressive Erziehungspraktiken wurden angeprangert, Heimjugendliche zur „Flucht“ ermuntert, Skandalberichte verunsicherten Mitarbeiter und Heimträger. In den folgenden 70er Jahren wurden Reformen eingeleitet. Viele Heime suchten eine heilpädagogische Orientierung und stellten verstärkt sozialpädagogische und heilpädagogische Fachkräfte ein. Die Gruppengrößen wurden verkleinert auf 6 bis 10 Kinder bzw. Jugendliche, die Heime geöffnet, Außenwohngruppen eingerichtet, die bauliche Situation verbessert, große Anstalten geöffnet, umstrukturiert und dezentralisiert. In einigen Bundesländern kam es zur Gründung von „Kleinstheimen“, familienähnliche Einrichtungen für 6 bis 10 Kinder, vielfach geführt von Ehepaaren, die häufig ohne zeitlich geregelten Dienstplan mit den Kindern zusammenleben. Die „Wohnfamilie“ vom Typ Kleinstheim stellt eine Haushalts-, Lebens- und Freizeitgemeinschaft dar, vergleichbar mit einer Großfamilie. Einige solcher Kleinstheime schlossen sich zu Verbünden zusammen. Die heutigen Strukturmerkmale der Heimerziehung kommen in den nachfolgenden Prinzipien zum Ausdruck:

- Differenzierung,
- Dezentralisierung,
- Regionalisierung,
- Normalisierung,
- Lebensfeld- und Gemeinwesenorientierung.

Die Reform führte zu hohen Pflegesätzen zwischen 150 bis 300 DM, heute müssen die Heimträger mit Kostendeckelung und Mittelkürzungen kämpfen. Jordan weist darauf hin, dass die Zahl der im Rahmen der Jugendhilfe untergebrachten Minderjährigen von 1968 (95.409) bis 1988 (42.108) kontinuierlich zurückgegangen ist bedingt durch eine verstärkte Unterbringung in Pflegefamilien, den Ausbau ambulanter Betreuungsformen und den Rückgang der demographischen Geburtenentwicklung (vgl. Jordan 1992, S. 180). Nach der Wiedervereinigung stieg diese Zahl erwartungsgemäß wieder. Nach Angaben des Statistischen Bundesamtes befanden sich 2006 61.806 junge Menschen in Heimerziehung oder einer sonstigen betreuten Wohnform, davon waren 5.184 nicht deutscher Nationalität.

Hilfen zur Erziehung außerhalb des Elternhauses – Heimerziehung u. betreute Wohnformen

Baden-Württemberg	5.795	Nordrhein-Westfalen	15.435
Bayern	6.658	Rheinland-Pfalz	3.148
Berlin	4.599	Saarland	1.039
Brandenburg	2.802	Sachsen	2.622
Bremen	562	Sachsen/Anhalt	1.991
Hamburg	1.399	Schleswig-Holstein	1.682
Hessen	5.046	Thüringen	1.682
Mecklenburg/Vorpommern	1.675	**Deutschland**	**61.806**
Niedersachsen	5.794		

(Statistik der Jugendhilfe Teil I; Hilfen zur Erziehung außerhalb des Elternhauses, Stand 31.12.2006)

Günder definiert das Heim heute bei aller Kritik als „positiven Lebensort" für junge Menschen:

> „Heimerziehung und die sozialpädagogische Betreuung in sonstigen Wohnformen haben die zentrale Aufgabe, positive Lebensorte für Kinder und Jugendliche zu bilden, wenn diese vorübergehend oder auf Dauer nicht in ihrer Familie leben können. Die sehr differenzierten Institutionen der stationären Erziehungshilfe sollen lebensweltorientiert ausgerichtet sein. Dies impliziert in der Regel eine ortsnahe oder zumindest regionale Unterbringung sowie die Unterstützung von Kontakten zum früheren sozialen Umfeld, vor allem zur Herkunftsfamilie, wenn nicht im Einzelfall Gründe, die das Wohl des Kindes oder Jugendlichen gefährden können, dem gegenüberstehen" (Günder 2007, S. 14).

Konzepte in der Heimerziehung heute lassen sich unterscheiden nach:

- der Familienorientierung (z.B. Kinder- und Jugenddörfer),
- der heilpädagogischen Orientierung (Heilpädagogische Heime, Behandlungskonzepte),
- der therapeutischen Orientierung (Therapeutische Heime, Milieutherapie, Psychotherapie),
- der Lebenswelt- und Gemeinwesenorientierung,
- den Verbundsystemen/Netzwerken (dezentralisierte und differenzierte Hilfen, Betreute Wohnformen, Schule, Berufsausbildung, Erziehungsberatung).

Diese Kriterien schließen sich nicht gegenseitig aus, viele Einrichtungen weisen mehrere Merkmale in Kombination auf.

3.7.1 Von der Erziehungsanstalt zum Verbundsystem dezentralisierter und differenzierter Betreuungsangebote

Überblick

Die Entwicklung der Heimerziehung in Deutschland ab den 80er Jahren ist gekennzeichnet durch Reformbemühungen wie Lebenswelt- und Gemeinwesenorientierung; Dezentralisierung zur Vermeidung von Ghettobildung; Schaffung von flexiblen Hilfen, um rasch auf einen wechselnden Erziehungsbedarf reagieren zu können; Integration unterschiedlicher fachlicher Konzepte; Suche nach Synergieeffekte, um Ressourcen zu sparen und kostengünstiger arbeiten zu können. Einige Heimträger lösten ihre traditionellen stationären Einrichtungen auf und bauten ein völlig neues System unterschiedlicher Wohn- und Betreuungsformen auf (vgl. Birtsch, u.a. 1980). Andere Heime begannen im Rahmen der Dezentralisierung Außenwohngruppen einzurichten, interne Therapie- oder Ausbildungsangebote für externe junge Menschen zu öffnen und ihre Angebotspalette durch ambulante Hilfen wie Tagesgruppen oder durch sozialpädagogische Familienhilfe zu erweitern. Diese Entwicklung brachte einen neuen Einrichtungstyp hervor: das Verbundsystem (vgl. Birtsch 1988, S. 24).

„Verbundsysteme sollten verstanden werden als organisierte und strukturierte Hilfeketten, die stadtteilbezogen, gemeindenah oder regional, mit dem Ziel der Vorbeugung, Behandlung und/oder Nachsorge gegen ‚abweichendes Verhalten' und dessen Ursachen bei Kinder und Jugendlichen Sorge tragen. Gemeint ist also ein breites Spektrum an Alternativen und Ergänzungen zu bekannten Hilfeformen" (AFET-Ausschuss für Erziehungshilfen 1980, S. 1).

Formen der Verbundsysteme

Birtsch unterscheidet vier Organisationsformen:

- den mehr oder weniger festen organisatorischen Zusammenschluss von Kleineinrichtungen,
- die dezentralisierte differenzierte Großeinrichtung, ein Verbund von Außenwohngruppen zusammen mit anderen Angeboten oder von Wohngruppen allein,
- das Jugendhilfezentrum, das nach dem Konzept der Milieu-Orientierung gemeindenah mit unterschiedlichen Angeboten unter einem Dach konzipiert worden ist,
- der regionale Verbund organisatorisch selbstständiger Einrichtungen, die ein regional flächendeckendes Hilfenetz auf der Basis der Kooperation schaffen wollen (vgl. Birtsch 1988, S. 24).

Als Beispiel kann das Erziehungshilfezentrum in Augsburg dienen:

Abbildung: Augsburger Modell

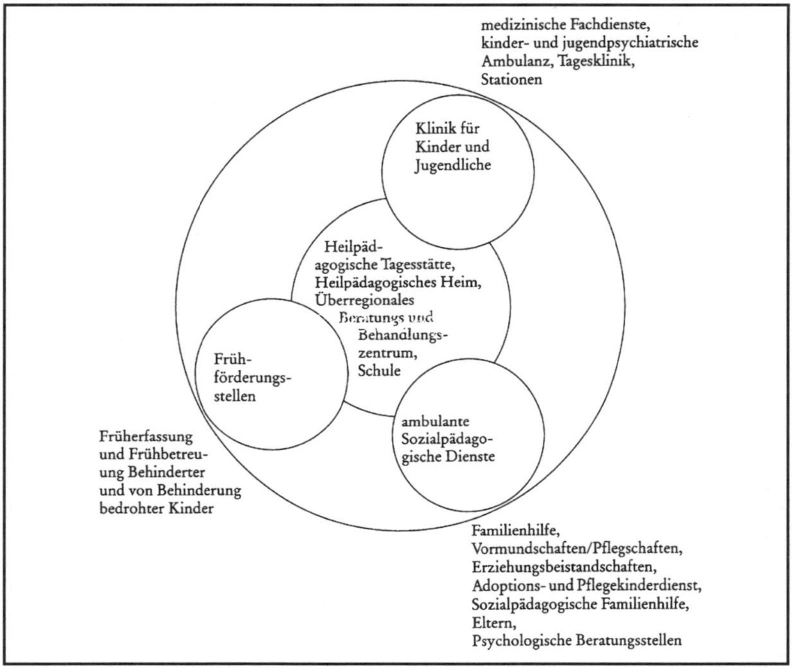

Quelle: Grimme 1988, S. 16

Verbundsystemen werden ein großes Innovationspotential und Synergieeffekte zugeschrieben, sie können auf einen aktuellen erzieherischen Bedarfswechsel sofort reagieren. Verbundsysteme werden auch als Netzwerke bezeichnet.

BERUFSPROFILE DER PÄDAGOGISCHEN FACHKRÄFTE

Die Verbundsysteme erfordern eine breite Palette unterschiedlicher Fachkräfte. Es wird nicht nur der Erzieher in der Gruppe beschäftigt, sondern die Erziehungsaufgaben (individuelle Beratung, Beziehungsangebote, Gruppenarbeit, schulische und berufliche Hilfen, freizeitpädagogische und erlebnispädagogische Lernfelder) variieren von Familiengruppen mit Kleinkindern über Jugendwohngemeinschaften mit autonomer Selbstversorgung bis zu Einzelbetreuung junger Volljähriger mit Drogenproblemen. In diesen Praxisfeldern sind überwiegend Erzieher und Sozialpädagogen eingesetzt. Beratung und heilpädagogische Behandlung wird vor allem von Heilpädagogen und Sozialpädagogen/Sozialarbeiter durchgeführt, Administration und Sozialdienst von Sozialarbeitern wahrgenommen. Die Beschäftigungschancen sind gut, das Tätigkeitsfeld ist durch horizontale und vertikale Um- und Aufstiegsmöglichkeiten interessant.

Quellen/Literatur

Almstedt, M.: Reform der Heimerzieherausbildung. Empirische Bestandsaufnahme – Reformvorschläge – Beispiele innovativer Praxis, Weinheim 1996

ders.: Veränderte Heimerziehung – veränderte Erzieherausbildung? Anforderungen an die Qualifikation der Erzieherinnen im Bereich der Heimerziehung, in: Unsere Jugend, 8/1998

Birtsch, V.; Eberstaller, M.; Halbleib, E.: Außenwohngruppen – Heimerziehung außerhalb des Heims, Hrsg.: Institut für Sozialarbeit und Sozialpädagogik, Frankfurt 1980

dies.: Das Heim als Verbund von dezentralisierten und differenzierten Betreuungsangeboten, in: Landeswohlfahrtsverband Württemberg Hohenzollern: Anforderungen an Heimträger und Mitarbeiter in einer sich wandelnden Heimerziehung, Stuttgart 1988

Günder, R.: Praxis und Methoden der Heimerziehung. Entwicklungen, Veränderungen und Perspektiven der stationären Erziehungshilfe, Freiburg 2007, 3. Auflage

Grimme, G.: Erziehungshilfezentrum in Augsburg. Verbund von Hilfen bei der Katholischen Jugendfürsorge der Diözese Augsburg e.V., in: Verband kath. Einrichtungen der Heim- und Heilpädagogik, Verbundsysteme in der Jugendhilfe, Freiburg 1988

Heitkamp, H.: Sozialarbeit im Praxisfeld Heimerziehung, Frankfurt, Berlin, München 1984

Jordan, E.: Jugendhilfe. Einführung in Geschichte und Handlungsfelder, Organisationsformen und gesellschaftliche Problemlagen, Weinheim, München 2005, 2. Auflage

3.7.2 Kinder- und Jugenddörfer

Überblick

Die Kinder- und Jugenddorfidee entwickelte sich in Deutschland, Österreich und Schweiz verstärkt in der Zeit nach dem 2. Weltkrieg. Die große Zahl elternloser, verlassener Kinder veranlasste engagierte Menschen für diese Kinder ein neues Zuhause, eine Heimat zu schaffen. Inzwischen findet in vielen Ländern der Erde, in denen nach Kriegen und Bürgerkriegen viele Kinder versorgt werden müssen, diese Idee Nachahmung.

Wesentliche vergleichbare Merkmale der verschiedenen pädagogischen Konzepte sind:

(1) Familiengruppen als Ersatz- und Pflegefamilie,
(2) Koedukation, Geschwister, heterogene Altersstruktur 0 bis 20 Jahre,
(3) Mutter- oder Elternprinzip,
(4) Haus als sozialer Mittelpunkt des Lebens,
(5) Dorfstruktur (5 bis 25 Familien bilden ein Dorf),
(6) pädagogische Dorfleitung,
(7) pädagogische Beratung und psychologische Hilfen,
(8) Kindergarten, Schule, Berufsausbildung als Ergänzung.

Die Merkmale 1 bis 6 sind der Regel bei allen Kinderdörfern zu finden, die Merkmale 7 bis 8 nur bei einigen spezifischen Kinder- und Jugenddorftypen.
Kinder- und Jugenddörfer lassen sich bezüglich ihrer Zielgruppen, Trägerschaft, weltanschaulichen Ausrichtung und sozialpädagogischen Konzeption unterscheiden:

Kinder- und Jugenddörfer

- SOS-Kinderdorf,
- Pestalozzi-Kinderdorf,
- Albert-Schweitzer-Kinderdorf,
- Friedensdorf,
- Caritas-Kinderdorf,
- Christliches Jugenddorfwerk Deutschlands.

3.7.2.1 SOS-KINDERDORF

Überblick

Das erste SOS-Kinderdorf wurde 1949 von Hermann Gmeiner in Imst in Tirol gegründet. Die Notsituation zahlreicher Kinder (Waisen, Familientrennung während der Flucht u.a.) der Nachkriegszeit veranlassten ihn, ein Kinderdorfwerk zu gründen, das heute in Deutschland und weltweit mit zahlreichen Einrichtungen tätig ist. Heute werden in 132 Ländern weltweit mehr als 50.000 Kinder und Jugendliche in 470 Kinderdörfern betreut.

Die Konzeption beruht auf vier Prinzipien:

- die Mutter,
- die Geschwister,
- das Haus,
- das Dorf.

Die Mutter

„Jedes Kind bekommt eine SOS-Kinderdorfmutter, die seine ständige Bezugsperson wird. Sie kennt dieselben Sorgen, Pflichten und Freuden wie jede andere Mutter. Sie ist das Familienoberhaupt, verfügt über ein eigenes Haushaltsbudget und führt ihren Haushalt selbstständig und eigenverantwortlich. Die Mutter wird von einer Familienhelferin bzw. einer Mütterkandidatin an ihren freien Tagen und während ihres Urlaubs vertreten." Die Kinderdorfmutter ist in der Regel unverheiratet und wird in einer eigenen Mütterschule praxisbegleitend pädagogisch ausgebildet. Die „Vaterlosigkeit" der Erziehung soll durch die Rolle des männlichen Dorfleiters ausgeglichen werden. Hier setzt eine häufig geäußerte Kritik an diesem Erziehungssystem an.

Die Geschwister

„In SOS-Kinderdorf-Familien werden Kinder bis zum zehnten Lebensjahr (bei Geschwistergruppen auch ältere Kinder) aufgenommen. Leibliche Geschwister leben in derselben SOS-Kinderdorf-Familie. Eine SOS-Kinderdorffamilie setzt sich aus fünf oder mehr Kindern zusammen. Buben und Mädchen unterschiedlichen Alters wachsen gemeinsam auf."

Das Haus

„Jede SOS-Kinderdorf-Familie bewohnt ihr eigenes Haus. Den sozialen Mittelpunkt des Hauses bildet der Wohn-Essraum, wo sich das Familienleben abspielt.“

Das Dorf

„Ein SOS-Kinderdorf besteht meist aus zehn bis fünfzehn Familienhäusern. Die Dorfgemeinschaft stellt eine wertvolle Erweiterung der SOS-Kinderdorf-Familie dar. Die Leitung eines SOS-Kinderdorfes hat ein Dorfleiter oder eine Dorfleiterin inne. Die Dorfleitung wird in ihrer Aufgabe von einem Assistenten und von pädagogischen Fachkräften unterstützt.“ Das Kinderdorf bemüht sich um Integration in das übrige Gemeinwesen. Die Kinder besuchen die Schulen am Ort. Jugendliche können sich durch betreute Außenwohngruppen ablösen und werden extern betreut.

Berufsprofile der pädagogischen Fachkräfte

Die zentralen pädagogischen Aufgaben werden von den SOS-Kinderdorfmüttern erfüllt, die eine sozialpädagogische Ausbildung absolviert haben. Die Dorfleitung wird in der Regel von einer sozialpädagogischen Fachkraft wahrgenommen. Einige Kinderdörfer haben Außenwohngruppen und bieten betreutes Wohnen an, die Betreuung übernehmen sozialpädagogische Fachkräfte (Erzieher, Sozialpädagogen, Sozialarbeiter). In den internationalen Projekten werden grundsätzlich Mütter der Herkunftsländer eingesetzt.

Quellen/Literatur

50-Jahre SOS-Kinderdörfer, Audio CD; Cassette 1999
www.sos-kd.de

3.7.2.2 PESTALOZZI-KINDERDORF

Überblick

Der Arzt W. R. Corti errichtete im schweizerischen Trogen das erste Pestalozzi-Kinderdorf. 1947 gründeten Dr. E. Fischer und Dr. A. Graf von Keyserlingk im deutschen Walwies am Bodensee ein erstes deutsches Pestalozzi-Kinderdorf, das sozial entwurzelte, verwaiste und in Not geratene Kinder und Jugendliche aller Nationalitäten und Religionen aufnahm. In 13 Familienhäusern leben heute die Kinder zusammen mit ihren Hauseltern (Ehepaare) und deren leiblichen Kindern. Die Mutter erzieht und versorgt die Kinder und führt den Haushalt, unterstützt durch eine Helferin. Der Vater ist in der Regel Ausbilder in einem dorfeigenen Betrieb (Gärtnerei, Landwirtschaft, Schreinerei, Küche, Bäckerei, Obstbau, Instrumentenbau). Die Familie bleibt ca. 7 bis 10 Jahre zusammen, bis sich die älteren Kinder ablösen. Danach entscheidet sich das Ehepaar, ob es neue Kinder aufnimmt und eine weitere Lebensperiode zur Verfügung steht oder aus dem Kinderdorf ausscheidet.

Die Konzeption des Pestalozzi-Kinderdorfs beruht auf folgenden Prinzipien:

- 13 Familienhäuser bilden ein Dorf in Selbstverwaltung,
- Hauseltern (Ehepaare) als Betreuer und Ausbilder,
- Jugendhaus als betreute Wohnform für ältere Jugendliche,
- Selbstversorgungsbetriebe dienen gleichzeitig als Ausbildungsbetriebe,
- Kindergarten, Waldorfschule, Therapeutikum, Berufsausbildung in internen und externen Ausbildungsbetrieben,
- Pädagogik von Kopf, Herz und Hand im Sinne Johann Heinrich Pestalozzi.

BERUFSPROFILE DER PÄDAGOGISCHEN FACHKRÄFTE

Aufgaben für sozialpädagogische Fachkräfte liegen primär in der Rolle der Hausmutter, die über eine Ausbildung als Erzieherin verfügt. Die Jugendwohnhäuser und das betreute Jugendwohnen werden in der Regel durch Sozialpädagogen begleitet. Durch das Hauselternprinzip ist in dieser Lebensform die Beschäftigungsmöglichkeit für andere sozialpädagogische Fachkräfte eingeschränkt.

Quellen/Literatur

www.pestalozzi-kinderdorf.de

3.7.2.3 ALBERT-SCHWEITZER-KINDERDORF

Überblick

Das erste Albert-Schweitzer-Kinderdorf wurde in Waldenburg in Baden-Württemberg gegründet. Heute sind zahlreiche Einrichtungen im Albert-Schweitzer-Werk zusammengeschlossen, neue Kinderdörfer entstanden in jüngster Zeit vor allem in den neuen Bundesländern. Das Konzept der Albert-Schweitzer-Kinderdörfer beruht auf folgenden Prinzipien:

- Konstanz der Bezugspersonen durch Hauseltern (Ehepaare) und Geschwister,
- normales Umfeld durch das Leben in einer Familie,
- sozialpädagogische Ausbildung der Mutter,
- pädagogische und wirtschaftliche Selbstständigkeit der Familien,
- 10 bis 20 Familien bilden ein Dorf,
- Dorfleitung durch eine pädagogische Fachkraft.

Ein Ehepaar mit sozialem Engagement nimmt zusätzlich zu seinen eigenen Kindern noch 5 bis 7 weitere Pflegekinder im Alter von 0 bis12 Jahren auf. Geschwister bleiben grundsätzlich zusammen, auch wenn ein Kind über 12 Jahre alt sein sollte.
Die Mutter hat eine sozialpädagogische Ausbildung und ist im Kinderdorf angestellt. Der Vater geht in der Regel seinem Beruf nach und arbeitet „ehrenamtlich" in der Erziehung mit. Je nach Größe der Familie erhält diese Unterstützung durch eine Erzieherin bzw. Kinderpflegerin oder hauswirtschaftliche Hilfen. Die Familie ist pädagogisch und wirtschaftlich selbstständig.
Die Dorfleitung wird ergänzt durch sozialpädagogische und psychologische Hilfen. Eine Familiengruppe kann nach vielen Jahren des Zusammenlebens (10 bis 15 Jahre) als „Auslaufgruppe" in eine Außenstelle umziehen. In Außenstellen werden keine neuen Kinder mehr aufgenommen und nach Ausscheiden des letzten Kindes der Arbeitsvertrag mit dem angestellten Elternteil gelöst.

Die Albert-Schweitzer-Kinderdörfer vollziehen einen Wandel. Die im Rahmen der Jugendhilfe aufgenommenen jungen Menschen zeigen vielfach erhebliche Verhaltensauffälligkeiten und Störungen, die Familien müssen zunehmend heilpädagogische Arbeit leisten. Fachliche Beratung, Supervision, Diagnostik, sowie kinder- und jugendtherapeutische Betreuung sind inzwischen Selbstverständlichkeit. Einige Kinderdörfer, vor allem in den neuen Bundesländern, haben sich zu Verbundsystemen entwickelt und bieten dezentral Betreuungsprojekte für straffällig gewordene Jugendliche, Ausbildungsmöglichkeiten, Kindertagesstätten oder (als Albert-Schweitzer-Familienwerk) Hilfen für behinderte und alte Menschen an.

BERUFSPROFILE DER PÄDAGOGISCHEN FACHKRÄFTE

Aufgaben für pädagogische Fachkräfte liegen vor allem in der Rolle der Hausmutter, die über eine sozialpädagogische Ausbildung, in der Regel als Erzieherin, verfügt. Die Dorfleitung wird durch einen Sozialpädagogen, Dipl. Pädagogen oder Dipl. Psychologen wahrgenommen.

Quellen/Literatur

www.kinderdorf-online.de
www.albert-schweitzer.de

3.7.2.4 FRIEDENSDORF

Überblick

Das Friedensdorf in Oberhausen wurde 1967 von engagierten Christen gegründet, um schwerverletzte und behinderte Kinder des Vietnamkrieges medizinisch und orthopädisch versorgen zu können. Es mussten viele Kinder aufgenommen werden, die durch Kriegseinwirkungen schwer verletzt waren oder durch die Entlaubungsaktion „Agent Orange“ mit schweren Missbildungen geboren wurden. Kinder ohne Arme und Beine bzw. abgerissenen Gliedmaßen mussten mit Prothesen versorgt, aber auch beschult und ausgebildet werden. Das Konzept des Friedensdorfes beruht auf folgenden Prinzipien:

- Einzelfallhilfe,
- medizinische Versorgung und Rehabilitation,
- Reintegration in das Herkunftsland,
- Friedenserziehung – Friedensdorf Bildungswerk.

Das Friedensdorf ist ein Rehabilitationszentrum zur Nachbehandlung von Kriegsverletzungen von Kindern, die aus Krankenhäusern entlassen worden sind. Psychosoziale Betreuung, Krankengymnastik und Orthopädischer Dienst stehen zur Verfügung. Der Besuch von öffentlichen Schulen ist gewährleistet. Die Aufarbeitung der traumatischen Kriegserlebnisse ist eine wesentliche Aufgabe. Nach dem Ende des Vietnamkrieges 1975 waren die Kontakte zu den staatlichen Stellen unterbrochen, die Beziehungen zu den Angehörigen der Kinder abgerissen, eine Rückkehr in die Heimat nicht möglich. Das Konzept der Reintegration der Kinder musste für einige Jahre aufgegeben und die Integration der Kinder in Deutschland betrieben werden. Seit Mitte der 80er Jahre können wieder Kinder aus Krisengebieten aus aller Welt aufgenommen werden und diese kehren nach Behandlung und Rehabilitation wieder in ihre Heimat und zu ihren Familien zurück. Heute unterhält die Aktion Friedensdorf International vor allem Projekte in den Heimatländern der Kinder. Friedensdörfer arbeiten oder sind geplant in DALAT, DANANG, HANOI, HO-CHI-MINH-STADT, HUE, SONG BE, TAY NINH (Vietnam), KABUL (Afghanistan), COLOMBO (Sri Lanka), SEMIPALATINSK (Kasachstan), SINNICOLOU MARE (Rumänien). Als dringende Aufgabe wird gesehen, die Situation in den Herkunftsländern so zu verbessern, dass eine Behandlung der Kinder dort ohne Trennung von den Eltern durchgeführt werden kann.

Berufsprofile der pädagogischen Fachkräfte

Für die Arbeit der psychosozialen Betreuung und Aufarbeitung der Kriegserlebnisse werden neben PsychologInnen auch ErzieherInnen, SozialpädagogInnen, SozialarbeiterInnen bzw. SozialbetreuerInnen aus den Herkunftsländern der Kinder beschäftigt.

Quellen/Literatur

Friedensdorf International. 30 Jahre lebendige Geschichte, Juni 1996, Postfach 140131, Oberhausen

www.friedensdorf.de

3.7.2.5 CARITAS-KINDERDORF

Überblick

Das erste katholische Kinderdorf „Die Klinge" wurde 1946 von Pfarrer Heinrich Magnani in Seckach/Baden gegründet. Heute gibt es 16 Caritas-Kinderdörfer in Deutschland. Die Größe der Einrichtungen schwankt zwischen vier bis 24 Gruppenhäuser, der Durchschnitt liegt bei sieben. Nach dem Vorbild von „Boys town" in Nebraska/USA errichteten in der gleichen Zeitepoche junge Priester in Italien mehrere Kinderdörfer, in den Niederlanden gründeten die Dominikanerinnen von Bethanien 12 Kinderdörfer. Dieses Konzept der Caritas-Kinderdörfer beruht auf folgenden Prinzipien:

- Familienähnlichkeit, Leben in einer Gruppe,
- koedukative Erziehung, Geschwister, Altersstreuung 0 bis 20 Jahre,
- Erzieher beiderlei Geschlechts,
- Dorfstruktur,
- differenzierte Angebotsstruktur, Tagesgruppen, heilpädagogische Hilfen.

Aufgenommen werden elternlose Kinder, Geschwister, Kinder mit Verhaltensauffälligkeiten und Schulproblemen. Die Kinder in Kinderdörfern unterscheiden sich in ihren Schwierigkeiten wenig von Kindern und Jugendlichen in der „klassischen Jugendhilfe". Viele Caritas-Kinderdörfer sind fachlich strukturiert wie sozialpädagogische oder heilpädagogische Heime mit Wohngruppen, betreut durch sozialpädagogische Fachkräfte, die im Schichtdienst arbeiten. Oftmals hat eine Ordensfrau die Gruppenleitung, die auch ihre Wohnung unmittelbar in der Nähe der Wohngruppe hat.

BERUFSPROFILE DER PÄDAGOGISCHEN FACHKRÄFTE

Die Wohngruppen werden durch Erzieherteams betreut. SozialpädagogInnen, HeilpädagogInnen, ErzieherInnen arbeiten oft gleichberechtigt nebeneinander. Einrichtungsleitung und Erziehungsleitung wird in der Regel von PsychologInnen, SozialpädagogInnen, HeilpädagogInnen wahrgenommen.

Quellen/Literatur

Verband kath. Einrichten der Heim- und Heilpädagogik: Kinderdörfer der Caritas in der Bundesrepublik Deutschland, Freiburg 1970
www.klinge-seckach.de

3.7.2.6 Christliches Jugenddorfwerk Deutschlands e.V.

Überblick

Das Christliche Jugenddorfwerk Deutschlands (CJD) wurde 1947 von Prof. Pastor Arnold Dannenmann in Stuttgart gegründet. Damals wurde in der Satzung festgelegt, in Not geratene Jugendliche in Familiengruppen zu etwa zehn Personen zusammenzufassen und unter weitgehender Selbstverwaltung in Jugenddörfern unterzubringen. Heute ist das CJD einer der großen sozialpädagogischen Bildungs-, Ausbildungs- und Jugendsozialwerke der Diakonie in Deutschland. In über 150 Jugenddörfer wurden bisher über 2 Millionen junger Menschen betreut. Über 8.500 hauptamtliche Mitarbeiter sind in diesem Jugenddorfwerk tätig.
Die Jugenddörfer sind in ihrer jeweiligen Zielsetzung sehr verschieden, den Schwerpunkt bildet häufig die Berufsausbildung lernbehinderter Jugendlicher. Das Ausbildungsangebot umfasst 77 moderne Berufe in elf Berufsfeldern, vom Industriemechaniker über den Industriekaufmann, den Energieelektroniker und Tischler bis hin zum Friseur, Koch oder Pferdewirt (vgl. CJD: Keiner darf verloren gehen, 1995). Die Jugenddörfer lassen sich in ihren Schwerpunktaufgaben unterscheiden, die aber zunehmend vernetzt und im Hilfeverbund angeboten werden:

- schulische Bildung (Gymnasien, Realschulen, Hauptschulen; Schulbildung sowohl für lernbehinderte Jugendliche wie auch die Förderung hochbegabter Schüler),
- berufliche Bildung (Berufsausbildung, Förderlehrgänge, Umschulung, Fortbildung),
- Hilfe zur Erziehung (Tageseinrichtungen für Kinder, Jugendarbeit, Jugendsozialarbeit, Inobhutnahme, Sozialpädagogische Einzelbetreuung, Mutter-Kind-Betreuung, Betreutes Wohnen u.a.),
- sozialräumliche Ansätze (die Jugendhilfe kommt zum Kind/Jugendlichen durch stadtteilorientierte Hilfen, Streetwork),

- Rehabilitation (medizinische, berufliche, soziale Rehabilitation junger Menschen mit Behinderungen).

BERUFSPROFILE DER PÄDAGOGISCHEN FACHKRÄFTE

Von den 8.500 Mitarbeitern sind neben Lehrern und Ausbildern viele sozialpädagogische Fachkräfte tätig, sowohl SozialarbeiterInnen, SozialpädagogInnen und Jugend- und HeimerzieherInnen, die auch an der CJD Arnold-Dannenmann-Akademie berufsbegleitend ausgebildet werden. Das Aufgabenfeld erstreckt sich über Erziehungsdienst in den Familiengruppen, Betreuung von Wohngemeinschaften, Freizeitpädagogik bis zur individuellen Begleitung von Jugendlichen in Lebensfragen und sozialräumliche Ansätze (Streetwork).

Quellen/Literatur

CJD Abt. Öffentlichkeitsarbeit, Teckstraße 23, 73061 Ebersbach/Fills: Jedem seine Chance 1997; Kinder- und Jugendhilfe im Verbund 2000; Vernetzung von Förderformen 2000; Keiner darf verloren gehen 1997

www.cjd.de

3.7.3 INTERNATE

Überblick

Internate, vor allem Internate in kirchlicher Trägerschaft, haben eine lange Tradition. Schon in den frühen christlichen Jahrhunderten sind Formen der Internatserziehung nachgewiesen, eng verbunden mit der Entstehung spiritueller Gemeinschaften und Orden. Bischof Chrodegang von Metz (715–766) richtete an Kathedralen „Klerikergemeinschaften" ein, die als „Stiftungsschulen" bezeichnet wurden. Die geistlichen Bildungsanstalten an Bischofskirchen wurden in der Folgezeit als „Domschulen" bezeichnet, bzw. in Trägerschaft von Klöstern „Klosterschulen" genannt (vgl. Ilgner; Voith 1986, S. 22). Diese Schulen hatten in der Regel interne Schüler (Internat) und externe Schüler (Externat). Für die Schüler, die neben Unterricht und Wohnung auch Verpflegung erhielten, galt meist eine strenge, in Anlehnung an die jeweilige Ordensgemeinschaft angepasste Haus- und Tagesordnung. Die „schola exterior“ war für die Bildung der Laien, die „schola interior“ für den heranzubildenden Klerus da (vgl. Ilgner; Voith 1986, S. 23). Diese Form der Internatserziehung diente der Heranbildung der geistlichen und weltlichen Elite. Ein weiterer Entwicklungsstrang der Internate bildet die Mädchenbildung, die Höheren-Töchter-Stifte, die von Frauenorden der Klarissen, Dominikanerinnen und Zisterzienserinnen gefördert wurden. Die Mädcheninternate wurden in den zurückliegenden Jahrzehnten häufig als antiquiert und nicht mehr zeitgemäß kritisiert, sie gewinnen aber in jüngster Zeit wieder zunehmend an Bedeutung. Bevor Realschulen und Gymnasien flächendeckend eingeführt wurden, war die höhere Bildung von Kindern aus dem ländlichen Bereich in der Regel mit Internatsunterbringung verbunden. Weitere Impulse bekam die Internatsbewegung durch die „Landerziehungsheime“, die nach der Jahrhundertwende von Hermann Lietz gegründet wurden, dem Leiter der damaligen Odenwaldschule. Die Landerziehungsheime zielen ab auf eine Einheit von Erziehung und Unterricht, Verbindung von intellektueller Bildung und künstlerischer/handwerklicher Arbeit. Eliteschulen, wie die Schule Schloss Salem (Bodensee) oder Luisenlund (Schleswig Holstein), sind weltweit bekannt. Berufsschulzentren, die Blockunterricht für Auszubildende anbieten müssen, bzw. Berufsbildende Schulen für seltene Berufe wie Goldschmiede o.ä. richten in jüngster Zeit wieder zunehmend neue Internate bzw. Schülerheime ein.

Konzepte/Arbeitsformen

Die Internate verstehen sich heute weitgehend als schulbegleitende, familienergänzende Bildungs- und Erziehungseinrichtungen, die ein differenziertes Angebot unterschiedlicher Konzepte und Formen bieten. Ilgner und Voith unterscheiden Internatstypen nach ihren Aufgaben und Zielgruppen:

Abbildung: Welche Internatstypen gibt es?

Formen der Internate:

- Internate mit Schule
- Internate ohne Schule
- Internate als Tagesheimschulen
- Internate als Halbtagsinternate

Internate für folgende Schularten:

- Gymnasien
- Realschulen
- Aufbaurealschulen
- Hauptschulen
- Grundschulen
- Fachschulen
- berufsbildende Schulen
  für Erzieher
  für Sozialwesen
- Sonderschulen
- Gewerbeschulen
- Handelsschulen
- Höhere Handelsschulen
- Fachoberschulen
- Hauswirtschaftsschulen
- Sozialpflegeschule

Internatsarten nach der Trägerschaft:
Bischöfliche Internate
Ordensinternate

Namen:
Kolleg
Studienheim
Internat
Schülerheim
Wohnheim

Sonderformen:
- Musisches Internat
- Internat für Ausländerkinder
- Institut zur Erlangung der Hochschulreife

Quelle: Ilgner; Voith 1986, S. 272

Als Leitlinien der Bildungs- und Erziehungsarbeit im Internat definieren z.B. die Kath. Internate der Diözese Rottenburg Stuttgart:

- Streben nach echtem Christsein,
- Erziehung zur Selbstständigkeit und Freiheit,
- Entdecken und Auswerten der eigenen Begabung und Interessen,
- Rücksicht auf die Lebens- und Entwicklungsgeschichte des einzelnen Jungen,
- Mitverantwortung in allen Bereichen des Internats,
- Entwicklung zu einer reifen Geschlechtlichkeit,
- Bereitschaft, mit anderen zusammenzuleben,
- Pflege des religiösen Lebens in der Hausgemeinschaft.

Zu den Aufgaben des Internatserziehers gehören: Personensorge, Freizeitgestaltung, Hausaufgabenbetreuung und schulische Förderung, religiöse und sittliche Erziehung, Elternarbeit.

BERUFSPROFILE DER PÄDAGOGISCHEN FACHKRÄFTE

Die schulische Begleitung und Hausaufgabenbetreuung nimmt in der Internatserziehung einen breiten Raum ein. Viele Internate setzen Lehrer als Internatserzieher ein, die sowohl schulischen Unterricht wie auch Erziehung im Internat wahrnehmen. Von sozialpädagogischen Fachkräfte wird erwartet, dass sie möglichst zwei Fremdsprachen beherrschen (Latein, Englisch, Französisch), aber auch über gute Kenntnisse in Deutsch und Mathematik. Von Internatserziehern in kirchlichen Häusern wird zusätzlich eine christliche Orientierung und Lebensführung erwartet. Die Internatsleitung wird häufig von Geistlichen, Ordensangehörigen oder Lehrkräften mit Lehrbefähigung der Sekundarstufe II wahrgenommen.

Quellen/Literatur

Arbeitsgemeinschaft freier Schulen: Handbuch deutscher Internate, Neuwied 2001
Ilgner, R., Voith, F.: Internat. Miteinander leben lernen, Köln 1986
Klemann, M.: Der große Internate Führer, Singen/Hohentwil 2001
Vereinigung Deutscher Landerziehungsheime (Hrsg.): Deutsche Landerziehungsheime. Internatsschulen in freier Trägerschaft, Berlin 1984
www.internate.de
www.katholische-internate.de
www.evangelische-schulbuende.de
www.leh-internate.de

3.7.4 THERAPEUTISCHE HEIME

Überblick

Die Geschichte des therapeutischen Heimes ist eng verbunden mit den Namen August Aichhorn, Fritz Redl und Bruno Bettelheim, die als Pioniere der Psychoanalytischen Pädagogik gelten. Bettelheim ist als Leiter der legendären Sonia Shankman Orthogenic School, einer psychotherapeutischen Modelleinrichtung der Universität Chicago für emotional schwerst gestörte Kinder, und durch seine zahlreichen Publikationen („Liebe allein genügt nicht"; „So können sie nicht leben. Die Rehabilitierung emotional gestörter Kinder"; „Kinder brauchen Märchen" u.a.) auch in Deutschland berühmt geworden. Er gilt als Begründer und Entwickler der Milieutherapie, die sowohl für therapeutische wie auch für heilpädagogisch orientierte Heime eine zentrale Bedeutung erlangt hat. Was kennzeichnet ein therapeutisches Heim?

> „Das Heim wird erst in dem Maße zum therapeutischen Heim, wie es dem gestörten Verhalten der ihm anvertrauten Kinder und Jugendlichen, d.h. unmittelbar und gleichbleibend entgegen zu wirken vermag und damit das therapeutische Ziel nicht nur die Aufgabe einer isoliert angebotenen Therapiestunde, sondern Inhalt der alltäglichen erzieherischen Praxis wird" (Flosdorf 1990, S. 354).

Abbildung: Das Heim als therapeutisches Milieu

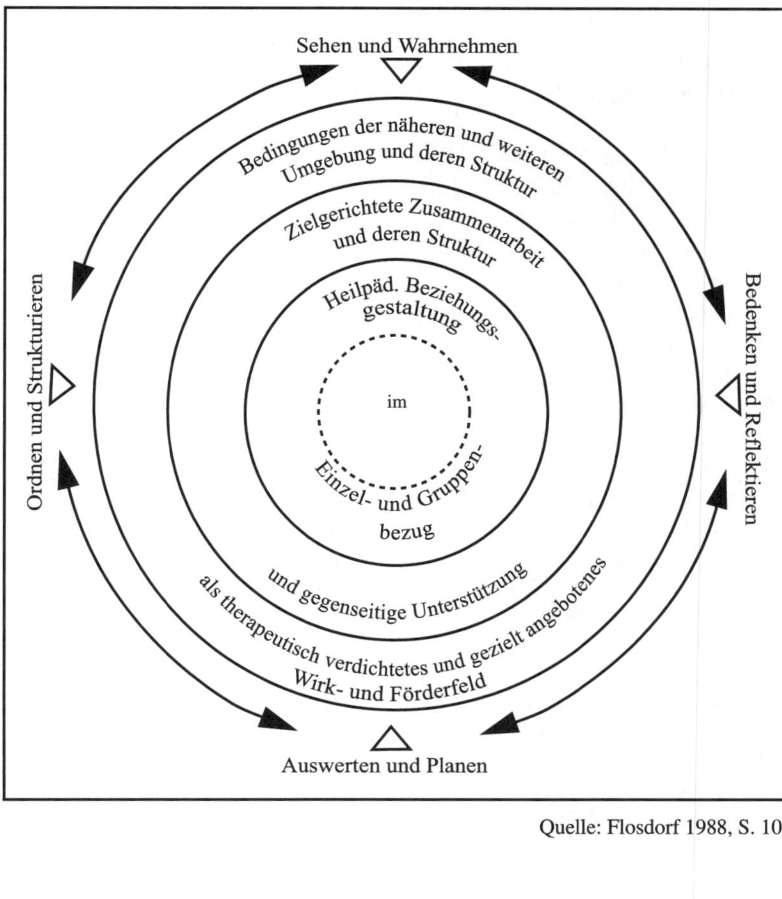

Quelle: Flosdorf 1988, S. 109

Zielgruppe therapeutischer Heimerziehung

Das therapeutische Heim behandelt und erzieht heute vorwiegend Kinder und Jugendliche mit schweren dissozialen Störungsbildern, ferner mit Störungen, die nicht nur als vorübergehende seelische Behinderungen bis hin zu Borderline-Syndromen auftreten, und schließlich mit komplexen Störungsbildern, die als Folge früher hirnorganischer Erkrankungen oder Belastungen sich etwa im Sinne einer generalistischen Hyperaktivität oder als Teilleistungsstörungen darstellen (Flosdorf 1990, S. 355). Dieser Personenkreis stellt für die meisten Heime der Jugendhilfe eine Überforderung dar und ist häufig auch in kinder- und jugendpsychiatrischen Einrichtungen anzutreffen. Die Behandlungszeit variiert von Kurzzeitbehandlungen von drei Monaten bis zur Langzeittherapie von zwei Jahren. Der Personalschlüssel liegt häufig bei 1:1.

BERUFSPROFILE DER PÄDAGOGISCHEN FACHKRÄFTE

An die Mitarbeiter eines therapeutischen Heimes werden im Rahmen eines therapeutischen Milieus hohe Anforderungen gestellt, sie müssen „... bereit sein, sich auf gestörte Kinder einzulassen und deren Störungen und Schwierigkeiten ‚auszuhalten' und ‚durchzutragen'. Spannungen, Unruhe, gezielten Aggressionen und Beleidigungen, aber auch Schmeicheleien oder übertriebener Anhänglichkeit in Ruhe und Optimismus standhalten zu können und dabei zugleich auf weiterführendes gemeinsames Handeln und Bearbeiten bedacht sein, (dies) gehört zu den alltäglichen Herausforderungen des Mitarbeiters in der therapeutischen Heimerziehung" (Flosdorf 1990, S. 357). Im therapeutischen Heim arbeiten im Team Psychologen, Psychotherapeuten, Kinder- und Jugendpsychiater, Heilpädagogen, Sozialpädagogen mit therapeutischer Zusatzausbildung. Hinzu kommen Mototherapeuten, Kunsttherapeuten, Reittherapeuten.

Quellen/Literatur

Flosdorf, P.: Therapeutische Heimerziehung, in: Speck, O., Martin, K.R.: Handbuch der Sonderpädagogik und Sozialarbeit, Bd. 10, Berlin 1990

ders.: Theorie und Praxis stationärer Erziehungshilfe, Bd. 2, Die Gestaltung des Lebensfeldes Heim, Freiburg 1988

www.uchicago.eduldocs/maps/southest/orthogen.html

3.7.5 HEILPÄDAGOGISCH ORIENTIERTE HEIME

Überblick

1958/59 veröffentlichte die Arbeitsgemeinschaft für Erziehungshilfe (AFET) „Richtlinien für heilpädagogische Heime", um für die notwendigen Reformen in der Heimerziehung Impulse, Ansätze und Normen zu formulieren. Ein besonders qualifizierter Typus eines Heimes wurde definiert:
das heilpädagogische Heim als eine Einrichtung, welche mit besonders qualifiziertem Fachpersonal für die Zielgruppe erziehungsschwieriger und neurotischer Kinder und Jugendlicher in einem in der Regel zeitlich auf ein bis drei Jahre befristeten Rahmen eine gezielte heilpädagogische Behandlung gewährleistet (vgl. Flosdorf 1990, S. 353). Diese Richtlinien wurden für die Heimerziehung in Deutschland richtungsweisend. Es entwickelten sich aber in der Nachfolgezeit weniger spezielle Heilpädagogische Heime, sondern die gesamte Heimerziehung orientierte sich „heilpädagogisch".
1966 folgten die „Richtlinien für die heilpädagogische Arbeit im Heim", die neue Rahmenbedingungen formulierten:

> „Das heilpädagogische Heim oder die entsprechende heilpädagogisch arbeitende Einrichtung nimmt behinderte und verhaltensgestörte Kinder, Jugendliche und junge Erwachsene auf, bei denen die Erziehungsverhältnisse durch die Besonderheit ihrer körperlich-seelischen oder sozialen Existenz so sehr gestört sind, dass die allgemeinen Erziehungs- und Bildungseinrichtungen neben und außerhalb des Elternhauses wie Tageseinrichtungen für Kinder/Kindergarten, Schule und Berufsausbildung sowie deren Unterstützung durch flankierende Maßnahmen, wie zum Beispiel Erziehungsberatung, für das Erreichen der individuell möglichen Erziehungs- und Bildungsziele nicht ausreichen" (AFET Richtlinien für die heilpädagogische Arbeit im Heim).

KONZEPTE/ARBEITSFORMEN

Das Konzept eines heilpädagogisch orientierten Heimes kann folgende Merkmale umfassen:

- Gruppe als Lebens- und Erfahrungsraum,
- Familienarbeit/Familientherapie,
- heilpädagogische Beziehungsgestaltung,
- Berufsausbildung/arbeitstherapeutische Hilfen,

- therapeutisches Milieu,
- Gruppenpädagogik,
- Zusammenarbeit mit jugendpsychiatrischen Diensten,
- heilpädagogische Handlungskonzepte,
- Spieltherapie,
- heilpädagogische Übungsbehandlung,
- Sport/Psychomotorik,
- Rhythmik,
- Maltherapie/heilpädagogisches Werken,
- erlebnispädagogische Lernfelder,
- Musiktherapie,
- Vernetzung von Lebensgruppe und Schule/Heilpädagogische Schülerhilfen.

BERUFSPROFILE DER PÄDAGOGISCHEN FACHKRÄFTE

Im heilpädagogisch orientierten Heim sind pädagogische Mitarbeiter unterschiedlicher Profession tätig. Im Gruppendienst (individuelle Beratung, Beziehungsangebote, Gruppenarbeit, schulische und berufliche Hilfen, freizeitpädagogische und erlebnispädagogische Lernfelder) arbeiten sowohl ErzieherInnen, Jugend- und HeimerzieherInnen, HeilpädagogInnen und SozialpädagogInnen. Spezifische heilpädagogisch-therapeutische Hilfen werden von Heilpädagogen, Ergotherapeuten bzw. Motopädagogen durchgeführt. Aufgaben der Erziehungsleitung und Heimleitung werden sowohl von Heilpädagogen, wie auch von Sozialpädagogen wahrgenommen.

3.7.6 JUGENDWOHNGEMEINSCHAFTEN UND BETREUTES WOHNEN

Überblick

Wohngruppen/Wohngemeinschaften sind heute als institutionelle Wohnformen im Bereich der Jugendhilfe, der Jugendsozialarbeit, der Behindertenhilfe, der Suchtkrankenhilfe und im Rahmen der psychotherapeutisch/ psychiatrischen Hilfe zu finden.

Abbildung: Übersicht über Wohngruppentypen im Bereich der Sozialarbeit/Sozialpädagogik,

Wohnkollektive und Kommunen	Beschütztes Wohnen	Therapeutische Wohngemeinschaften	Wohngruppen/ Wohngemeinschaften für Behinderte	Sozialpädagogisch betreutes Jugendwohnen
• historische Kommunen religiös oder politisch motiviert (USA) • Sozialistische Wohn-Kollektive/Studentenbewegung der 60er Jahre in Deutschland • Kollektive der Wandervogelbewegung zu Beginn des 20. Jahrhunderts • Kibbutz/Israel • Jugendwohnkollektive ohne sozialpädagogische Betreuung	• Arbeitskreis „Beschütztes Wohnen" ab 1982 • Wohngemeinschaften für psychisch Kranke/seelisch Behinderte • Richtlinien des deutschen Vereins für öffentliche und private Fürsorge 1983 • Übergangswohngemeinschaften • Wohntrainingsgruppen • Beschützte Wohnungen	• Bereich psychiatrisch/psychotherapeutische Hilfen • Suchtkrankenhilfe • 1932, erste Therapeutische Wohngruppe durch Moreno • therapeutische Gemeinschaft als Prinzip • Release-Gruppen (Laientherapie) ab 1960	• Bereich Behindertenhilfe • verstärkte Entwicklung ab 1977 • Dauerwohnplätze • Trainingsgruppen • betreutes Wohnen • Kleinstwohnheime • Wohngemeinschaften für Behinderte und Nichtbehinderte • Betreute Wohngruppen für geistig und körperlich Behinderte • Ambulant betreutes Wohnen	• Bereich Jugendhilfe • Alternative zur traditionellen Heimerziehung • Formen der stufenweisen Ablösung vom Heim (Ergänzung) • Heilpädagogische Wohngemeinschaften für Kinder und Jugendliche • betreutes Einzelwohnen • verstärkte Entwicklung ab 1970

Quelle: Thesing 1998, S. 85

Sie entwickelten sich aus den „Wohnkollektiven" und „Wohnkommunen" der Studentenbewegung der 60er Jahre in Deutschland, die sich als Protestbewegung und als Ausdruck der Suche nach alternativen Lebensformen verstanden. Im Rahmen der Heimkampagne liefen Jugendliche aus den Heimen fort und wurden von Studenten zunächst versteckt und in „Jugendwohnkollektiven" politisch betreut. Diese Kollektive verstanden sich als Alternative zu den Heimen, die als „Anpassungslager des Kapitalismus" bezeichnet wurden, und als neue Lebensform im Gegensatz zur bürgerlichen Familie, die „autoritätsgewohnte Untertanen" erziehen und damit für die Stabilisierung der gesellschaftlichen Herrschaftsverhältnisse durch schicht- und geschlechtsspezifische Platzierung des Nachwuchses sorge (vgl. Feil

1972, S. 7). Angestoßen durch diese Entwicklung richteten die Heime sogenannte „Außenwohngruppen" ein, die später als Jugendwohngemeinschaften bezeichnet wurden. Heute existiert ein differenziertes System des Wohnens, was mit dem Oberbegriff „Betreutes Wohnen" bezeichnet wird, und sowohl Wohngemeinschaften von 3 bis 4 Bewohner, ein Paar-Wohnen wie auch die Betreuung einzelner junger Menschen einschließt (vgl. Kiehn 1990). Die Zahl der betreuten jungen Menschen stieg im Jahr 2006 auf 5.986 (Statistisches Bundesamt 2006, Stand 31.12.2005).
Für welchen *Personenkreis wird Betreutes Wohnen* heute in der Jugendhilfe angeboten?

> „Für solche Jugendliche und junge Volljährige, die bislang in einem Heim oder in einer Wohngruppe der Jugendhilfe lebten und dort bereits ein hohes Maß an Selbstständigkeit und Eigenverantwortlichkeit unter Beweis stellen konnten. Diese jungen Menschen können sich nun in einer eigenen Wohnung, in der sie alleine oder mit anderen zusammenleben, weiter verselbstständigen. Sie werden bei diesem Prozess, vor allem in Fragen der Ausbildung und Lebensführung, durch sozialpädagogische Fachkräfte beraten und unterstützt.
> Für solche Jugendlichen und junge Volljährige, die in der Heimerziehung nicht zurechtkommen, weil sie nicht in der Gruppengemeinschaft leben wollen oder können und weil sie diese Form der Unterbringung total ablehnen. Für solche jungen Menschen in zumeist sehr schwierigen Lebenssituationen bietet das betreute Wohnen eine Alternative zur geschlossenen Unterbringung, welche pädagogisch fragwürdig und in der Regel ineffizient ist. Es stellt außerdem eine Alternative zur völligen pädagogischen Resignation und Hilflosigkeit dar, bei der man den jungen Menschen einfach der Straße und dem Schicksal überließe" (Günder 2007, S. 79).

In einigen Bundesländern wird unterschieden zwischen Jugendwohngemeinschaften (3 bis 6 Bewohner) und Betreutes Jugendwohnen (ein Jugendlicher oder junger Volljähriger). Die Beratung durch die sozialpädagogischen Mitarbeiter bezieht sich auf folgende Bereiche:

- Hilfen bei der Bewältigung der Lebensgeschichte,
- Gestaltung des Tagesablaufs,
- Organisation des Haushalts,
- Umgang mit Geld,
- Umgang mit Behörden, Vermietern, Nachbarn,
- Gestaltung von Freizeit,
- Begleitung von Beziehungen, Aufarbeitung von Beziehungsproblemen,
- gemeinwesenbezogenes Wohnen (vgl. LWV Württemberg Hohenzollern: Betreutes Wohnen, Stuttgart 1991).

BERUFSPROFILE DER PÄDAGOGISCHEN FACHKRÄFTE

Die Betreuung im Bereich des Betreuten Wohnens übernehmen SozialarbeiterInnen, SozialpädagogInnen, HeilpädagogInnen und ErzieherInnen, für die von einigen Landesbehörden Zusatzausbildungen gefordert werden. Die Anstellungsträger suchen häufig Fachkräfte, die über mehrjährige Berufserfahrung und zusätzliche Beratungskompetenz verfügen.

Quellen/Literatur

Feil, J.: Wohngruppe, Kommune, Großfamilie. Gegenmodelle zur Kleinfamilie, Reinbek b. Hamburg 1972

Günder, R.: Praxis und Methoden der Heimerziehung, Freiburg 2007

Kiehn, E.: Sozialpädagogische Jugendwohngemeinschaften, Freiburg 1990

Thesing, T.: Betreute Wohngruppen und Wohngemeinschaften für Menschen mit geistiger Behinderung. Freiburg 1998, 3. Aufl.

3.7.7 INTENSIVE SOZIALPÄDAGOGISCHE EINZELBETREUUNG

Überblick

Die Jugendhilfe sieht sich mit einem Personenkreis junger Menschen konfrontiert, die nicht in einem Heim leben wollen oder können, weil sie nicht gruppenfähig sind, keine tragfähigen Bindungen eingehen und aushalten können, weglaufen, häufig delinquent werden. Sie erweisen sich wegen der fehlenden Bindungsfähigkeit oft als „nicht heimfähig" und sind durch die Verweigerungshaltung für Therapeutische Heime in der Regel therapieresistent. Diese „hoffnungslosen Fälle" wurden bis in die 80er Jahre in geschlossenen Heimen untergebracht, deren Konzepte heute als pädagogisch sehr fragwürdig eingeschätzt werden, oder blieben unversorgt auf der Straße. Der § 35 KJHG wollte für diesen Personenkreis eine Hilfegrundlage schaffen, um ihnen eine individuelle und flexible Hilfe bieten zu können.

Konzepte/Arbeitsformen

In der Fachdiskussion und in der Praxis werden für diesen Hilfetyp verschiedene Begriffe gebraucht, die auch unterschiedliche Konzepte kennzeichnen:
„Mobile Betreuung“; „Flexible Betreuung“; „Betreutes Wohnen“; „Betreutes Jugendwohnen“; „Schutzhilfe“ (Berlin); „Jugendhelfer“ (Kassel); „Offene Jugendhilfen der öffentlichen Erziehung“ (Rheinland). Es kann sich dabei um Konzepte wie Nachbetreuung, ein Angebot zur Verselbstständigung, eine besondere Form der Fremdunterbringung, erlebnispädagogische Lernfelder, Krisenintervention oder um eine Hilfe zur Vermeidung von Heimunterbringung handeln (vgl. Jordan 1992, S. 185).
Die Erlebnispädagogik ist als Vorläufer dieser Hilfeform zu sehen, welche durch therapeutisches Segeln, Extremklettern, Saharadurchquerungen, Eiswanderungen in Finnland u.Ä. Grenzerfahrungen und gruppendynamische Erfahrungen für diese „Problemjugendlichen“ neue Zugänge zur Lebenswelt provozieren wollte.

> „Allen diesen Projekten ist gemeinsam, dass sie in einer Zeit der Verunsicherung traditioneller Betreuungsformen neue Wege zeitgemäßer und qualifizierten Hilfe versuchen und dies oft in Situationen, die sonst als aussichtslos gelten. Eine Gemeinsamkeit ist auch, dass alle Projekte nur mit viel Phantasie, Engagement und Durchhaltevermögen ausgedacht und durchgesetzt werden konnten“ (Gintzel; Schrapper 1991, S. 12).

Gintzel und Schrapper sehen in der Praxis folgende Grundtypen der Individualmaßnahmen für junge Menschen realisiert (vgl. Gintzel; Schrapper 1991, S. 15–21):

- Betreuung in Familien (eigene Familie, Geschwisterfamilien, Familie des Pädagogen),
- mobile Betreuung, flexible Betreuung, intensive Form sozialpädagogisch betreuten Wohnens (jeweils in der eigenen Wohnung),
- kurzfristige Krisenintervention an Stelle von jugendpsychiatrischer oder geschlossener Unterbringung (ggf. in Verbindung mit Reisemaßnahmen),
- längerfristige Reiseprojekte (Segelreisen, Wüstendurchquerungen, 4–6 Monate),
- längerfristige Standobjekte (z.B. Wohnraumsanierung in Ostdeutschland, Restaurierung von Pilger- oder Gedenkstätten).

Mit Stichtag 31.12.2005 erhielten 2.289 junge Menschen Intensive sozialpädagogische Einzelbetreuung (vgl. Statistisches Bundesamt 2006). Sie wird heute im Rahmen der Heimerziehung oder als ambulante Erziehungshilfe angeboten.

BERUFSPROFILE DER PÄDAGOGISCHEN FACHKRÄFTE

Die Intensive sozialpädagogische Einzelbetreuung ist kein Aufgabenfeld für Berufsanfänger, dies betonen die Anstellungsträger und Landesjugendämter. Die Fachkräfte müssen eine hohe Motivation, psychische Belastbarkeit, Risikobereitschaft und Reflexionsfähigkeit besitzen. Sie müssen mit Weglauftendenzen, Destruktion und auch Aggressionen gegen die eigene Person umgehen und trotzdem eine professionelle Beziehung aufrechterhalten können. In diesen Bereichen sind vor allem SozialpädagogInnen und SozialarbeiterInnen (ca. 70 %) und ErzieherInnen (30 %) mit Berufserfahrung überwiegend in der Altersgruppe 30-40 Jahre tätig, die durch Supervision und regelmäßige Fallbesprechung begleitet werden (Gintzel; Schrapper 1991, S. 31).

Quellen/Literatur

Gintzel, U., Schrapper, C.: Intensive sozialpädagogische Einzelbetreuung. Konzepte Kostenregelungen Praxis, Hrsg.: Institut für soziale Arbeit, Münster 1991

Jordan, E.; Sengling, D.: Jugendhilfe. Einführung in Geschichte und Handlungsfelder, Organisationsformen und gesellschaftliche Problemlagen, Weinheim, München 1992, 2.Aufl.

Bundesarbeitsgemeinschaft der Landesjugendämter. Empfehlungen für die Standards und Rahmenbedingungen bei der Gewährung von Intensivpädagogischen Hilfen im Ausland für die Jugendämter (beschlossen auf der 96. Arbeitstagung vom 21.–23.4.2004 in Wiesbaden)

Institut des Rauhen Hauses für Soziale Praxis (Hrsg.): Handreichungen für die Durchführung von Jugendhilfemaßnahmen im Ausland 1998

„Was macht eigentlich eine Intensive sozialpädagogische Einzelbetreuung“? Dokumentation einer Fachtagungsreihe, in: BLJA – Mitteilungsblatt Nr. 6/20001, München

3.7.8 Krisenintervention/Inobhutnahme

Überblick

Kinder- und Jugendliche können in der Familie oder in ihrem Lebensumfeld in Konfliktsituationen geraten, denen sie nicht gewachsen sind, so z.B. durch Vernachlässigung, körperliche Misshandlungen, sexueller Missbrauch, Schulschwierigkeiten, Obdachlosigkeit, Suizidgefährdung, Kontakt zum Drogen- oder Prostitutionsmilieu o.Ä. Diese Kinder und Jugendlichen können oder wollen nicht mehr zu Hause leben, laufen fort, leben auf der Straße, gefährden sich selbst oder halten sich an gefährdenden Orten auf. Der Gesetzgeber sieht für solche Situationen die Inobhutnahme von Kindern und Jugendlichen als Hilfeform vor.

Die Inobhutnahme (§ 42 KJHG) und die Herausnahme von Kindern und Jugendlichen ohne Zustimmung des Personensorgeberechtigten (§ 43 KJHG) sind vorläufige Maßnahmen zum Schutz der betroffenen Kinder und Jugendlichen. Die Inobhutnahme ist keine Hilfe zur Erziehung, dennoch eine sozialpädagogische Hilfe (vgl. BAGLJA 1995).

1997 wurden in Deutschland für ca. 21.000 Kinder vorläufige Schutzmaßnahmen ergriffen. Die Mehrzahl der Kinder (88 %) wurde vorübergehend in einem Heim bzw. einer Einrichtung untergebracht.

Abbildung: Vorläufige Schutzmaßnahmen für Kinder nach Art der Maßnahme und Art der Unterbringung während der Maßnahme in den Ländern 1998

Bundesland[1]	Vorläufige Schutzmaßnahmen für Kinder unter 18 Jahren insgesamt		Art der Maßnahme[2]				Art der Unterbringung während der Maßnahme		
			Inobhutnahme			Herausnahme	bei einer geeigneten Person	in einer Einrichtung	in einer sonstigen betreuten Wohnform
			zusammen	auf eigenen Wunsch	wegen Gefährdung				
	Anzahl	auf 1.000 Kinder	Anzahl	in %		Anzahl	in % von insgesamt (Sp. 1)		
Baden-Württemberg	1.736	0,8	1.736	30,9	69,1	0	21,0	76,8	2,2
Bayern	1.859	0,8	1.852	33,8	66,2	7	21,7	76,4	1,8
Berlin	4.451	7,6	4.439	38,4	61,6	12	1,0	97,2	1,8
Brandenburg	1.568	3,2	1.566	40,5	59,5	2	2,0	67,0	30,9
Bremen	356	3,2	346	47,7	52,3	10	21,9	73,0	5,1
Hamburg	1.781	6,5	1.693	30,7	69,3	88	2,4	96,2	1,3
Mecklenburg-Vorpommern	1.204	3,4	1.201	37,8	62,2	3	3,6	96,3	0,1
Niedersachsen	1.880	1,2	1.853	37,0	63,0	27	19,6	76,6	3,8
Nordrhein-Westfalen	7.039	2,0	6.999	38,4	61,6	40	10,9	86,8	2,3
Rheinland-Pfalz (1997)	544	0,7	542	38,0	62,0	2	14,3	82,7	2,9
Saarland	221	1,1	220	35,0	65,0	1	30,8	62,9	6,3
Sachsen	2.980	3,8	2.979	39,8	60,2	1	6,3	91,4	2,2
Sachsen-Anhalt	1.931	4,0	1.931	21,3	78,7	0	5,4	91,9	2,7
Schleswig-Holstein	973	1,9	971	28,2	71,8	2	16,8	80,8	2,5
Thüringen	738	1,6	728	36,8	63,2	10	5,7	92,5	1,8
Deutschland (1997)	31.807	2,0	31.564	36,3	63,7	243	8,8	88,0	3,3
Alte Länder einschließlich Berlin	20.840	1,6	20.651	36,2	63,8	189	11,4	86,3	2,3
Neue Länder	8.421	3,0	8.405	35,1	64,9	16	4,9	87,8	7,3

1. Aus Hessen lagen keine Angaben vor. Für Rheinland-Pfalz und Deutschland insgesamt waren nur die Zahlen aus 1997 verfügbar.
2. Inobhutnahme und Herausnahme (ohne Zustimmung des Personensorgeberechtigten) nach §§ 42–43 KJHG.
Daten: Statistik der Jugendhilfe Teil I (Vorläufige Schutzmaßnahmen).
Quelle: Statistische Ämter der Länder; Statistisches Bundesamt (Zweigstelle Berlin); Berechnungen der agis.

Quelle: Deutscher Kinderschutzbund; Volkswagen AG (Hrsg.): Taschenbuch der Kinderpresse 2000, S. 117

Konzepte/Arbeitsformen

Die kurzfristige (vorläufige) Unterbringung dient der Gefahrenabwehr und hat zum Ziel, das Kind oder den Jugendlichen über seine Situation zu beraten und Möglichkeiten der Hilfe und Unterstützung aufzuzeigen. Die Inobhutnahme kann grundsätzlich

- bei einer geeigneten Person oder
- bei einer Einrichtung oder einer sonstigen betreuten Wohnform

erfolgen. Unter „geeigneter Person“ ist neben einer Privatperson die Unterbringung in einer Pflegefamilie (auch Bereitschaftspflegefamilie/Notunterbringungspflegefamilie) zu verstehen (vgl. BAGLJA 1995). Die Inobhutnahme soll möglichst für kurze Zeit erfolgen, es muss grundsätzlich eine sozialpädagogische Betreuung sichergestellt sein. Da die Inobhutnahme häufig während der Nacht erfolgt, ist eine Rund-um-die-Uhr-Betreuung sicher zu stellen. Es besteht die Aufgabe, innerhalb von 3 Tagen den Verbleib für die nächste Woche zu regeln, den Kontakt zur Herkunftsfamilie oder gegebenenfalls zu einem Jugendrichter herzustellen.

Berufsprofile der pädagogischen Fachkräfte

Die Richtlinien der Landesjugendämter betonen, dass zur Krisenintervention im Rahmen der Inobhutnahme sozialpädagogische Fachkräfte mit ausreichender Berufserfahrung notwendig sind. Dazu gehören SozialarbeiterInnen, SozialpädagogInnen, ErzieherInnen, Jugend-und HeimerzieherInnen und HeilpädagogInnen. Fachliche Beratung und Supervision der sozialpädagogischen Fachkräfte ist dringend notwendig.

Quellen/Literatur

Bundesarbeitsgemeinschaft der Landesjugendämter (BAGLJA): Empfehlungen zur Inobhutnahme gemäß § 42 SGB VIII 1995

Trenczek, T.: Inobhutnahme und geschlossene Unterbringung, ZfJ 4/2000, S. 121–134

4. Offene Kinder-und Jugendarbeit

Bettina Geiger

Überblick

Die offene Jugendarbeit begann mit neuen Anstößen der „German Youth Activities“ der Besatzungsmächte, um die Jugendlichen der Nachkriegszeit ab 1945 von der Straße wegzuholen und ihnen eine „überdachte Straßenecke“ anzubieten. Für die damaligen Verhältnisse waren diese Einrichtungen materiell gut ausgestattet. Ziel war es, den Jugendlichen Techniken der Demokratie und Mitbestimmung durch die inhaltliche Arbeit nahe zu bringen.
Mit den Schüler- und Studentenunruhen am Ende der sechziger Jahre kam die offene Jugendarbeit durch die Jugendzentrumsbewegung so richtig in Schwung. Parolen wie „Was wir wollen – Freizeit ohne Kontrollen!“ und „Dies ist unser Haus!“ standen an erster Stelle.
Offene Jugendarbeit ist im Laufe der siebziger und achtziger Jahre zu einem anerkannt, öffentlich finanzierten Regelangebot der kommunalen, aber auch der verbandlichen und kirchlichen Jugendarbeit geworden.
Offene Jugendarbeit findet in Häusern der offenen Tür, Jugendclubs, Jugendzentren, und Jugendhäusern unter folgenden Prinzipien statt:

Offenheit

- Zielgruppenoffenheit,
- Aktivitätenvielfalt,
- räumliche Zugänglichkeit und Verfügbarkeit.

Selbstorganisation

- Jugendliche lernen ihre Interessen selbst zu vertreten,
- Selbsterziehungsgemeinschaft,
- Jugendhaus sollte ein Erfahrungsfeld der Selbstorganisation und des Mündigwerdens sein.

Politische Bildung

Durch das Prinzip der Selbstorganisation in der offenen Jugendarbeit wurde beim demokratisch-praktischen Entscheidungsprozess politische Bildung erfahrbar. Mit dieser Erfahrung veränderte sich auch das Bewusstsein der Jugendlichen. Sie gingen mit den erlernten demokratischen Ansätzen an die Lösung der Zukunftsfragen ihrer Zeit, z.B. Emanzipation, Umgang mit der Natur und Gerechtigkeit.
Im heutigen Wandel der Bedürfnisse, Themen und Problemstellungen der Jugendlichen, verändert sich auch die offene Jugendarbeit und richtet ihre Methoden und Inhalte entsprechend neu aus. Wichtig ist, dass sie sich von kommerziellen Anbietern unterscheidet und kein Dienstleistungsunternehmen wird, wohin Jugendliche nur zum Konsumieren kommen und „Fun" erleben wollen.
Beziehungsarbeit, Projektmanagement, Jungen- und Mädchenarbeit, ziel- und problembezogene Angebote sollten wichtige Gestaltungsmerkmale der offenen Jugendarbeit sein (vgl. Sturzenhecker 2005, S. 523–548).

Zielgruppen der offenen Jugendarbeit

- Mädchen- und Jungengruppen,
- multikulturelle Jugendliche,
- Cliquen und Peergroups,
- kulturell interessierte Jugendliche,
- Randgruppen.

Konzepte/Arbeitsformen

Die Methoden der offenen Jugendarbeit orientieren sich an den Bedürfnissen, Wünschen und Vorstellungen der Jugendlichen. Sie verwenden Elemente der:

- Projektarbeit,
- Gruppenarbeit,
- Beziehungsarbeit,
- Einzelarbeit,
- Erlebnis- und Abenteuerpädagogik,
- Gemeinwesenarbeit,
- mobilen Jugendarbeit.

Für Jugendliche bedeutet diese Einrichtung, dass sie eine Nische erhalten, die jeder für seine Persönlichkeitsentwicklung nutzen kann. Innerhalb dieser Nische sind verschiedene pädagogische Fachkräfte tätig, die dem Jugendlichen auf unterschiedlichste Weise Begleiter sind.

BERUFSPROFILE DER PÄDAGOGISCHEN FACHKRÄFTE

In der offenen Jugendarbeit arbeiten SozialpädagogInnen, SozialarbeiterInnen, ErzieherInnen, Jugend- und HeimerzieherInnen, DiplompädagogInnen, Kinderpflegerinnen und MitarbeiterInnen ohne besondere pädagogische Ausbildung (zum Teil Handwerker und Künstler).

Notwendige Kompetenzen der pädagogische Fachkräfte:

- kommunikative Fähigkeiten, um mit Jugendlichen ins Gespräch zu kommen;
- handwerkliche, musische, sportliche und kulturelle Fähigkeiten;
- rhetorische und schriftliche Fähigkeiten, um Anliegen und Ziele öffentlich und verständlich machen zu können;
- Spontaneität und Flexibilität im Denken und Handeln;
- Organisations-, Planungs-, Verwaltungs- und Kooperationsfähigkeit.

Quellen/Literatur

Cloos, P.: Die Pädagogik der Kinder- und Jugendarbeit, Münster 2007

Deinet, U.; Sturzenhecker, B.: Handbuch Offene Jugendarbeit, Münster 2005

Kohlhoff, L.: Regionale Jugendarbeit, Wege in die Zukunft, Wiesbaden 2006

Wendt, P.-U.: Die Moderne, der Markt und die Jugendarbeit. Hinweise für eine Marktorientierte Jugendarbeit. In: deutsche jugend, H 2/1996

Hansbauer, P.: Entwicklung und Chancen junger Menschen in sozialen Brennpunkten, Bonn 2000

4.1 Mobile Jugendarbeit

Überblick

Mobile Jugendarbeit entstand Ende der 60er/Anfang der 70er Jahre in verschiedenen deutschen Städten wie Stuttgart, München, Hamburg und Berlin. Hintergrund war, dass offene Jugendarbeit mit ihren traditionellen Einrichtungen die Jugendlichen, die von sozialer Ausgrenzung bedroht waren, nicht erreichte (z.B. Subkulturen, Drogenabhängige, Prostituierte, Obdachlose usw.). Der Begriff „Mobile Jugendarbeit" bezeichnet heute unterschiedliche Arbeitsformen mit gemeinsamen Merkmalen.

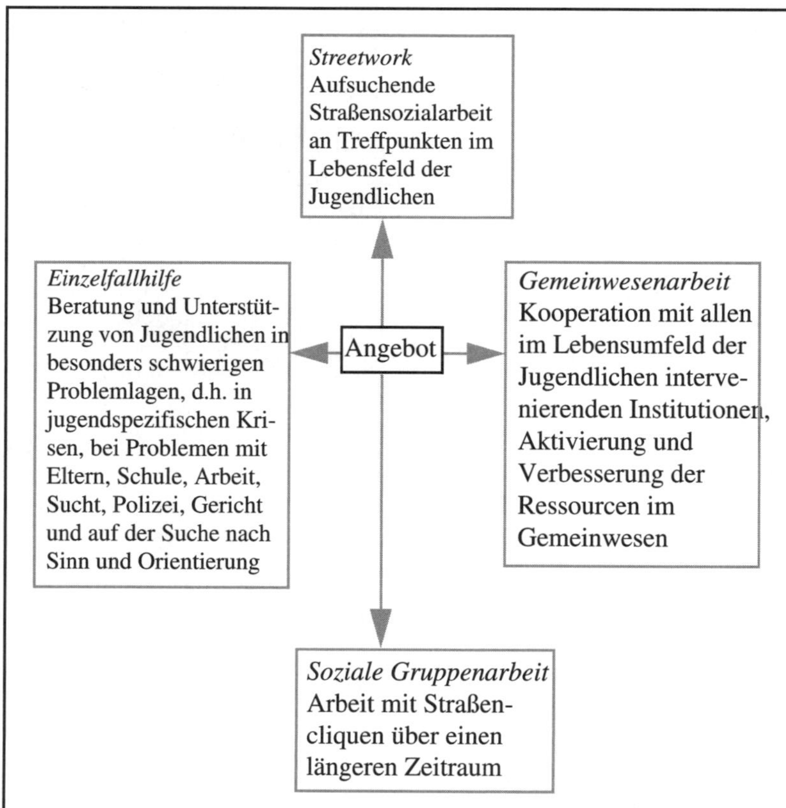

(vgl. Fachmagazin der mobilen Jugendarbeit, Stuttgart1996, S. 2)

Zielgruppen der mobilen Jugendarbeit:

- Kinder und Jugendliche im Alter zwischen 12 und 21 Jahren, in Einzelfällen und je nach Gesellungsform bis 27 Jahren,
- gewaltbereite Jugendgruppen,
- jugendliche Prostituierte,
- DrogenkonsumentInnen,
- Gruppen mit subkultureller Zugehörigkeit usw.

Ziele der Mobilen Jugendarbeit:

- Lebensfeldorientierung-Lebenslagenorientierung (das Angebot praktischer Lebenshilfe vor Ort);
- Präsenz an verschiedensten Treffpunkten, Dezentralität;
- Kontakt- und Beziehungsaufnahme, Beziehungsarbeit zur Vertrauensbildung;
- gruppenbezogene und individuelle Beratung von Jugendlichen;
- Beteiligung der Zielgruppen an der Entwicklung und Umsetzung von Angeboten und Aktivitäten;
- Prävention, frühzeitiges Erkennen von Hilfe- und Angebotsnotwendigkeit;
- Lebensraum für die Zielgruppen zu schützen und zu erhalten.

BERUFSPROFILE DER PÄDAGOGISCHEN FACHKRÄFTE

Die Arbeit in der mobilen Jugendarbeit wird vorwiegend von SozialarbeiterInnen und SoziapädagogInnen geleistet sowie von DiplompädagogInnen, ErzieherInnen, Jugend- und HeimerzieherInnen und Heilpädagogen. Notwendige Kompetenzen der pädagogischen Fachkräfte:

- Bereitschaft und Fähigkeit, Kontakte offensiv zu knüpfen,
- Flexibilität im Handeln abseits vorstrukturierter Räume und Systeme,
- Kenntnisse über relevante gesetzliche Grundlagen für das Arbeitsfeld sowie über eigene rechtliche Verantwortlichkeiten,
- Sensibilität für (Problem-)Situationen und Menschen,

- eigene Positionen und Meinungen haben, aber auch die Bereitschaft, sich selbst zu reflektieren und eigene Positionen zu revidieren.

Quellen/Literatur

Bodenmüller, M.: Streetwork und Überlebenshilfen, Münster 2003
Deinet,U., Sturzenhecker, B.: Handbuch offene Kinder- und Jugendarbeit, Münster 2005
Gillich, S.: Praxishandbuch Streetwork und Mobile Jugendarbeit, Wiesbaden 2006
Steffen, W.: Straßensozialarbeit, Weinheim u. Basel 2000
Fachmagazin der mobilen Jugendarbeit, Stuttgart 1996
Bodenmüller, M.: Soziale Ungleichheit und Benachteiligung, Münster 2000

4.2 Jugendfarm, Abenteuerspielplatz

Überblick

In den 60/70er Jahren entstanden auf Grund von Elterninitiativen in verschiedenen deutschen Großstädten Jugendfarmen bzw. Kinderbauernhöfe und Abenteuerspielplätze. Der Unterschied zwischen einem Kinderbauernhof und einem Abenteuerspielplatz liegt in der Tierhaltung. Ansonsten haben beide die gleichen Grundvoraussetzungen, die sich so gestalten:

- großes Gelände ca. 3.000 bis 10.000 m mit Bach, Waldstück, Hang, Wiese, Bäume und Gärten;
- geografische Lage innerhalb von Wohngebieten als auch am Stadtrand;
- Gebäude (Spielplatzhaus), um Rückzugsmöglichkeiten zu haben oder für Projekte und Aktivitäten, für die man ein Haus benötigt. Z.B. Sanitäre Anlagen, Büro, Küche, Gruppenraum und Werkraum (Holz-, Metallbearbeitung, Fotolabor, Theaterbühne usw.);
- Stallungen im Falle von Tierhaltung, vorwiegend Ponys, Pferde, Federvieh, Kleintiere;
- witterungsunabhängiger Materiallagerraum;
- Hüttenbaubereiche;
- mehrere Feuerstellen;
- Sportfelder (Ballspiele, BMX, Skatereinrichtungen);
- Wasser- und Sandbereiche zum „Matscheln“;

- Biotope verschiedener Art (Gärten, Wiesen und Weiden);
- Theaterbühne, Zirkusarena;
- begeh- und bespielbare Skulpturen und Dächer;
- Kletterwände;
- Kleinkindbereich mit Schaukeln, Wippen, Karussell. (vgl. Deimel 2000, S. 328).

Abbildung: Abenteuerspielplatz

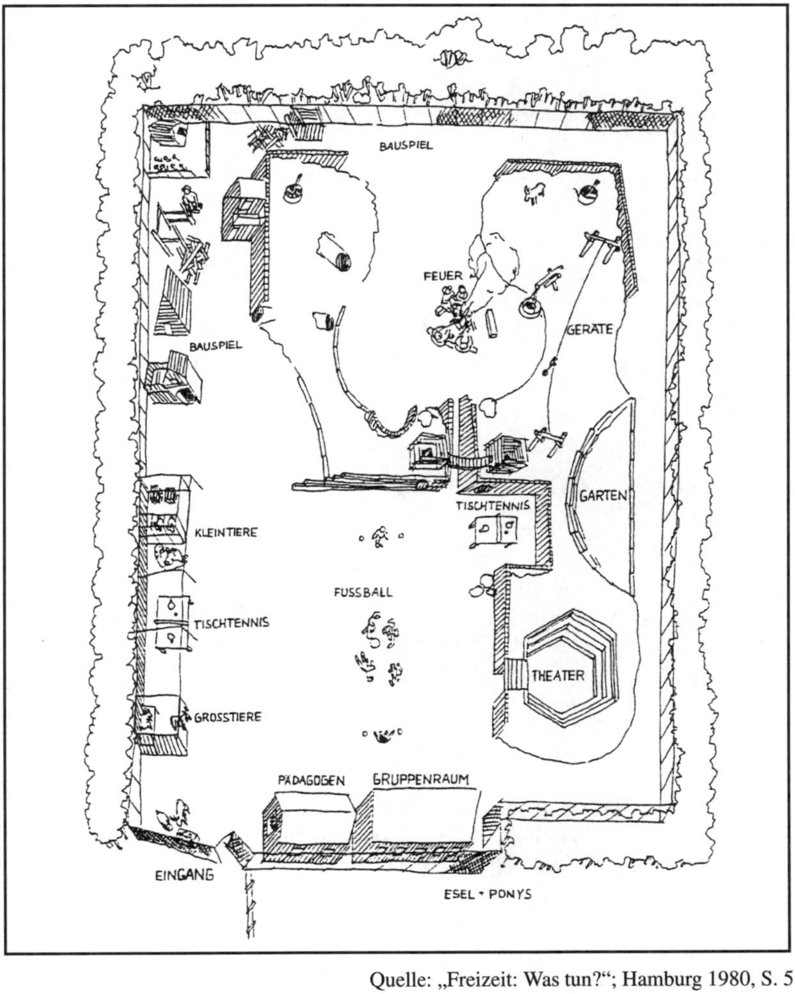

Quelle: „Freizeit: Was tun?"; Hamburg 1980, S. 5

KONZEPTE UND ARBEITSFORMEN

Wie unterschiedlich die Plätze inhaltlich auch sein mögen, so steht doch bei allen das Naturerlebnis für die Kinder im Vordergrund. Weitere Ziele:

- Erfahrungen im kognitiven, emotionalen, sozialen und kreativen Bereich;
- Gruppenerlebnisse, Selbst- und Grenzerfahrungen;
- Förderung der sozialen, körperlichen und geistigen Entfaltung;
- Abbau von Aggressionen;
- Bildungsarbeit, z.B. kindgemäße Auseinandersetzung mit ökologischen Inhalten.

Die Aktivitäten, Inhalte und Methoden der Abenteuerspielplätze und Kinderbauernhöfe orientieren sich an den Prinzipien Ganzheitlichkeit und Offenheit.
Die im Lebensalltag oftmals getrennten Bereiche Arbeit, Freizeit, Spiel und Lernen werden hier miteinander vernetzt.
Spaß, Freude, Entspannung, Musse und Besinnung sowie kreativer Materialumgang und vielfältige Bewegungsmöglichkeiten stehen im Einklang miteinander.

BERUFSPROFILE DER PÄDAGOGISCHEN FACHKRÄFTE

SozialpädagogInnen, SozialarbeiterInnen, Jugend- und HeimerzieherInnen, ErzieherInnen, HeilpädagogInnen, Handwerker, Künstler, Tierexperten und Honorarkräfte beleben mit ihren unterschiedlichen, kreativen, fantasiereichen und planungsaktiven Fähigkeiten die Abenteuerspielplätze und Kinderbauernhöfe.

Quellen/Literatur

Jordan, E.; Sengling, D.: Kinder und Jugendhilfe, Weinheim u. München 2000
Informationen: Jugendfarm Elsental, Stuttgart 2006
Deinet; Sturzenhecker: Handbuch Offene Jugendarbeit, Münster 2005

4.3 SPIELEHAUS, SPIELMOBIL

Überblick

Alle Kinder brauchen Spiel, Spielräume und Zeit zum Spielen. Spielen ist lernen, deshalb ist es sinnvoll, den Kindern möglichst viele Spiel- d.h. Lernmöglichkeiten zu schaffen.
Im Jahr 1979, als die UNO das Jahr des Kindes ins Leben rief, erreichte die Gründung von Spielehäusern und Spielmobilen in Deutschland ihren Höhepunkt.
Das Spielehaus ist eine öffentliche Einrichtung für Kinder im Alter von 6 bis 13 Jahren und hat an fünf Nachmittagen geöffnet. Die Angebote im Spielehaus sind vielfältig. Einerseits können die Kinder die Tätigkeiten im Spielehaus selbst bestimmen, sie können lesen, spielen oder basteln. Andererseits können sie Angebote wahrnehmen, welche die MitarbeiterInnen des Spielehauses anbieten, z.B. Mal-, Werkaktionen, Kochen, angeleitete Spiele. Es finden monatlich auch Aktionswochen statt, die thematisch orientiert sind, z.B. „Rund um Harry Potter", „Australien", „Unterwasserwelt" usw.
Theaterveranstaltungen und Kinderkino gehören ebenfalls zu dem Programm des Spielehauses.
Das Spielmobil fährt bestimmte Standorte im Stadtgebiet an, z.B. öffentliche Spielplätze, Spielplätze von Baugesellschaften, öffentliche Grünflächen, wie Wiesen und Parks, Parkplätze und Schulhöfe.

> „Spielmobile sind LKW's, Bauwagen, Container usw. mit Spielobjekten und Spielmaterialien, die von einem Pädagogenteam organisiert werden und mit unterschiedlichen Programmen in der Alltagswelt der Kinder auftauchen" (Zacharias in: Opaschowski 1981, S. 41).

Spielmobile können als Spielplatz (mit Spielgeräten), als Spielothek (mit ausleihbaren Spielen), als Bastel- und Gestaltungswerkstatt (mit Material, Werkzeug, Werkbank) ausgerüstet werden. Bestimmte Programme (Zirkus, Ökologie, Theater, Olympiade usw.) oder Projektarbeit (Stadtspiel o.ä.) lassen sich mit dem Spielmobil durchführen.

KONZEPTE/ARBEITSFORMEN

Die Animation zum freien, aktiven Spiel, das Raum und verschiedene Materialien einbezieht, ist die Hauptaufgabe der Spielleute. Den Kindern soll zeitweise Abwechslung und Anregung ermöglicht werden.

Das Spielmobil ist keine Betreuungs-/Aufbewahrungseinrichtung im herkömmlichen Sinn. Der Erlebnischarakter der Spielaktion steht im Vordergrund. Die besondere Qualität von Spielmobilen gegenüber anderen, offenen Kinderangeboten liegt in der Mobilität und Flexibilität.

Berufsprofile der pädagogischen Fachkräfte

Die Arbeit in Spielhäusern und Spielmobilen wird multidisziplinär von SozialarbeiterInnen und SozialpädagogInnen, häufig von ErzieherInnen, Jugend- und HeimerzieherInnen, ArbeitserzieherInnen geleistet.

Quellen/Literatur

Informationen: Spielehaus; Spielmobil, Friedrichshafen 2006
Deinet; Sturzenhecker: Handbuch Offene Jugendarbeit, Münster 2005

4.4 Jugendhaus, Jugendtreff

Überblick

In der ersten Hälfte der 70er Jahre wurde die offene Jugendarbeit durch die Jugendzentrumsbewegung in Gang gebracht (vgl. Kapitel 4.0). Sie forderte die Selbstbestimmung über Inhalte, Öffnungszeiten, Hausrecht und Verwendung der Mittel. Hinter dem Schlagwort „Selbstverwaltung“ stand die Idee, dass Erwachsene die Kinder nicht erziehen, sondern bei der Umsetzung ihrer Ideen unterstützen sollten.
„Vom Tanztee zum Hip-Hop und Internetcafé“, so lautet ein Slogan zum 50-jährigen Bestehen des Stuttgarter Jugendhauses e.V. und zeigt damit die Entwicklung auf.
Früher lag der Schwerpunkt in den Werkstätten mit Malen, Töpfern, Holz bearbeiten. Später verlagerte sich der Schwerpunkt auf die offene Arbeit, wobei die Sozialarbeit an Bedeutung zunahm.
In den 80er Jahren erklärten viele Jugendliche ihre Jugendhäuser zur atomwaffenfreien Zone, weil sie sich für eine friedliche und ökologisch orientierte Gesellschaft engagierten. In den Bereichen Musik, Theater und Film wurden Alternativen zur kommerziellen Jugendfreizeitkultur geschaffen.

Die Jugendcafés wandelten sich zur Bühne der Hip-Hop-Bewegung und der Breakdancer.
In den 90ern hatte sich die Gesellschaft hinsichtlich der Kommunikationsstrukturen grundlegend verändert (vgl. 50 Jahre Stuttgarter Jugendhaus e.V. 2000). Die ersten Computer tauchten im Jugendhaus auf. Die Jugendlichen wollten mithalten und lernen, wie man mit den neuen Medien umgeht.
Im Jahr 2000 gab es fast in allen Jugendhäusern Computerräume oder Internetcafes. Hier können die Jugendlichen Bewerbungen schreiben, arbeiten oder einfach spielen.
Die Jugendhäuser wandeln sich mit der Zeit und prägen die Zeit mit. Hier heißt es für die MitarbeiterInnen, den Finger am Puls der Zeit zu haben, den Jugendlichen Raum und Treffpunkt zu bieten, Freizeitaktivitäten zu organisieren, die nicht konsumorientiert sind und Gesprächspartner in allen Lebenslagen zu sein.

Abbildung: Ziele

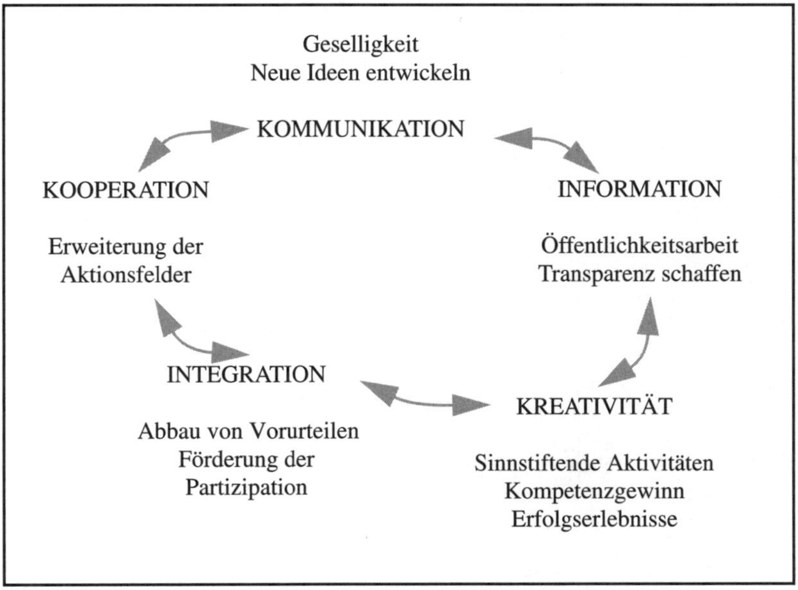

Konzepte/Arbeitsformen

- Einzelarbeit,
- Gruppenarbeit,
- Projektarbeit,
- Erlebnispädagogik.

Im ländlichen Raum, in Städten mittlerer Größe und in Stadtteilen von Großstädten haben sich Jugendtreffs etabliert. Arbeitsbedingungen, Inhalte, Standards und Voraussetzungen der Einrichtung gestalten sich in der Stadt und auf dem Land sehr unterschiedlich.

Ländlicher Raum	Stadtteiltreffs
• Zugänglich für alle Altersgruppen • Stammpublikum • Prinzip der Selbstverwaltung • Selbstorganisation des Programmes • Offenheit gegenüber allen Jugendlichen • Veranstaltungen und besondere Angebote, z.B. Ferienfreizeiten, • Mitwirkung an Festen der Gemeinde	• Sozialer Brennpunkt • Arbeit mit besonderen Cliquen und Gruppen • Förderung der Jugendlichen in ihrer Persönlichkeitsentwicklung • Einübung von sozialer Kompetenz • Methodenmix aus aufsuchender Jugendarbeit, Einzelfallhilfe, Gruppenarbeit und gemeinwesen-orientierten Aktivitäten • Beratung und Vermittlung von Hilfs-angeboten bei Problemen der Jugendlichen mit Drogen, Eltern, der Schule und Polizei
• Ehrenamtliche Leitung des Jugend treffs durch Teams von Jugend-gruppen • Teilweise werden die Ehrenamt-lichen durch einen Jugendpfleger betreut und begleitet • In Ausnahmefällen eine haupt-amtliche Fachkraft	• In der Regel ein bis zwei fest-angestellte pädagogische Fachkräfte

Ganz deutlich wird durch die Dezentralität, Stadtteil bzw. Gemeinwesenorientierung des Jugendtreffs, wie wichtig und wertvoll solche Nischen für Jugendliche sind. Beziehungen zu den MitarbeiterInnen und zielgruppengerechte Angebotsstrukturen binden die Jugendlichen an den Jugendtreff.

BERUFSPROFILE DER PÄDAGOGISCHEN FACHKRÄFTE

Im Jugendhaus/Jugendtreff arbeiten SozialpädagogInnen, SozialarbeiterInnen, Jugend- und HeimerzieherInnen, ErzieherInnen, andere Berufsgruppen, Ehrenamtliche und Honorarkräfte.

Quellen/Literatur

Informationen, Stuttgarter Jugendhausverein e.V. 2000
Deinet; Sturzenhecker: Handbuch Offene Jugendarbeit, Münster 2005
Kaiser, S.: Vom Pionierhaus zum offenen Kinder- und Jugendhaus, Chemnitz 1999
Rauschenbach, T.: Jugendarbeit im Aufbruch, Münster 2002

4.5 JUGENDKULTURARBEIT

Überblick

In den letzten 15 Jahren hat der Stellenwert der Kinder- und Jugendkulturarbeit für die außerschulische Jugendbildung und Jugendhilfe kontinuierlich an Bedeutung gewonnen. Jugendkulturarbeit will die kreativen Kräfte in Kindern und Jugendlichen wecken und fördern, um sie in ihrer Persönlichkeits- und Freizeitgestaltung aktiv und selbstgestaltend auf ein Leben in unserer Kultur vorzubereiten. Ob Musik, Theater, Tanz, Literatur, Bildende Kunst oder audiovisuelle Medien, jedes kulturelle Bildungsangebot erschließt Kindern und Jugendlichen eigene Ausdrucksmöglichkeiten. Sie setzen sich aktiv und spielerisch mit der eigenen und der Lebenssituation anderer auseinander. Kulturelle Jugendbildung ist in der Regel ein Zusammenwirken in Gruppen. Kinder und Jugendliche lernen auf spielerische Weise soziales Verhalten, indem sie z.B. ein Theaterstück erarbeiten, bei dem sie musizieren, kreativ experimentieren oder tanzen.
In vielen Jugendkulturprojekten spielen wichtige Themen, wie z.B. Ökologie, Gewalt und Fremdenfeindlichkeit eine Rolle. Selbstständig erarbeiten sich Kinder und Jugendliche neue Einsichten in gesellschaftliche Verhältnisse. Sie gewinnen dabei Einsichten, die die Tür aufmachen für mehr Engagement und Toleranz.
Die Projektangebote der Jugendkulturarbeit finden vorwiegend in Musikschulen, Musikvereinen, Jugendkunstschulen, Museen, Thea-

tern, Bibliotheken, Jugendhäusern, Kindergärten/Kindertagestätten, verschiedenen Jugendverbänden, sowie in Institutionen der Jugendhilfe statt.

BERUFSPROFILE DER PÄDAGOGISCHEN FACHKRÄFTE

Alle Berufsgruppen, die pädagogisch oder künstlerisch ausgebildet und fähig sind, ihre Kreativität an Kinder und Jugendliche zu vermitteln.

Quellen/Literatur

Bundesvereinigung Kulturelle Jugendbildung: Schriftenreihe 44, Remscheid 1994
Landesvereinigung Kulturelle Jugendbildung Baden-Württemberg e.V. Stuttgart 2006
www.ikjbw.de

4.6 JUGENDINFORMATIONSZENTRUM

Überblick

JIZ, „aha“, trip’s n’ tips, trends und info’s sind Namen von Jugendinformationszentren in Baden-Württemberg und Bayern. Sie bieten niederschwellige Informationsangebote für alle Jugendlichen im Alter von 14 bis 27 Jahren an, von A bis Z. Sie informieren Jugendliche über alle Aspekte des privaten, gesellschaftlichen und politischen Lebens sowie über alle anderen jugendrelevanten Bereiche, insbesondere über die Themen Freizeitgestaltung, Reisen, Schule, Ausbildung, Beruf (In- und Ausland) und Lebensalltag.
Das Informationszentrum ist mit Hunderten von Broschüren, Büchern, Materialordnern und dem Internet ausgestattet. Die Jugendlichen können recherchieren oder viele Antworten auf ihre Fragen online bekommen.
Das Jugendinformationszentrum ist keine Beratungsstelle.
Die pädagogischen Kräfte helfen bei der Klärung von Fragen, beraten anonym, kostenlos und vermitteln an die richtigen Adressen.

BERUFSPROFILE DER PÄDAGOGISCHEN FACHKRÄFTE

Das Berufsfeld ist relativ neu, feste Berufsgruppen haben sich hier noch nicht etabliert. In diesem Bereich arbeiten z.Z. DiplompädagogInnen, SozialarbeiterInnen, SozialpädagogInnen mit guten Computerkenntnissen.

Quellen/Literatur

Zippzapp: Das Infoheft des Kinder und Jugendringes Bonn e.V. und des Jugendinformationszentrums – Bonner Infothek – Bonn 1996
Informationen vom Jugendinformationszentrum trip's n'tips, Stuttgart 2000
http://www.jiz.de/
http://www.slc.de/integra/ (Berlin)
www.aha-ravensburg.de
www.jugendhilfeinformation-stuttgart.de

5. Jugendverbände

Theodor Thesing

Überblick

Jugendverbände gibt es in Deutschland in größerer Zahl seit Beginn des 20. Jahrhunderts. Sie haben ihre Wurzeln in einer bürgerlichen Jugendbewegung, die aus der pädagogischen Reformbewegung hervorging. Jugendliche des gebildeten Bürgertums fanden sich in Stenografen-, Turn- und Wandervereinen zusammen, ihre erste organisatorische Mitte wurde die Wandervogelbewegung. Die Wandervogelbünde orientierten sich am „Fahrenden Schüler" (Scholar) des Mittelalters. Ihre Ziele waren die Ablehnung der Lebensform der bürgerlichen Gesellschaft mit Beschaulichkeit und Plüschsofa, die Schaffung eines alternativen Jugendraumes mit Gemeinschaftsleben in der freien Natur, Selbsterziehung statt autoritärer Führung durch Erwachsene, eigenes Liedgut, eigene Kleidung und Normen. 1913 schlossen sich studentische Gruppen zur „Freideutschen Jugend" zusammen, der Wandervogel hatte zu dieser Zeit bereits ca. 25.000 Mitglieder. Zum gleichen Zeitpunkt entstanden die Arbeiterjugend als Lehrlingsbewegung und christliche Jugendgruppen der beiden großen Kirchen (vgl. Krafeld 1984, S. 21ff.). Nach der Gleichschaltung 1933 vieler Jugendverbände mit der Hitlerjugend, gab es nach dem Zusammenbruch des 3. Reiches 1949 einen Neuanfang durch die Gründung des Bundesjugendringes. Trotz immer wieder diagnostizierter Krisen der Verbandsjugendarbeit (z.B. in den 60er Jahren) hat diese immer noch eine „Monopolstellung" in der heutigen Jugendarbeit. Hauptträger sind die beiden großen christlichen Kirchen, die Gewerkschaften und Sportvereine.

Konzepte/Arbeitsformen

Böhnisch und Münchmeier verweisen darauf, dass heute eigentlich für junge Menschen viele Gründe entfallen, die früher die Mitgliedschaft in einem Jugendverband fast zwingend machte: Jugendliche sind heute nicht mehr auf Jugendarbeit angewiesen, wenn sie ihre Freizeit verbringen wollen, viele haben ein eigenes Zimmer, eigene finanzielle Mittel, nutzen selbstständig Angebote des Tourismus und der Freizeitindustrie und stoßen auf weitgehende Freizeittoleranz des Elternhauses. Viele früher vorhandene Einengungen durch das Elternhaus entfallen (vgl. Böhnisch; Münchmeier 1987, S,17). Das Selbstverständnis der Jugendverbände spiegelt sich heute im § 12, Abs. 2 KJHG wieder:

> „In den Jugendverbänden und Jugendgruppen wird Jugendarbeit von jungen Menschen selbst organisiert, gemeinschaftlich gestaltet und mitverantwortet. Ihre Arbeit ist auf Dauer angelegt und in der Regel auf die eigenen Mitglieder ausgerichtet, sie kann sich aber auch an junge Menschen wenden, die nicht Mitglieder sind. Durch Jugendverbände und ihre Zusammenschlüsse werden Anliegen und Interessen junger Menschen zum Ausdruck gebracht".

Die Jugendverbände stellen heute ein breites Angebot für Kinder und Jugendliche zur Verfügung. Dies spiegelt sich wider in der Vielfalt der

- konfessionellen Verbände: Ihr politisches, pädagogisches und spirituelles Handeln orientiert sich am Evangelium und verfolgt einen ganzheitlichen Ansatz.
- humanitären Verbände: Bei ihnen ist der Wunsch nach körperlicher Unversehrtheit aller Menschen von grundlegender Bedeutung.
- gewerkschaftlichen Verbände: Zentraler Bezugpunkt ist hier die Orientierung am Beschäftigungsverhältnis und der dort anknüpfenden Interessenvertretung.
- politischen Verbände: Bei ihnen steht eine bestimmte Gesellschaftsanalyse und eine damit verbundene Zukunftsvision im Vordergrund.
- auf den ländlichen Raum bezogenen Verbände: Bei ihnen bildet der Bezug zum ländlichen Raum, früher stärker zur Landwirtschaft, den Mittelpunkt.
- auf das Geschlecht bezogenen Verbände: Bei ihnen bilden Mädchen/ junge Frauen oder Jungen/junge Männer den Ausgangspunkt der Arbeit, die geschlechtshomogen geleistet wird.
- naturbezogenen Verbände: Für sie bildet die Erhaltung der natürlichen Lebensgrundlagen das organisierende Prinzip.
- kulturbezogenen Verbände: Bei ihnen stehen im weiteren Sinne auf die eigene oder fremde Kultur bezogenen Aktivitäten im Vordergrund.
- freizeit- und körperorientierten Verbände: Den Ausgangspunkt bilden hier freizeit- und körperbezogene Aktivitäten, die sozialen und politischen Bildungszielen dienen.
- Pfadfinder(innen)verbände: Bei ihnen bilden die historisch gewachsenen Prinzipien der Pfadfinderei den Ausgangspunkt des Selbstverständnisses.

(Aus: Deutscher Bundesjugendring (Hrsg.), Jugendverbände im Spagat. Zwischen Erlebnis und Partizipation, Münster 1994, in: www.jugendserver.de)

Berufsprofile der pädagogischen Fachkräfte

Traditionell fußt die Jugendverbandsarbeit auf dem Engagement von „ehrenamtlich Tätigen", sogenannten „JugendgruppenleiterInnen", während die hauptamtlichen Mitarbeiter in den Verbänden in der Regel als JugendbildungsreferentInnen geschäftsführend, anleitend, beratend und bildend tätig sind. Die genaue Zahl der Ehrenamtlichen steht nicht fest, Schätzungen schwanken zwischen 600.000 und einer Million. Die Kinder- und Jugendhilfestatistik vom 31.12.1998 weist 1.084 professionelle Mitarbeiter in der Jugendverbandsarbeit aus (vgl. dazu 22.578 Mitarbeiter im Bereich freizeitbezogener, offener Jugendarbeit und Jugendpflege), wovon SozialarbeiterInnen/SozialpädagogInnen (355) die größte Berufsgruppe ausmachen, gefolgt von ErzieherInnen (123), Dipl. PädagogInnen (95), sonstigen Hochschulabsolventen (123) und sonstigen Mitarbeitern mit pädagogischen Kurzausbildungen (362).

Quellen/Literatur

Beywl, W. u.a.: Evaluation im Alltag. Jugendverbände untersuchen ihre Wirkungen, Weinheim/München 2003
Böhnisch, L., Münchmeier, R.: Wozu Jugendarbeit? Orientierung für Ausbildung, Fortbildung und Praxis, Weinheim u. München 1999
Fauser, K. u.a.: Jugendliche als Akteure im Verband 2003
Giesecke, H.: Die Jugendarbeit, München 1980, 5. Auflage
Krafeld, F.J.: Geschichte der Jugendarbeit, Weinheim u. Basel 1984
Thimmel, A.: Pädagogik der Internationalen Jugendarbeit, Schwalbach/T. 2001
Thole, W.: Kinder- und Jugendarbeit, Weinheim 2002

5.1 Kirchliche Jugendarbeit

Die kirchliche Jugendarbeit hat eine lange Tradition. Formen der offenen Jugendarbeit finden wir bereits bei Don Bosco (1815–1888) in Turin oder bei Johann Hinrich Wichern (1808–1881) in Hamburg. Die kirchliche Jugendarbeit verläuft traditionell in Jugendverbänden, die auf Orts-, Kreis-, Landes-, Bundes- bzw. auf Pfarrei-, Dekanats- und Diözesanebene organisiert sind. Die Jugendverbände der beiden großen Kirchen in Deutschland haben Bundesorganisationen mit entsprechenden Untergliederungen.

Kirchliche Jugendarbeit

Bund der Deutschen Kath. Jugend (BDKJ) — Arbeitsgemeinschaft der Evang. Jugend (aej)

5.1.1 BUND DER DEUTSCHEN KATHOLISCHEN JUGEND (BDKJ)

Überblick

Der Bund der Deutschen Katholischen Jugend ist einer der größten von ca. 250 Jugendverbänden in Deutschland. Der 1947 gegründete Dachverband vertritt die Interessen von 16 eigenständigen Kinder- und Jugendverbänden und ihren rund 500.000 Mitgliedern. Die Mitgliedsverbände sind auf den Ebenen Pfarrei, Dekanat und in 26 Diözesen organisiert.

Abbildung: Die Struktur des BDKJ

Aktion West-Ost (AWO)	Bund Christlicher Jugendgruppen (BJG)	Jugend des Berufsverbandes katholischer Arbeitnehmerinnen in der Hauswirtschaft (BKH)	Christliche ArbeitnehmerInnenjugend (CAJ)	Deutsche Pfadfinderschaft St. Georg (DPSG)
Gemeinschaften Christlichen Lebens [Mädchen und Frauen; Jungen und Männer] (CGL-MF, CGL-JM)	Bund junger Katholiken in Wirtschaft und Verwaltung (jung-KKV)	Katholische Junge Gemeinde	Katholische Landjugendbewegung	Kolpingjugend
Katholische Studierende Jugend (KSJ) [KS] Heliand-Mädchenkreis (KSJ-Heliand); KSJ Schülergemeinschaft im Bund Neudeutschland (KJS-ND)	Katholische Studierende Jugend Hochschulring im Bund Neudeutschland (KSJ-HSR)	Pfadfinderinnenschaft St. Georg (PSG)	Verband der wissenschaftlichen katholischen Studentenvereine UNITAS e.V. (UNITAS)	Quickborn-Arbeitskreis e.V. (Quickborn)

Quelle: Kampmann-Grünewald; Lahrmann 1999, S. 6

Als Dachverband vertritt der BDKJ die angeschlossenen Jugendverbände nach außen und versucht eine gemeinsame Wertgrundlage zu definieren, pädagogische Standards zu entwickeln und das Profil der Außendarstellung zu stärken.

> „Das gemeinsame Ziel im BDKJ besteht darin, Mädchen und junge Frauen, Jungen und junge Männer in ihrer personalen und sozialen Entwicklung und beim Entdecken, Formulieren und Vertreten ihrer spezifischen und gemeinsamen Interessen zu fördern. Dieses Ziel verwirklicht sich in der Erfahrung von Glauben und Freiheit, von Autonomie und Solidarität, in der Übernahme von Verantwortung, der Mitgestaltung der Kirche und im Einsatz für eine menschenwürdige Gesellschaft" (Kampmann-Grünewald 1999, S. 9).

KONZEPTE/ARBEITSFORMEN

Die pädagogische Arbeit in katholischen Jugendverbänden geschieht überwiegend in der Gleichaltrigen-Gruppe. Die Jugendgruppe, die sich wöchentlich trifft, ist der Kern der verbandlichen Arbeit. Allerdings reduziert sich das pädagogische Konzept der katholischen Jugendgruppen nicht auf die Gruppenstunde traditioneller Prägung mit Geselligkeit, Bildung, Selbstorganisation und Freiraum für jugendliche Verhaltensexperimente. Durch die Veränderungen in den Lebenswelten der Kinder und Jugendlichen, die durch fortschreitende Säkularisierung, Individualisierung und Wertepluralisierung gekennzeichnet werden kann, kommt es zu einer „Erosion des kirchlichen Milieus". Die natürlichen Zielgruppen kirchlicher Jugendarbeit schwinden, in den neuen Bundesländern können Jugendverbände nicht auf gewachsene Strukturen zurückgreifen und müssen neue Wege suchen. Mitgliedsverbände des BDKJ versuchen, sich zu öffnen für andere Modelle, experimentieren mit Projekten wie offene Beratungs-, Bildungs- und Kulturarbeit, suchen die Kooperation mit Schulen, initiieren Programme wie „Arbeit statt Sozialhilfe" für junge Menschen, richten Schülertreffs mit Hausaufgabenbetreuung oder Jugendinformationsmobile u.Ä. ein (vgl. BMFSFJ: Qualitätsprofile verbandlicher Jugendarbeit 1999).

BERUFSPROFILE DER PÄDAGOGISCHEN FACHKRÄFTE

Traditionell arbeiten kirchliche Jugendverbände mit ehrenamtlichen LeiterInnen. Pädagogische, jugendpolitische und rechtliche Schulung der GruppenleiterInnen in der Pfarrei war immer ein zentraler Bestandteil der kirchlichen Jugendarbeit. In den letzten Jahren wurde die Fortbildung der MandatsträgerInnen in den Mitgliedsverbänden des BDKJ intensiviert, theoretisches und praktischen Wissen über Motivation, Unterstützung und Begleitung (ehrenamtlicher) verbandlicher Leitungskräfte vermittelt (vgl. Kampmann-Grünewald 1999, S. 10). Die geistlichen Funktionsträger sind in der Regel kath. Priester und ReligionspädagogInnen, die Geschäftsführer und Bildungsreferenten SozialarbeiterInnen/ SozialpädagogInnen. Einige Verbände, z.B. die CAJ, arbeiten mit einem Freistellungsprinzip, d.h. die Leitungsverantwortung im Verband wird von Personen wahrgenommen, die für eine begrenzte Zeit aus dem Berufsleben der freien Wirtschaft aussteigen. Vielfach wird eine begleitende pädagogische Ausbildung als ErzieherIn absolviert. Zunehmend ist festzustellen, dass die Stellen der verbandlichen Funktionsträger von theologisch oder religionspädagogisch gebildeten Fachkräften besetzt werden.

Quellen/Literatur

BDKJ Journal (Sonderausgabe): 50 Jahre BDKJ, Düsseldorf 1997

Bundesministerium für Familie, Senioren, Frauen und Jugend: Qualitätsprofile verbandlicher Jugendarbeit, Bonn 1999

Börger, B., Kortmann, K. (Hrsg.): Ein Haus für junge Menschen. Jugendhaus Düsseldorf 1954–1994. Beiträge zur Geschichte der katholischen Jugendarbeit in Deutschland, Verlag Haus Altenberg 1994

Kampmann-Grünewald, A., Lahrmann, M.: Qualitätsprofile verbandlicher Jugendarbeit, in: BMFSFJ 1999, S. 6ff.

Kampmann-Grünewald, A.: Katholische Jugendverbandsarbeit – Qualitätsprofil und zukünftige Herausforderungen, in: BMFSFJ 1999, S. 8ff.

www.bdkj.de

5.1.2 ARBEITSGEMEINSCHAFT DER EVANGELISCHEN JUGEND IN DER BUNDESREPUBLIK DEUTSCHLAND E.V. (AEJ)

Überblick

Die Wurzeln der Evangelischen Jugendarbeit reichen bis ins 19. Jahrhundert. In dieser Zeit wurden bereits für alleinstehende und gefährdete Jugendliche Christliche Jugendvereine gegründet. Ab 1919 entstanden unter dem Einfluss der Jugendbewegung der „bündische Typ" der Evang. Jugendarbeit. Eine schmerzliche Zeit brach an, als 1933 zwischen dem Reichsbischof und dem Reichsjugendführer der Hitlerjugend ein Abkommen über die Zwangseingliederung der Evang. Jugend in die Hitlerjugend geschlossen wurde. Ein Teil der Vereinsjugendarbeit wurde als Gemeindejugendarbeit weitergeführt (vgl. aej: Jugend mit Zukunft 1999). 1949 wurde die „Arbeitsgemeinschaft der Evangelischen Jugend Deutschlands" gegründet, 1991 in „Arbeitsgemeinschaft der Evangelischen Jugend in der Bundesrepublik Deutschland e.V." (aej) umbenannt. Die aej stellt heute einen Zusammenschluss von 35 rechtlich selbstständigen Mitgliedsorganisationen und 12 Partnerorganisationen dar und repräsentiert mehr als 1.2 Mill. Kinder und Jugendliche (vgl. aej: Jugend mit Zukunft 1999). Zur aej gehören die Jugendwerke der Evangelischen Jugendverbände, wie z.B.:

- Arbeitsgemeinschaft Evang. Schülerinnen- und Schülerarbeit (AES),
- CVJM Gesamtverband in Deutschland e.V.,
- Deutscher Jugendverband Entschieden für Christus e.V. (EC),
- Arbeitsgemeinschaft MBK Missionarisch-biblischer Dienst unter Jugendlichen und Berufstätigen e.V.,
- Ring Missionarischer Jugendbewegungen e.V. (RM),
- Verband Christlicher Pfadfinderinnen und Pfadfinder (VCP) sowie die Jugendwerke der Evangelischen Freikirchen, wie:
- Jugendwerk der Evangelisch-methodistischen Kirche (EmK),
- Bund freier Evangelischer Gemeinden (KdöR),
- Gemeindejugendwerk des Bundes Evangelisch-freikirchlicher Gemeinden in Deutschland (GJW),
- Jugendarbeit der Evangelischen Brüder-Unität,
- Jugendwerk der Selbstständigen Evang. Lutherischen Kirche (SELK).

KONZEPTE/ARBEITSFORMEN

Die vielfältigen Mitgliedsorganisationen leisten ihre örtliche Jugendarbeit mit unterschiedlichen Schwerpunkten. Als gemeinsames Ziel formuliert die aej:

> „Evangelische Jugendarbeit lädt Kinder und Jugendliche ein zu Erfahrungen mit Kirche und Spiritualität, zur kreativen Entfaltung ihrer Persönlichkeit und ihrer Fähigkeiten und dazu, Leben zu lernen und Glauben zu leben. Lange Gespräche über Gott und die Welt in Gruppen und auf Freizeiten gehören genauso zur evangelischen Jugendarbeit wie die Interessenvertretung von Kindern und Jugendlichen im Sinne einer politischen Anwaltschaft" (aej: Jugend mit Zukunft 1999, ohne Seitenangabe).

BERUFSPROFILE DER PÄDAGOGISCHEN FACHKRÄFTE

Die aej repräsentiert 150.000 ehrenamtliche und rund 5.000 hauptberufliche MitarbeiterInnen. Die Aus- und Weiterbildung der ehrenamtlichen und hauptamtlichen Mitarbeiter in den Bereichen Pädagogik, Theologie und Glaubensbildung, Jugendbildung, Organisation und Management, Öffentlichkeitsarbeit sind feste Bestandteile der Verbandskonzepte. Die hauptamtlichen Mitarbeiter haben in der Regel eine Ausbildung als Theologen (PfarrerIn) oder in einer Doppelqualifikation als SozialpädagogIn/SozialarbeiterIn und Theologie bzw. Religionspädagogik (DiakonIn).

Quellen/Literatur

aej: Jugend mit Zukunft. Die Arbeitsgemeinschaft der Evangelischen Jugend in der Bundesrepublik Deutschland e.V. stellt sich vor, Hannover 1999
Schwab, U.: Evangelische Jugendarbeit, Stuttgart 2004
www.evangelische-jugend.de

5.2 JUGENDBILDUNGSSTÄTTEN

Überblick

Die Jugendbildungsstätten entstanden in Deutschland nach dem 2. Weltkrieg. Die ersten Einrichtungen dieser Art wurden als „Jugendhöfe" oder „Jugendgruppenleiterschulen" bezeichnet und dienten

zunächst primär der Ausbildungsarbeit der Jugendverbände. Anstöße dazu kamen durch die Re-Edukations-Bestrebungen der Jugendoffiziere der englischen und amerikanischen Besatzungsmächte, die „Multiplikatoren" für die Jugendarbeit ausbilden wollten (vgl. Giesecke 1980, S. 66/67).
Die primäre Bindung an die Jugendverbände ist weitgehend aufgehoben. Als Träger treten heute die Kirchen, Parteien, Gewerkschaften, Stiftungen, Kommunen auf.

Konzepte/Arbeitsformen

Jugendbildungsstätten verstehen sich heute als Einrichtungen der Jugendhilfe, die ein eigenes Jahresprogramm anbieten. Viele der Bildungsstätten setzen Schwerpunkte, bedingt durch die unterschiedliche Trägerschaft. So lassen sich folgende Bildungsschwerpunkte unterscheiden:

- kirchliche,
- politische,
- gewerkschaftliche,
- kulturelle,
- berufliche,
- sportliche,
- ökologische/gesundheitliche,
- internationale.

Jugendbildungsstätten unterscheiden sich von Jugendtagungsstätten, die sich als regionale oder überregionale Einrichtungen definieren und Tagungs-, Übernachtungs- Verpflegungsmöglichkeiten anbieten.

Berufsprofile der pädagogischen Fachkräfte

Jugendbildungsstätten arbeiten traditionell mit hauptamtlichen Fachkräften, die in der Regel einen Hochschulabschluss haben. Die Kinder- und Jugendhilfestatistik vom 31.12.1998 weist unter den Merkmalen Kulturelle Jugendbildung/Außerschulische Jugendbildungsarbeit 7.910 pädagogische Mitarbeiter aus, davon sind 1.205 SozialarbeiterInnen/SozialpädagogInnen, 724 Dipl. PädagogInnen, 725 ErzieherInnen, 637 LehrerInnen und 809 mit sonstigen Hochschulabschlüssen. Die Statistik unterscheidet bei den Angaben nicht zwischen Mitarbeitern der Jugendbildungsstätten und Jugendbildungsreferenten der Jugendverbände, der hohe Anteil der Hochschulabsolventen ist aber trotzdem aufschlussreich.

Quellen/Literatur

Lexikon der politischen Bildung. Außerschulische Jugendbildung und Erwachsenenbildung, Wochenschau-Verlag 1999
Giesecke, H.: Die Jugendarbeit, München 1980, 5. Aufl., S. 66–79
www.jugendbildung.de

6. Jugendtourismus

Petra Erne-Herrmann

Von unterschiedlichen Veranstaltern werden Freizeitaktivitäten für Kinder und Jugendliche angeboten. Sie haben das Ziel, den Kindern/ Jugendlichen Spaß zu bereiten und ihnen eine angenehme, erlebnisreiche Zeit zu bieten.
Die Veranstalter gehen von der Lebenssituation heutiger Kinder aus (wenig Spielraum, verinselte Lebenswelt, Überflutung mit Konsum und Medien, Überforderung durch die Schule usw.) und bieten ihnen dazu einen Ausgleich an.

6.1 Animation

Überblick

„Animieren" (lat.) bedeutet: anregen, ermuntern, ermutigen, anreizen, in Stimmung versetzen, Lust zu etwas erwecken (Duden, Das Fremdwörterbuch).
In der vorindustriellen Gesellschaft wurde zwischenmenschliche Kooperation auf natürliche Weise bewirkt – sie war zur Selbsterhaltung wichtig. In unserer modernen Welt, in der viele Menschen eng aufeinander leben und Urlaub in Ferienanlagen gebucht wird, braucht Kommunikation, Kooperation und die Gestaltung der freien Zeit „künstliche" Anregung. Die Animation hat ihren Ursprung in Frankreich um die Jahrhundertwende (vgl. Koch in Opaschowski 1981, S. 84).
Laut aktueller Reiseanalyse von 1999 haben 3,4 Mill. Bundesbürger Interesse an einem Cluburlaub. Bevorzugt buchen ihn:

- Jugendliche zwischen 14 und 19 Jahren,
- Singles zwischen 25 und 49 Jahren,
- junge Familien mit Kindern

(vgl. Müller 1997, Kapitel 2.10, S. 13).
Reiseveranstalter bieten als Service während der Zeit des Aufenthalts am Urlaubsort Animation an.

Ziele der Animation:

- den Gästen einen optimalen Service anbieten;
- jeden Teilnehmer bei seinen Interessen, Neigungen und Fähigkeiten abholen und ihm helfen, seine Bedürfnisse und Interessen zu erkennen und sie später allein umzusetzen;
- für eine kommunikative, unterhaltsame Atmosphäre sorgen, Kontakte vermehren und intensivieren;
- eine abwechslungsreiche Urlaubsgestaltung bieten und intensive Urlaubserlebnisse vermitteln;
- Anregungen für die Freizeit zuhause bieten;
- Impulse geben, Neugier wecken, motivieren.

Animation findet statt:

- in Ferien-/Clubanlagen,
- in Hotels,
- in Freizeitparks,
- auf Campingplätzen.

Es gibt:

- Betreuung und Animation nur für Kinder bzw. Jugendliche,
- Animation für Familien,
- Animation nur für Erwachsene.

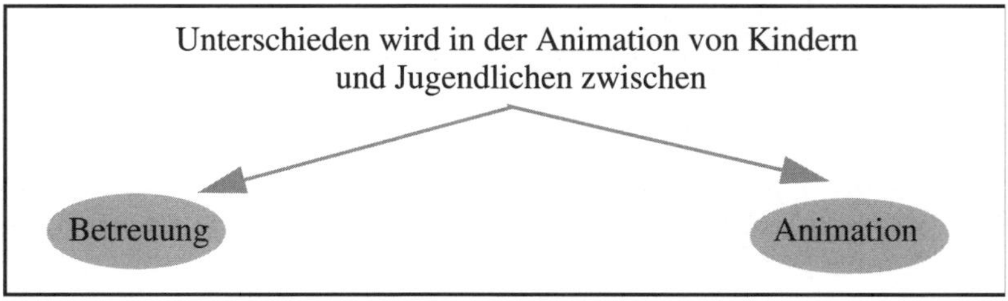

Animation ist freiwillig; es wird eingeladen oder freundlich aufgefordert. Die Einsatzdauer der sozialpädagogischen Fachkräfte ist unterschiedlich und richtet sich nach den Saisonzeiten (oft von März bis Oktober), einige Anlagen sind ganzjährig geöffnet, manche haben eine Sommer- und eine Wintersaison (z.B. Österreich und Schweiz).
Die Betreuer wohnen in der Anlage, sie bekommen ein Gehalt von ca. 600,– bis 1.000,– Euro brutto im Monat; Unterkunft und Verpflegung sind frei, der Flug wird vom Veranstalter bezahlt.

Die Arbeitszeit ist sehr unterschiedlich, je nach Veranstalter, allen gemeinsam ist eine 6-Tage-Woche und Arbeitszeiten oft bis in die Nacht hinein.

Konzepte/Arbeitsformen

Ein Schwerpunkt liegt in den Bereichen Sport und Spiel. Die Teilnehmer sollen Spaß haben und die Möglichkeit, neue Sportarten oder andere Freizeitangebote auszuprobieren.
Aktivitäten können sein: Mitmach-Zirkus, Schatzsuche, Indianer- oder Piratenlager, Kinderolympiade, Strandspiele, Wasserspaß, Strandpartys, Entdeckungsreisen, Kostümfeste, Detektivspiel usw., aber auch Streetball, Beachsoccer, Tennis, Surfen, Inline-Skating, Ralleys und andere sportliche Herausforderungen. Ferner finden Ausflüge statt, die von den Animateuren organisiert werden.
Wenn die Kinder betreut werden, sind sie nach Alter in Gruppen eingeteilt (in etwa: 4 bis 7 Jahre, 8 bis 12 Jahre und 13 bis16 Jahre), um das Programm besser gemäß den Interessen der Kinder gestalten zu können.
Am Abend finden häufig Shows, Discos oder Nacht-Aktionen statt. Die Animateure bereiten Auftritte bei diesen Veranstaltungen im Laufe des Tages mit ihrer Gruppe vor oder sie treten selbst mit Einlagen auf. Bei Discos übernehmen sie das Amt des Disjockeys.

Der Tagesablauf kann ungefähr so aussehen:

9.00 Uhr	Team-Meeting
10.00 Uhr	Programmansage, anschließend Beginn der ersten Tagesprogramme
12.30 Uhr	Mittag
13.00 Uhr	Kurz-Meeting mit dem Team, evtl. Proben für die Abendshow
17.30 Uhr	Ende des Nachmittagsprogramms
20.00 Uhr	Mini-Disco für die Kinder, Vorbereitung des Abendprogramms
21.30 Uhr	Showbeginn. Nach Ende der Show aufräumen, danach Gästekontakte.
24.00 Uhr	Ende der Anwesenheitspflicht.

vgl. www.animation.de

BERUFSPROFIL DER PÄDAGOGISCHEN FACHKRÄFTE

Voraussetzungen sind meist ein mittlerer Bildungsabschluss und eine abgeschlossene Berufsausbildung, bevorzugt im pädagogischen oder sportlichen Bereich. Das Mindesteinstellungsalter liegt je nach Veranstalter zwischen 20 und 22 Jahren und endet bei ca.30 Jahren.
Erforderlich sind Fremdsprachenkenntnisse und Begabungen bzw. Kenntnisse in den Bereichen Sport, Tanz, Theater u.a. Erfahrungen in der Kinder-/Jugendarbeit und/oder im sportlichen Bereich werden oft erwartet. Die sozialpädagogische Fachkraft muss unabhängig, belastbar, teamfähig, kontaktfreudig, organisationsstark, verantwortungsbewusst, selbstständig, spontan, kreativ, sportlich und flexibel sein, ein gepflegtes Äußeres, gute Umgangsformen und gute Allgemeinbildung haben. Wenn man sich für eine Stelle als Animateur bewirbt wird man vom Veranstalter zu einem Casting eingeladen. Es wird Rhetorik, Flexibilität, Teamfähigkeit, Spontaneität u.a. getestet. Aufgrund des Castings wird über eine Einstellung entschieden. Bevor man als Betreuer/ Animateur eingesetzt wird, muss man beim Veranstalter eine Schulung ableisten.
Auch im Bereich der Personalschulung und des Personaltrainings bestehen Arbeitsfelder für sozialpädagogische Berufe. Diese beinhalten die Organisation und Durchführung von Schulungen für neue Mitarbeiter bis hin zur Organisation von workshops und Fortbildungsveranstaltungen für Animateure. Häufig (aber natürlich nicht immer) sieht die Karriereleiter so aus:

Teamtrainer
↑
Teamchef
↑
Assistent(-in)/stellvertretende(r) Teamchef(-in)
↑
Leiter(-in) im Fachbereich Animation
↑
Animator(-in) – Einsteiger(-in) mit Ausbildung
↑
Animateur(-in) – Einsteiger(-in) ohne Ausbildung

Quelle: www.animation.de

Quellen/Literatur

Opaschowski, H.W.: Methoden der Animation – Praxisbeispiele, Regensburg 1981
Müller, W. (Hrsg): Kinder- und Jugendfreizeiten, Landsberg am Lech 1997
www. animation.de

6.2 JUGENDREISEN

Der Jugendreisemarkt ist nicht neu. Im 18. Jahrhundert reisten die Söhne und Töchter reicher Aristokraten, um sich zu bilden. Ende des 19. Jahrhunderts fanden, unter dem Gesichtspunkt der Gesundheitspflege für Kinder der Unterschicht, erste Jugendfahrten statt.
Nach dem Krieg (50er Jahre) sorgten die Jugendferienwerke dafür, dass 10- bis 17-Jährige auf Reisen gehen konnten. Sie dienten der körperlichen, geistigen und seelischen Erholung und fanden i.d.R. im Inland statt (Nord- und Ostsee, Schwarzwald, Allgäu). Seit den 60er Jahren boomt das Jugendreisen.

Überblick

Veranstaltet werden Jugendreisen hauptsächlich von:

- kommerziellen Reiseveranstaltern,
- von Verbänden (BDKJ, Pfadfinder, Sportverbände, Gewerkschaften u.a.),
- von Wohlfahrtsverbänden (AWO, DRK u.a.),
- von Ferienwerken.

Knapp 80 % der Jugendlichen zwischen 14 und 19 Jahren verreisen im Durchschnitt 1,3 mal im Jahr. 73,3 % davon reisen ins Ausland, bevorzugt in die Mittelmeerregion mit Spanien an der Spitze (vgl. FUR Reiseanalyse 1998 in: Müller 1997 Kapitel 2.3, S. 3). Folgende Tabelle differenziert es noch genauer:

Tabelle: Anzahl der Ferienreisen pro Jahr (Angaben in %)

	1	2	3	4 und mehr
Jugend bis 20 Jahre	41	39	16	4
21 bis 25 Jahre	66	25	9	
Nicht-Jugend	53	33	11	3

Basis: Alle Befragten, Quelle: LEIF-Studie REISEBAROMETER ’95,
in: Korbus u.a. 1997, S. 225

Zielgruppe der Jugendreiseveranstalter sind Jugendliche, die nicht mit ihren Eltern in Urlaub fahren können oder wollen, aber alleine noch nicht dürfen oder wollen.
Da die Deutschen in Europa an der Spitze der Reisefreudigkeit stehen, sind auch Jugendliche nicht mehr reiseunerfahren und stellen entsprechende Ansprüche. Die Jugend ist kritisch und konsumerfahren, sie erwartet einen gewissen Standard und möchte ernst genommen werden. Sie wissen was sie wollen und können es sich leisten. 70 % der Jugendreisen gehen ins Ausland.

> „Wurden Jugendreisen bis in die achtziger Jahre hinein fast ausschließlich mit dem Bus und in Form von Camping angeboten, so veränderte sich das Bild in den neunziger Jahren zunehmend. Hotelreisen wurden bei den jugendlichen Kunden immer beliebter, und das beschwerliche Verkehrsmittel ‚Bus' wurde immer öfter gegen das Flugzeug eingetauscht. Die Jugendlichen von heute sind reiseerfahrener als noch vor 10 Jahren. Der Standard, der mit den Eltern im Urlaub erlebt wird, soll bei einer Jugendreise ebenfalls vorhanden sein, gepaart mit Freiheit und Abenteuer" (Müller 1997 Kapitel 2.10, S. 3).

- Die Reisen dauern i.d.R. zwei bis vier Wochen.
- Die Hauptaltersspanne der Jugendlichen liegt zwischen 12 und 21 Jahren, es gibt auch Veranstalter, die Reisen bis 28 Jahren anbieten. Kinderreisen beginnen mit dem Schulalter.
- Die Gruppengröße variiert mit dem Alter und liegt bei 6 bis 15 Kindern/ Jugendlichen pro Teamer.
- Die Jugendlichen wohnen in Hotels, Appartements, Camps oder Clubdörfer.

KONZEPTE/ARBEITSFORMEN

Die Ziele von Jugendreisen sind sehr unterschiedlich:

- Völkerverständigung, globales Denken, europäische Einigung, politische Bildung, interkulturelles Lernen;
- Umweltschutz, ökologische Orientierung;
- Impulse zum gesellschaftlichen Engagement;
- Umgang mit sich selbst;
- „touristisches Lernen";
- Spaß, Strand, Sonne, Action.

Aufgaben des Jugendreiseleiters:

- Die Jugendlichen ernst nehmen und demokratisch an Entscheidungen beteiligen;

- das Lebensgefühl und die momentane Situation des Jugendlichen muss erfasst werden, damit neue Perspektiven aufgezeigt werden können;
- eine Lebensgemeinschaft auf Zeit schaffen, in der aber auch Erfahrungen von Freiheit gemacht werden können;
- Gesprächsbereitschaft signalisieren, auf die Jugendlichen zugehen;
- Angebote, Animation;
- Ausflüge, Exkursionen organisieren;
- Abenteuer und Erlebnis vermitteln;
- Förderung des sozial- und umweltverträglichen Tourismus;
- Empathie mit Menschen anderer Kulturen und den multikulturellen Aspekt vermitteln.

Am wichtigsten ist für die Jugendlichen das soziale Klima und dies wiederum hängt stark von den Reiseleitern ab. Des Weiteren sind folgende Faktoren wichtig:

- Es muss viel los sein;
- Ferienort und Strand müssen in unmittelbarer Nähe sein;
- die Erlebnisse müssen Prestigewert besitzen;
- Sportangebote müssen schnell erlernbar sein;
- Musik und „Dancefloor“ sind ein ‚Muss‘;
- authentisches Ambiente, keine „Kunstwelten“;
- Flexibilität und Freiheiten bei der Auswahl von Angeboten;
- Gruppenerlebnisse in der Ferienclique;
- kennenlernen anderer Gleichgesinnter, Flirten, Spaß haben;
- günstiges Preisgefüge;
- jugendgerechte, dezente Animation (Müller 1997 Kapitel 2.10, S. 2).

Für den Anbieter ist es wichtig ständig up-to-date zu sein, was Jugendkultur und -trends betrifft. Sie verkaufen „Adventure-Touren“, „Segelturns“, „Erlebnis-Eventreisen“, „Beach-holidays“ usw. Trendsportarten sind ein „must“(Wasserski, Surfen, Tauchen, Rafting, Canyoning, Kanufahren, Flusstrekking, Höhlenbiwak usw.).
Anbieter von Jugendreisen haben ihr Marketing dahingehend ausgerichtet, jedoch ist ein Unterschied auszumachen zwischen kommerziellen und gemeinnützigen Veranstaltern. Bei den gemeinnützigen Jugendreiseveranstaltern steht der pädagogische Aspekt noch stärker im Mittelpunkt, wobei kommerzielle Veranstalter sich hierzu auch Gedanken machen.

„Wolfgang Nahrstedt betont, dass der Vormarsch des kommerziellen Jugendtourismus eine offensive pädagogische Antwort und damit eine neue Pädagogik des Jugendreisens erfordert. Das Verhältnis von Didaktik und Marketing ist zu thematisieren. Wird die Pädagogik kommerzialisiert, gilt es, die Ökonomie zu pädagogisieren. Das verlangt eine intensivere erziehungswissenschaftliche Auseinandersetzung mit dem Markt und eine stärkere Profilierung von (Diplom-)Pädagogen für Führungsaufgaben in marktorientierten Unternehmen wie z.B. dem Jugendtourismus" (Korbus u.a. 1997, S. 21).

Abbildung: Didaktische Dialektik: Ebenen der Vermittlung von Didaktik und Marketing

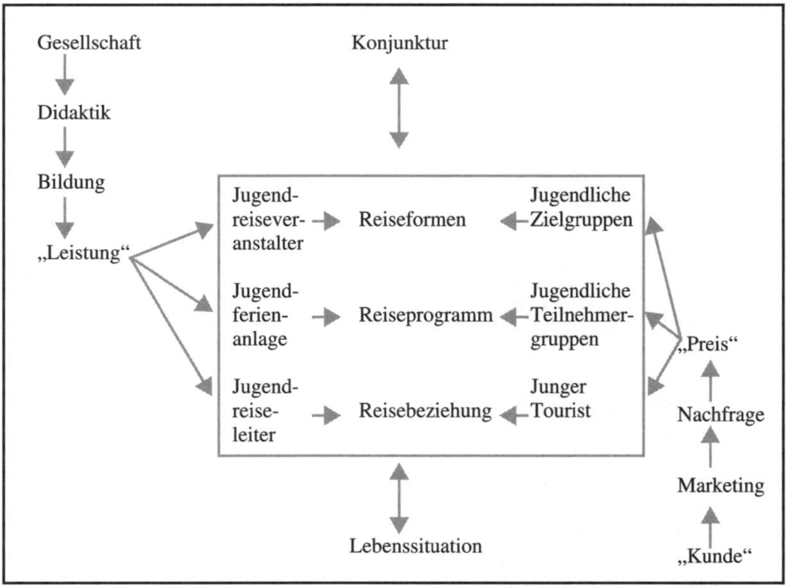

Quelle: Korbus u.a 1997, S. 294

Während den Jugendlichen Freiheit, Abenteuer, Spaß wichtig ist, legen die Eltern Wert auf Dinge wie: zuverlässige, fachlich kompetente Betreuung,
Sicherheit, ausgewogene Ernährung, Kulturprogramm usw. Dies muss vom Veranstalter berücksichtigt werden, da die Eltern meist die Reisen bezahlen und daher mitentscheiden.

Zu den Aufgaben der Organisatoren von Jugendreisen gehören:

- Buchung der Unterkünfte,
- Organisation der Verpflegung,

- Organisation der Anreise,
- Prospekte/Werbung,
- Kalkulation,
- Casting und Schulung der Reiseleiter/Teamer,
- Programm vor Ort,
- Nachbereitung/Auswertung der Freizeit.

Berufsprofile der pädagogischen Fachkräfte

Der Arbeitsmarkt im Bereich Tourismus ist bunt und uneinheitlich. Es gibt hier sehr viele Quereinsteiger aus allen möglichen Berufsfeldern.

In der Organisation von kommerziellen Jugendreiseveranstaltern arbeiten vereinzelt Sozialpädagogen, Sozialarbeiter und Diplompädagogen, wogegen sie bei gemeinnützigen Reiseveranstaltern häufiger vertreten sind; jedoch sind sie meist nicht ausschließlich für den Bereich „Reisen" zuständig, sondern decken noch andere Aufgabenfelder ab. Verbände und Wohlfahrtsverbände arbeiten überwiegend mit ehrenamtlichen Teamern/Reiseleitern. Häufig sind das Studierende und Studenten von Fachschulen, Fachhochschulen und Unis, die sich diese Tätigkeit als Praktikum anrechnen lassen.

Die Reiseleitung von kommerziellen Veranstaltern übernehmen meist Saisonkräfte aus allen möglichen Berufen – auch aus sozialpädagogischen. Die Jugendreiseleiter sollten zwischen 21 und 30 Jahre alt sein, oft wird ein mittlerer Bildungsabschluss oder Abitur und eine abgeschlossene Berufsausbildung verlangt. Fremdsprachenkenntnisse werden vorausgesetzt, häufig auch ein Rot-Kreuz- und/oder ein DRLG-Schein.

Reiseleiter sind rund um die Uhr Ansprechpartner für die Jugendlichen und sie haben bei Minderjährigen die Aufsichtspflicht. Sie müssen die Interessen der Teilnehmer unter einen Hut bekommen, aber auch die Interessen der Eltern wahren, dazu ist selbstständiges Arbeiten, Belastbarkeit, soziale Kompetenz und Teamfähigkeit Voraussetzung.

Bewerber durchlaufen ein Auswahlverfahren, wenn sie eingestellt werden bekommen sie eine Schulung vom Veranstalter. Diese beinhaltet Sachkenntnisse über rechtliche Fragen, Animation, medizinische Aspekte, Reisetechnik, Länderkunde und pädagogische Probleme.

Quellen/Literatur

Giesecke, H., Keil, A., Perle, U.: Pädagogik des Jugendreisens, München 1967
Korbus, T., Nahrstedt, W., Porwol, B., Teichert, M.: Jugendreisen – Vom Staat zum Markt. Analysen und Perspektiven, Bielefeld 1997
Müller, W. (Hrsg): Praxishandbuch Kinder- und Jugendreisen, Landsberg am Lech 1997

6.3 FREIZEITMASSNAHMEN

Überblick

Freizeitmaßnahmen in der heutigen Form gibt es, wie die Jugendreisen, seit der Nachkriegszeit. Früher dienten sie der Erholung der Kinder, heute werden sie überwiegend von Eltern gebucht, denen es nicht möglich ist, in Urlaub zu fahren, oder die einen Teil der Ferien arbeiten müssen und so das Betreuungsproblem lösen.
Freizeitmaßnahmen sind kostengünstiger als Jugendreisen, da sie in der Region stattfinden.

Sie werden angeboten von:

- kommerziellen Veranstaltern,
- Jugendverbänden (z.B. BDKJ),
- freien und kommunalen Trägern (z.B. Jugendamt).

Sie finden statt in:

- Waldheimen,
- Schulen,
- Zeltlagern,
- Waldplätzen u.a.

Freizeitmaßnahmen dauern i.d.R. zwei bis vier Wochen. Entweder gehen die Kinder abends heim oder sie übernachten in der Zeit vor Ort. Die Kinder sind i.d.R. zwischen 7 und 14 Jahre alt und in altershomogene Gruppen aufgeteilt.
In größeren Städten gibt es Stadtranderholungen, die von den jeweiligen Städten oder regionalen Verbänden organisiert werden. Die Kinder werden morgens eingesammelt (an Bushaltestellen, S-Bahn, U-Bahn, Straßenbahnstationen), den Tag über laufen Angebote und Aktivitäten und am Abend werden sie von ihren Eltern an den jeweiligen Stationen wieder abgeholt.

In Zeltlagern wohnen die Kinder meist über die ganze Zeit. Die Zelte umfassen jeweils ca. sechs bis zehn Kinder (je nach Alter). Sie werden von einem „Teamer" über die ganze Zeit betreut.

Konzepte/Arbeitsformen

Ziel ist es, den Kindern/Jugendlichen eine angenehme Zeit zu bereiten, daher wird viel Wert auf interessante, altersentsprechende Aktivitäten gelegt.
Angebote können sein: Volleyballtournier, Ralley, Geländespiele, Lagerolympiade, Surviveltour, Indianer-, Piraten- oder Hexentag, Lagerfeuer, Angebote wie töpfern oder bodypainting usw.
Es wird immer mehr dazu übergegangen, projektorientiert zu planen, d.h. die gemeinsame Zeit wird unter ein Motto gestellt.

Leitungsaufgaben bei der Betreuung einer Freizeitmaßnahme:

- Suche und Auswahl des Personals (päd. Kräfte, Küchenkräfte, organisatorische Kräfte, medizinische Kräfte usw.). Meist wird mit ehrenamtlichen Kräften gearbeitet.
- Vorbereitung und Durchführung von Schulungen und Vor- und Nachbereitungstreffen.
- Erarbeitung von Teamabsprachen und Aufgabenteilungen.
- Leitung des Teams und des Betreuungsprogramms.
- Sicherstellung der Programmplanung, -vorbereitung und -durchführung und der Aufsichtspflicht.
- Interner Seelsorger.
- Sicherstellung der Einhaltung von Regeln und der Hausordnung.
- Verwaltung des Geldes.
- Vertretung der Maßnahme nach innen und außen.
- Verantwortung für die Elternarbeit (vgl. Müller 1997 Kapitel 2.8 S. 18f).

Aufgaben der Betreuungskräfte

- Mitarbeit bei den Teamtreffen zur Aufgabenverteilung und für weitere Absprachen, Teilnahme an den Teamsitzungen, Mitarbeit bei den Vor- und Nachbereitungstreffen.
- Mitarbeit bei der Materialbeschaffung.
- Vorbereitung, Durchführung und Nachbereitung von Programmangeboten.

- Einhaltung der Aufsichtspflicht und der aufgestellten Regeln.
- Betreuung der zugewiesenen Kinder.
- Ansprechpartner sein für die eigene Gruppe (vgl. Müller 1997 Kapitel 2.8, S. 21).

BERUFSPROFILE DER PÄDAGOGISCHEN FACHKRÄFTE

Wenn die Freizeitmaßnahmen von Verbänden und Wohlfahrtsverbänden organisiert werden, sind häufig SozialarbeiterInnen, SozialpädagogInnen, Diplompädagogen/Innen oder ReligionspädagogInnen für die Maßnahme verantwortlich, jedoch, wie beim Jugendreisen, auch noch für andere Aufgabenfelder zuständig. Vereinzelt gibt es hier auch Stellen für ErzieherInnen, Jugend- und HeimerzieherInnen und HeilpädagogInnen.
Teamer sind ebenfalls häufig aus sozialpädagogischen Berufsfeldern, jedoch kann man hier nicht von einem Arbeitsplatz sprechen, da sie (von einem kleinen Taschengeld abgesehen) ehrenamtlich arbeiten. Häufig wird auch hier die Teamertätigkeit von Studierenden und Studenten für ein Praktikum genutzt.
Sowohl für die Teamertätigkeit als auch in der Leitung einer Freizeit ist Belastbarkeit, Flexibilität, soziale Kompetenz und Teamfähigkeit wichtig. Oft treten unvorhergesehene Störungen auf, die es zu bewältigen gilt, es müssen Gruppenprozesse und persönliche Probleme Einzelner begleitet werden.
Die Schulungen der Fachkräfte führen die hauptamtlichen Mitarbeiter der Träger durch oder es werden Honorarkräfte eingesetzt.

Quellen/Literatur

Breucker, A.: Ferien, Freizeit, Abenteuer. Handbuch für Ferienfreizeiten, Münster 1992

Müller, W. (Hrsg): Praxishandbuch Kinder- und Jugendfreizeiten, Landsberg am Lech 1997

Schilling, J.: Planung von Ferienlagern und Freizeiten, München 1981

6.4 Internationale Jugendbegegnungen

Überblick

In Deutschland fanden um 1950 die ersten internationalen Jugendbegegnungen statt. Ziel war die Pflege von Kriegsgräbern (z.B. in Frankreich), aber auch der Aufbau von Kontakten zu den europäischen Nachbarn und nicht zuletzt ging es den Deutschen darum, im Ausland wieder um Vertrauen zu werben. Der Versöhnungsaspekt stand im Zentrum.
1963 wurde das Deutsch-Französische Jugendwerk gegründet, 1991 das Deutsch-Polnische. Es finden ferner staatlich unterstützte Kontakte mit Israel, den USA, Japan und vielen mittel- und osteuropäischen Staaten statt.

Organisiert werden internationale Jugendbegegnungen von:

- Jugendverbänden und -organisationen,
- internationalen Jugendreisediensten,
- den zwei Jugendwerken (Deutsch-Französisch und Deutsch-Polnisch).

Unterschieden werden drei Formen:

- Die klassische Begegnung
  Jugendliche verschiedener Nationen leben für einige Zeit zusammen und führen gemeinsam ein Programm durch (entweder freizeitorientiert oder themenorientiert).
  Hierzu gehören z.B. die workcamps. Die Teilnehmer eines workcamps arbeiten mit anderen Teilnehmern aus aller Welt zwei bis vier Wochen in einem gemeinnützigen Projekt, das meist im sozialen oder ökologischen Bereich angesiedelt ist.
- Der binationale Jugendaustausch
  Eine Gruppe verbringt eine Zeit als Gäste bei einer ausländischen Partnergruppe (die Gäste wohnen oft in den Familien der Gastgeber). Vor Ort wird ein gemeinsames Programm absolviert. Zu einem anderen Zeitpunkt findet ein Gegenbesuch statt. Der Schüleraustausch mit den Partnerstädten findet so statt.
- Die länderkundlich orientierte Auslandsfahrt
  Eine Gruppe bereist ein anderes Land und besucht zeitweise eine Gastgebergruppe (Müller 1997 Kapitel 8.1, S. 5).

Internationale Jugendbegegnungen werden von den Kommunen, den Bundesländern, dem Bund und der EU gefördert.

KONZEPTE/ARBEITSFORMEN

Ziele der Jugendbegegnungen:

- Kompetenzerweiterung. Die Lebensbereiche heute werden stark von internationalen Entwicklungen beeinflusst (insbesondere innerhalb der EU). Dies reicht von Schule und Ausbildung bis hin zu Beruf und Freizeit. Dieses Europa muss vermittelt und erfahrbar gemacht werden.
- Andere Kulturen und Gesellschaftsordnungen kennen lernen und sich mit ihnen auseinander setzen.
- Soziales und politisches Bewusstsein wecken.
- Zur internationalen Völkerverständigung beitragen.
- Verständnis und Toleranz für das Fremde entwickeln.
- Eine neue Sprache kennen lernen.
- Unsicherheiten und Ängste abbauen.

Der Anspruch ist sehr hoch. Wichtig ist, dass spaß- und erlebnisorientierte Aspekte nicht zu kurz kommen, um eine pädagogische Überfrachtung zu vermeiden.

> „Das Interesse an Begegnungen steigt u.a. mit einem wachsenden Grad der formalen Bildung. Allerdings ist die Schulbildung nicht der allein bestimmende Faktor. Denn unabhängig davon scheint die Regelmäßigkeit von Reisen und eine damit verbundene zunehmende Länderkenntnis das Interesse an interkultureller Begegnung ebenfalls zu fördern" (Müller 1997 Kapitel 8.1, S. 2).

Für die Durchführung einer internationalen Jugendbegegnung sind folgende Aspekte wichtig:

- Arbeiten im internationalen Leitungsteam (Konfliktregelung, kritische Situationen usw.),
- Rahmenbedingungen (Hintergründe, institutionelle Zusammenhänge internationaler Jugendarbeit, Programmausschreibung und Vorinformationen, Unterkunft),
- Verständnis/interkulturelles Lernen, Arbeiten und Zusammenleben,
- Kommunikation (Sprachtraining, Dolmetscher),
- Didaktik (Programmstrukturen, Teilnehmererwartungen, -orientierung und -aktivierung, angemessene Konzepte interkultureller

Pädagogik zwischen Selbst- und Fremdwahrnehmung der Teilnehmer),
- Gruppendynamik,
- Methoden (Motivierung, Animation, Spiel, Sport, Bewegung, atmosphärische Gestaltung),
- Finanzierung, rechtliche Aspekte, Versicherung,
- landeskundliche Kenntnisse,
- nationale und persönliche Identität der Teilnehmer (Umgang mit Vorurteilen, Ethnozentrismus),
- Leitungskompetenz (Rolle, Moderation und Präsentation, Gesprächsführung, Umgang mit Zeit, Methoden der Reflexion).

Berufsprofile der pädagogischen Fachkräfte

In den Organisationen der Veranstalter von internationalen Jugendbegegnungen sind, neben vielerlei verschiedenen Berufsgruppen, auch Sozialpädagogen, Sozialarbeiter und Diplompädagogen beschäftigt.
Es gibt ebenfalls Stellen für sozialpädagogische Fachkräfte, z.B. in den workcamps. Gruppenreisen werden oft auch hier von ehrenamtlichen Kräften geleitet. In der Schulung dieser Ehrenamtlichen werden z.T. wiederum sozialpädagogische Fachkräfte eingesetzt.
„Begegnungsteamer" sollten mindestens 18 Jahre alt sein, gute Sprachkenntnisse des Reiselandes und pädagogische Kenntnisse und Fähigkeiten besitzen, ferner sind landeskundliche Kenntnisse wichtig. Sie brauchen ein großes Organisationstalent, Verantwortungsbereitschaft, Team- und Dialogfähigkeit, Engagement und sie sollten Grenzen, Über- und Unterforderung der Teilnehmer erkennen und flexibel reagieren können.

Quellen/Literatur

Friesenhahn, G.: Praxishandbuch Internationale Jugendarbeit, Wochenschau Verlag 2001

Korbus, T., Nahrstedt, W., Porwol, B., Teichert, M.: Jugendreisen. Vom Staat zum Markt. Analysen und Perspektiven, Bielefeld 1997

Müller, W. (Hrsg): Praxishandbuch Kinder- und Jugendfreizeiten, Landsberg am Lech 1997

7. Jugendsozialarbeit

Theodor Thesing

Überblick

Jugendsozialarbeit (§ 13 KJHG) bietet Hilfen für sozial benachteiligte junge Menschen in ihrer schulischen und beruflichen Bildung, sowie ihrer Eingliederung in Arbeitswelt und Gesellschaft.
Junge Menschen mit sozialen Benachteiligungen sind solche mit defizitärer Sozialisation in Familie, Schule, Ausbildung, Berufsleben oder sonstigem Lebensumfeld, so z.B. Haupt- und Förderschüler ohne Schulabschluss, Absolventen des Berufsvorbereitungsjahres (BVJ), Abbrecher von Maßnahmen der Arbeitsverwaltung, Ausbildungsabbrecher, Langzeitarbeitslose, junge Menschen mit gesundheitlichen, psychischen Einschränkungen, ausländische junge Menschen mit Sprachproblemen, aber auch vielfach Mädchen und junge Frauen mit eingeschränkten Berufschancen (vgl. Gögercin 1999, S. 101).
Maßnahmen der Jugendsozialarbeit finden wir bereits im 19. Jahrhundert, auch wenn sie damals noch nicht so bezeichnet wurden, als Folge der Industrialisierung verbunden mit Landflucht, Verstädterung, Verlust der familiären Bindungen, Arbeits- und Perspektivlosigkeit junger Menschen. Christliche Personen und Organisationen, wie z.B. Adolf Kolping (1813–1865) mit seinen Gesellenvereinen, Don Giovanni Bosco (1815–1888) mit seinen Oratorien in Italien und Johann Hinrich Wichern (1808–1881) im Rauhen Haus in Hamburg, schufen Orte des Wohnens, der Erziehung, Bildung und Berufsausbildung für benachteiligte Jugendliche.
Jugendsozialarbeit vollzieht sich heute als flankierende Hilfe auf dem Weg zum Beruf und zur gesellschaftlicher Integration als

- Jugendberufshilfe,
- Jugendwohnen,
- Eingliederungshilfe,
- Hilfe zur Erziehung,
- Bildungs- und Freizeithilfe (vgl. Gögercin 1999, S. 19).

Jugendberufshilfe

Zur Jugendberufshilfe gehören Maßnahmen der beruflichen Vorbereitung, Ausbildung, Fortbildung und Umschulung, z.B. in berufsvorbereitenden Lehrgängen, in motivierenden und stabilisierenden Maßnahmen für junge Arbeitslose, Berufsausbildung in außerbetrieblichen Ausbildungsstätten, in Berufsbildungswerken für körperbehinderte oder lernbehinderte Jugendliche, in Beschäftigungsprojekten (vgl. Gögercin 1999, S. 16).

Jugendwohnen

Da viele Maßnahmen der beruflichen Rehabilitation regional zentral angeboten werden, sind diese vielfach mit einem Wohnangebot verbunden. Ziel des Jugendwohnens im Rahmen der Jugendsozialarbeit ist, ein soziales Trainingsfeld für selbstständiges und selbstverantwortetes Leben, neben Schule und Berufsausbildung, zu bieten. Hierzu gehören traditionell Jugendwohnheime, inzwischen aber auch betreute Wohngruppen, Wohngemeinschaften, Jugendpensionen und Jugendhotels. Gögercin (1999, S. 16) geht davon aus, dass in Deutschland ca. 33.000 Wohnplätze dieser Art zur Verfügung stehen. Er unterscheidet zwischen:

- offenen Jugendwohnheimen,
- maßnahmenbezogenen Jugendwohnheimen (Berufsinternate),
- multifunktionalen Jugendwohnheimen (Mehrzweckeinrichtungen),
- Sonderjugendwohnheimen (in Zusammenarbeit mit Hilfen zur Erziehung).

Eingliederungshilfe

Die Eingliederungshilfe wendet sich an junge Menschen, die vertrieben, auf der Flucht oder als Familienmitglieder ausländischer Arbeitnehmer in Deutschland leben und ohne zusätzliche Integrationshilfen Gefahr laufen, ins gesellschaftliche Abseits gedrängt zu werden.
„Hierzu gehören viele häufig seit rund 50 Jahren bestehenden Einrichtungen wie die offenen Gemeinschaftswerke für Aussiedler, Flüchtlinge und Zuwanderer als besondere Beratungs- und Betreuungseinrichtungen und die auf Integration angelegten Dienste für Kinder und Jugendliche aus Familien ausländischer Arbeitnehmer sowie Kontingentflüchtlinge aus Ostasien, ebenso auch Förderschulen, Förderklassen, Förderschulinternate und Intensivsprachkurse sowie die ihnen

zugeordneten Wohnheime der Jugendsozialarbeit" (Gögercin 1999, S. 17). Zum Gelingen der Integration tragen wesentlich Sprachkurse, Selbstsicherheitstraining, individuelle Beratung, möglichst durch einen Betreuer des Herkunftslandes, Begleitung bei der Lehrstellensuche, Kontakte mit Jugendlichen des Ortes u.ä. bei.

Hilfe zur Erziehung

Vielfach reicht es bei benachteiligten Jugendlichen nicht aus, nur berufliche Bildung und einen Platz im Jugendwohnheim anzubieten, sondern es sind Entwicklungsdefizite aufzuarbeiten, spezifische Hilfen für Jugendliche mit Lernhinderungen bereitzustellen und, bei sozioemotionalen Störungen, ein therapeutisches Milieu für die Aufarbeitung dieser Probleme zu schaffen.

Bildungs- und Freizeithilfen

Hierzu gehören:

- Lehrgänge zum Nachholen von Schulabschlüssen,
- die Entwicklung eigener Formen berufsbezogener Bildung,
- Bildungsarbeit für bestimmte Zielgruppen berufstätiger Jugendlicher, z.B. Mädchen, Berufssuchende, Ausbildungsabbrecher, Aussiedler, Ausländer,
- Bildungsarbeit im Rahmen der Freizeitpädagogik der Jugendwohnheime und der offenen Jugendgemeinschaftswerke,
- Schulsozialarbeit (Gögercin 1999, S. 18).

Quellen/Literatur

Deutsches Jugendinstitut e.V.: Modellprogramm „Arbeitsweltbezogene Jugendsozialarbeit". Zwischenbilanz und Verzeichnis der Modellvorhaben, München 1996

Enggruber, R.: Gender Mainstream und Jugendsozialarbeit. Eine Expertise, Weinheim/München 2004

Gögercin, S.: Jugendsozialarbeit. Eine Einführung, Freiburg 1999

Richter, U.: Jugendsozialarbeit im Gender Mainstream. Gute Beispiele aus der Praxis, DJI München 2004

Gillich, S.: Profile von Streetwork und Mobiler Jugendarbeit. Antworten der Praxis auf neue Herausforderungen, Gelnhausen 2004

www.jugendbildung.de

7.1 JUGENDWOHNHEIM, BETREUTES WOHNEN

Überblick

Berufliche Hilfen für sozial benachteiligte junge Menschen verbunden mit Wohnangeboten reichen weit bis ins 19. Jahrhundert zurück (vgl. Kap. 7 Jugendsozialarbeit). Wohnheime dienten in ihrer frühen Form als Wohn- und Lebenshilfe für wandernde Teile der Bevölkerung. Das „Gesellenhospitium" oder „Gesellenheim" sind ein klassisches Beispiel für diese Zeit. Eine weitere Wurzel ist bei den Arbeiter- und Arbeiterinnenheimen, den Lehrlingsheimen sowie den Heimen für „weibliche Dienstboten" zu finden (Odenkirchen 1992, S. 61ff.). Die Institution Jugendwohnheim entstand aber in Deutschland primär in der Zeit nach dem 2. Weltkrieg.

> „Jugendwohnheime sind in den Nachkriegsjahren als Teil der berufsbezogenen Erziehungs- und Bildungshilfen für die ‚arbeits-, berufs- und heimatlose Jugend' entstanden und stellen den wichtigsten Arbeitsbereich der Jugendsozialarbeit dar" (Schrapper 1997, S. 33).

Eine große Zahl von Jugendlichen aus Flüchtlingsfamilien musste in den 50/60er Jahren während ihrer Berufsausbildung in Jugendwohnheimen versorgt werden. Die Hochkonjunktur in Kohle und Stahl führte zu einem hohen Fachkräftebedarf. Lehrlinge wurden aus allen Teilen der Bundesrepublik für das Ruhrgebiet angeworben und in Lehrlingsheimen untergebracht, die in Trägerschaft der Kommunen, von Handwerkskammern, Wohlfahrtsverbänden oder auch von Produktionsbetrieben eingerichtet wurden. Der Ausbau der Berufsschulen in den 70/80er Jahren verbunden mit Blockunterricht, vor allem für Spezialberufe wie Goldschmiede, Steinmetze, Bildhauer u.ä., machte die Unterbringung junger Auszubildender außerhalb der eigenen Familie zusätzlich notwendig.

Nach einer Erhebung der BAG JAW von 1998 existieren in Deutschland:

- 436 Jugendwohneinrichtungen mit 31.546 Plätzen (30.025 Plätze in Wohnheimen und 1.521 in anderen Wohnformen), davon
- 114 Einrichtungen nur für Mädchen und junge Frauen;
- 42 Einrichtungen nur für Jungen und junge Männer;
- 280 Einrichtungen für beide Geschlechter.

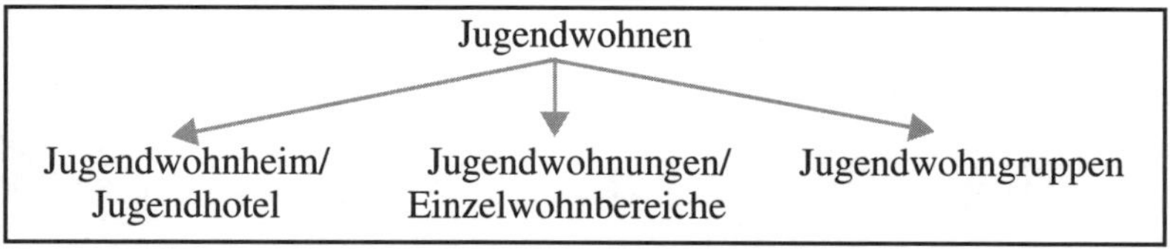

Der quantitative Ausbau der Jugendwohnheime wurde aber gleichzeitig beeinflusst durch die Entwicklung der Wohnformen in der Heimerziehung (Betreutes Wohnen) und durch veränderte Wohnbedürfnisse junger Menschen (Wunsch nach eigener Wohnung). Betreute Wohngruppen, Wohngemeinschaften, Jugendhotels bereichern heute die Konzepte des Jugendwohnens im Bereich der Jugendsozialarbeit.

KONZEPTE/ARBEITSFORMEN

Während in der Frühphase der Jugendwohnheime viele Einrichtungen, vor allem in Trägerschaft der gewerblichen Wirtschaft, „Schlafstätten" waren ohne ausreichende pädagogische Konzeption und Begleitung, so verstehen sich die heutigen Jugendwohnheime vielfach als „Wohn-, Freizeit- und Bildungsstätte" (vgl. Orlowski 1985). Die Jugendwohnheime haben eine Größe von 30–80 Plätzen, wobei viele ihr „stationäres" Wohnangebot durch „ambulante" Wohnformen ergänzt und ihre Einrichtung „dezentralisiert" haben.
Die jungen Menschen wohnen überwiegend in Ein- und Zweibettzimmern, ihnen stehen in der Regel Sport- und Freizeiträume zur Verfügung.
Gögercin definiert für die sozialpädagogische Betreuung der jungen Menschen folgende methodische Ansätze:

- Einzelfallbezogene Hilfen bei Problemen der Berufsvorbereitung bzw. Ausbildung und im sozialen Umfeld;
- Krisenintervention;
- Trainingsangebote zum individuellen Leben lernen sowie zum Verhalten bei Konflikten;
- schul- und berufsbezogene Hilfen;
- Unterstützung im Umgang mit Behörden;
- soziale Gruppenarbeit;
- Gemeinwesenarbeit im Bereich der Außenbeziehungen der Gruppe zum Umfeld sowie

- freizeitpädagogische Angebote mit erlebnispädagogischen Anteil (Gögercin 1999, S. 201).

BERUFSPROFILE DER PÄDAGOGISCHEN FACHKRÄFTE

Die pädagogischen MitarbeiterInnen in den Jugendwohnheimen und in den betreuten Wohngruppen, Wohngemeinschaften oder Einzelwohnbereichen haben überwiegend einen Fachschulabschluss als ErzieherIn/Jugend- und HeimerzieherIn, daneben sind aber SozialarbeiterInnen/SozialpädagogInnen, aber auch andere Fachkräfte mit Hochschulabschluss, in der direkten pädagogischen Arbeit tätig. Leitende Mitarbeiter kommen sowohl von der Universität (Dipl. PädagogInnen) wie von Fachhochschule und Fachschule.

Quellen/Literatur

Gögercin, S.: Jugendsozialarbeit. Eine Einführung, Freiburg 1999

Odenkirchen, H.: Auftrag der Jugendwohnheime, Jugendwohl, 2/1992, S. 61ff.

Orlowski, E.: Das Jugendwohnheim – eine Wohn-, Freizeit- und Bildungsstätte, Frankfurt/M. 1985

Schrapper, Chr.: Jugendwohnheime, in: Deutscher Verein für öffentliche und private Fürsorge (Hrsg.): Fachlexikon der sozialen Arbeit, Frankfurt/M 1997, 4. Aufl., S. 542

7.2 BERUFSBILDUNGSWERKE (BBW)

Überblick

Berufsbildungswerke sind außerbetriebliche und überregionale Einrichtungen zur beruflichen Bildung und Eingliederung junger Menschen mit Beeinträchtigungen oder Behinderungen, die ohne eine ausbildungsbegleitende Betreuung durch Ärzte, Psychologen, speziell geschulte Ausbilder und Rehabilitationsfachkräfte keinen Ausbildungsabschluss nach dem Berufsbildungsgesetz oder der Handwerksordnung erlangen würden. Sie bieten berufsvorbereitende und berufsbildende Maßnahmen für junge Menschen mit Körper-, Lern-, Sinnes- oder psychischen Behinderungen an. Träger sind überwiegend die Freien Wohlfahrtsverbände. In der Bundesrepublik Deutschland stellen 51 Berufsbildungswerke etwa 13.000 Ausbildungsplätze bereit.

Abbildung: Berufliche Rehabilitation in einem Berufsbildungswerk

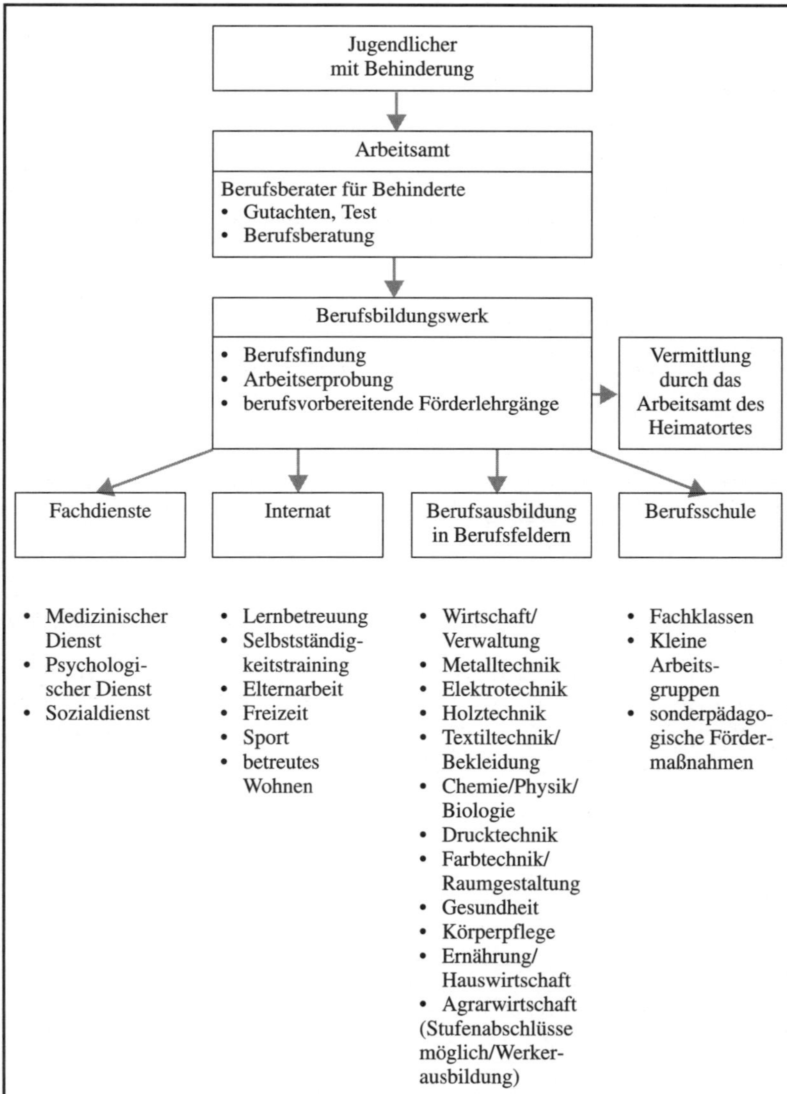

Quelle: Bundesministerium für Arbeit und Sozialordnung 1995, S. 3

Konzepte/Arbeitsformen

Durch die verschiedenen Beeinträchtungen oder Behinderungen der jungen Menschen reichen in der Regel die allgemeinen betrieblichen oder schulischen Ausbildungskonzepte, wie sie in der freien Wirtschaft üblich sind, nicht aus. Aus diesem Grund müssen die Berufsbildungswerke weitere spezifische Aufgaben wahrnehmen:

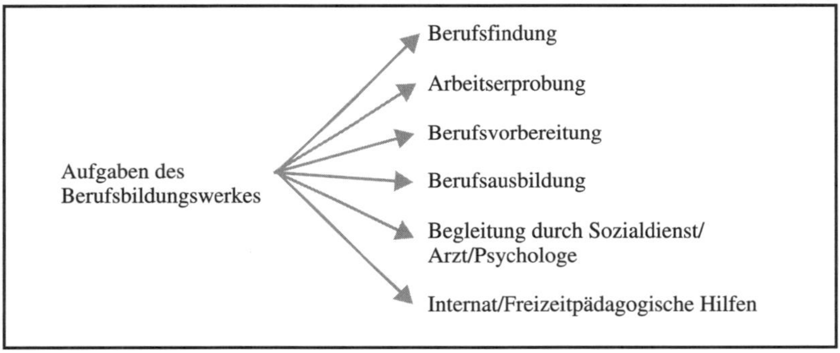

Berufsausbildung

Die Berufsausbildung erfolgt in enger Absprache mit der Bundesagentur für Arbeit in anerkannten Ausbildungsberufen. Es können auch Stufenabschlüsse (Metallwerker, Bekleidungsfertiger u.Ä.) erworben werden. Die Berufe sind Berufsfeldern zugeordnet:

- Wirtschaft und Verwaltung,
- Metalltechnik,
- Elektrotechnik,
- Bautechnik,
- Holztechnik,
- Textiltechnik und Bekleidung,
- Chemie, Physik, Biologie,
- Drucktechnik,
- Farbtechnik und Raumgestaltung,
- Gesundheit,
- Körperpflege,
- Ernährung und Hauswirtschaft,
- Agrarwirtschaft.

Internat/Freizeitpädagogik/Sport

Die Berufsbildungswerke bieten ihre Dienste überregional an, deshalb ist ein Wohnen im Internat oder in einer betreuten Wohngruppe für viele junge Menschen notwendig. Selbstständigkeitstraining, Hilfen zur sinnvollen Gestaltung der Freizeit, Vorbereitung auf selbstständiges Wohnen sind zentrale Aufgaben der sozialpädagogischen Mitarbeiter.

BERUFSPROFILE DER PÄDAGOGISCHEN FACHKRÄFTE

Im Internatsbereich bzw. im betreuten Wohnen und im Freizeitbereich sind in der Regel SozialpädagogInnen und Jugend- und HeimerzieherInnen tätig, je nach Behinderung auch verstärkt HeilerziehungspflegerInnen und HeilpädagogInnen. Der Sozialdienst wird überwiegend von SozialarbeiterInnen/SozialpädagogInnen abgedeckt. Aufgaben der Wohnbereichsleitung werden überwiegend von SozialpädagogInnen wahrgenommen.

Quellen/Literatur

Bundesministerium für Arbeit und Sozialordnung: Berufsbildungswerke. Einrichtungen zur beruflichen Rehabilitation junger Menschen mit Behinderung, Bonn 1999

Berufliche Rehabilitation. Beiträge zur beruflichen und sozialen Eingliederung junger Menschen mit Behinderung (Zeitschrift), Freiburg, Lambertus-Verlag

8. Schulsozialarbeit

Bettina Geiger

Überblick

Aufgrund der veränderten Lebensverhältnisse und der gesellschaftlichen Rahmenbedingungen sind Kinder und Jugendliche immer mehr sich selbst überlassen. Schüler verbringen immer mehr Zeit in der Schule. Sie wird mehr und mehr zum Lebensraum, d.h. einem Ort, wo sie Freunde treffen und Freizeitangebote wahrnehmen, wo Probleme der Kinder im Sozial- und Leistungsverhalten frühzeitig sichtbar werden, einem Ort, an dem darüber entschieden wird, wie ihr Weg in Richtung Zukunft weitergeht.

Schule und Jugendhilfe werden immer mehr zur gesellschaftlichen Sozialisationsinstanz, die Aufgaben der Familie übernehmen muss.

Schulsozialarbeit ist präventive Jugendhilfe, welche die Chance hat, Auffälligkeiten und Entwicklungsschwierigkeiten schon in der Entstehung zu erkennen und bearbeiten zu können.

Beispiel Baden-Württemberg:

Nach § 13 SGB VIII „Jugendsozialarbeit“ und § 1 des Schulgesetzes von Baden-Württemberg (Erziehungs- und Bildungsauftrag), sind beide gemeinsam verpflichtet, Kinder und Jugendliche in ihrer Entwicklung zu unterstützen, zu fördern – und zwar ganzheitlich, lebensweltbezogen und lebenslagenorientiert.

Ein Miteinander von Schule und Jugendhilfe ist unbedingt erforderlich. Eine klare Abgrenzung der Tätigkeiten von Lehrer und Schulsozialarbeiter geschieht durch verschiedene Aufträge, Aufgabenschwerpunkte und Arbeitsweisen. Gegenseitige Anerkennung und Respektierung der Fachkompetenz sind unverzichtbar.

Als Ziel soll immer der Schüler im Vordergrund stehen, wobei die Jugendhilfe das Angebot zur Hilfe bei persönlichen Schwierigkeiten macht, die den Schüler befähigen soll, dem Unterricht zu folgen. Die Schule muss den Unterricht und das Schulleben so gestalten, dass die Schüler ihren Platz in der Gesellschaft finden können. Dazu vermittelt sie Werte und Normen und bereitet auf eine Ausbildung vor.

Im Sinne der Kooperation entlässt keiner den anderen aus der Verantwortung. Der Schulsozialarbeiter nimmt deshalb an verschiedenen Konferenzen und Arbeitsgremien der Schule aktiv teil.

KONZEPTE/ARBEITSFORMEN

Bevor Schulsozialarbeit beginnen kann, muss die Schule folgende Vorleistungen erbringen:

- Ein pädagogischer Ausschuss von Lehrern zeigt die pädagogischen Probleme der Schule auf und entwickelt erste Konzepte.
- Lehrerstunden müssen vom Staatlichen Schulamt für die erziehende Betreuung bereitgestellt werden.
- Ganztagesangebote mit Mittagsbetreuung müssen geplant werden.
- Räume für Büro/Beratungszimmer und Schülertreff müssen eingerichtet werden.
- Anträge müssen an künftige Träger gestellt werden.

Im Gegenzug bietet die Schulsozialarbeit der Schule:

- Entlastung durch Reduzierung der individuellen Konfliktpotentiale.
- Der Erziehungsauftrag wird gemeinsam wahrgenommen.
- Durch sozialpädagogisches Handeln setzt sie positive Impulse für das Leben an der Schule.
- Sie öffnet die Schule für das Gemeinwesen und bietet die Chance auf gemeinsame Aktivitäten.

In der Schulsozialarbeit haben sich, wie anschließend beschrieben, unterschiedliche Arbeitsbereiche entwickelt. Die inhaltlichen Schwerpunkte werden flexibel den Voraussetzungen und Bedingungen der jeweiligen Schule angepasst.

8.1 BERATUNG UND EINZELFALLHILFE

Individuelle Hilfen sind in allen Projekten der Schulsozialarbeit ein wichtiges Tätigkeitsfeld. Wichtig ist hier vor allem die Beziehungsarbeit. Der Schulsozialarbeiter muss zuerst das Vertrauen der Schüler erlangen. Dies erfordert viel Zeit, Geduld und kann durch gemeinsame Aktivitäten im offenen Treff oder durch Gruppenangebote entstehen. Miteinander spielen und kicken, gemeinsam einen Tee trinken und über alltägliche Dinge sprechen, fördert den Kontakt zwischen dem Schüler und dem Schulsozialarbeiter. Wenn der Schulsozialarbeiter vertraut ist, machen freiwillig mehr und mehr Schüler von Beratungsangeboten Gebrauch.

Die Beratung erfolgt zum Beispiel bei:

- Schulschwierigkeiten, -versagen, -schwänzen,
- Konflikten im Elternhaus, Gewalt, Missbrauch,
- Konflikten mit Gleichaltrigen, Mitschülern, Erpressung, Bedrohung,
- Problemen der Persönlichkeitsentwicklung, Selbstwertgefühl,
- Liebeskummer, Essstörungen, Sucht,
- Problemen mit Lehrern, ungerechter Behandlung,
- sozialen Auffälligkeiten, Diebstählen, Schlägereien, Banden,
- Perspektivlosigkeit beim Übergang von der Schule in den Beruf.

Des Weiteren können Eltern Rat suchen und finden. Oder Lehrer wünschen Beratung bei erzieherischen Problemen.
Bei schwerwiegenden, akuten Problemen, wie z.B. ein Jugendlicher traut sich nach massiven Auseinandersetzungen mit seinen Eltern nicht mehr nach Hause, kann der Schulsozialarbeiter auch Krisenintervention leisten.
Sie besteht darin, zunächst mit dem Jugendlichen und allen an dem Problem Beteiligten Gespräche zu führen mit dem Ziel, einen Konsens zu finden. Absprachen, Vereinbarungen, Regeln werden ausgehandelt, um damit das Zusammenleben wieder zu ermöglichen.
Wichtig ist auch, dass der Schulsozialarbeiter regelmäßig Kontakt zu anderen sozialen Diensten hat, wie z.B. Jugendamt, Pro-Familia oder speziellen Beratungsstellen. So kann bei Krisenintervention eine schnelle und unbürokratische Hilfe organisiert werden.

Abbildung: Die Leistungsweise der Schulsozialarbeit

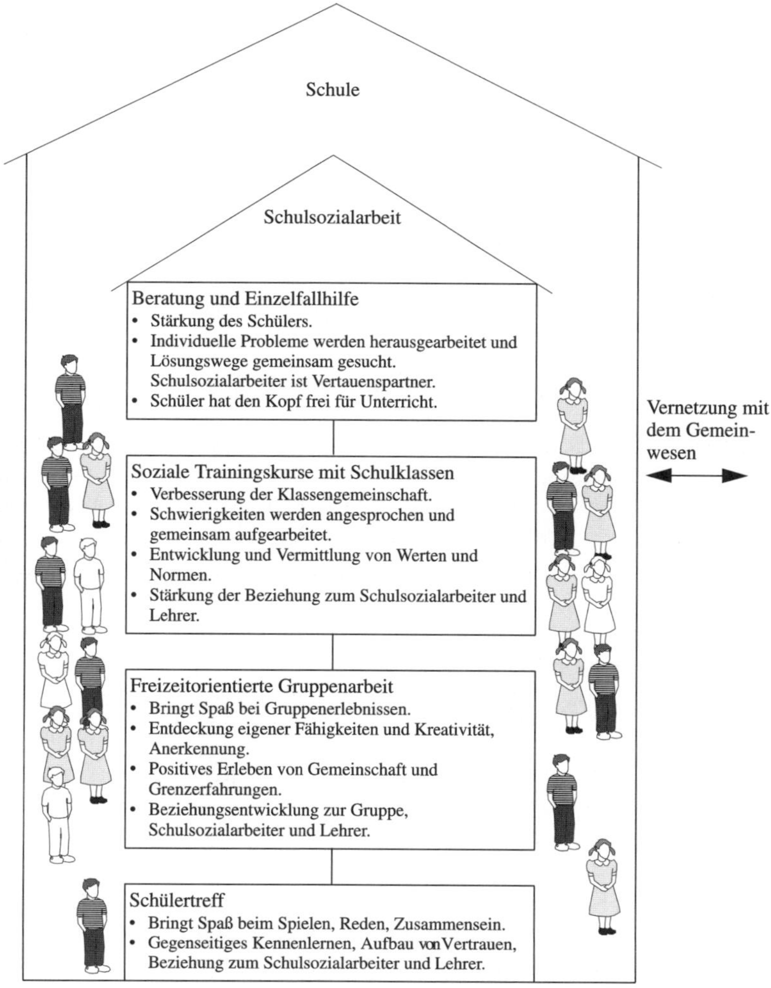

8.2 SOZIALPÄDAGOGISCHE GRUPPENARBEIT

Sozialpädagogische Gruppenarbeit, nachfolgend auch als soziale Gruppenarbeit bezeichnet, ist in der Schulsozialarbeit eine sehr wichtige Methode.
Gemeinsame Ziele aller Formen von sozialer Gruppenarbeit sind:

- Einübung sozialer Kompetenz,
- Akzeptanz von Regeln des Miteinanders,
- Erlernen von Konfliktfähigkeit,
- Erfahren positiver Gruppenerlebnisse durch gemeinsame Aktivitäten,
- Stärkung des Gruppengefühls und des Selbstvertrauens,
- Entdecken und Ausbilden eigener Interessen.

Soziale Gruppenarbeit nach § 29

Die soziale Gruppenarbeit im Sinne einer Hilfe zur Erziehung nach § 29 SGB VIII hat das Ziel, bestimmten Schülern bei der Überwindung von Entwicklungsschwierigkeiten und Verhaltensproblemen, auf der Grundlage der gruppenpädagogischen Methodik, zu helfen. Dabei werden Schüler mit ähnlichen Problemen in einer Gruppe zusammengefasst.
Schüler, die z.B. ein erhebliches Gewaltpotential haben, finden Hilfe in Form eines Antiaggressionstrainings.

Soziale Gruppenarbeit mit Schulklassen

Im Vordergrund steht, im Gegensatz zur Einzelfallhilfe, die Arbeit mit einer ganzen Schulklasse. In vielen Schulen ist ein hoher Anteil der Schüler verhaltensauffällig, viele besitzen kaum soziale Kompetenz, sind gewaltbereit oder überhaupt nicht in der Lage, dem Unterricht zu folgen. Um die Klassengemeinschaft zu fördern und ein achtungsvolles Miteinander zu erlangen, kann ein sozialer Trainingskurs sehr wirkungsvoll sein. Schulsozialarbeiter und Klassenlehrer sollten als Team zusammenarbeiten. Der Klassenlehrer hat dann die Möglichkeit, erworbene Kompetenzen im Unterrichtsalltag weiter zu trainieren. und die Integration des einzelnen Schülers in die Klassengemeinschaft zu fördern.
Es ist sinnvoll, dem sozialen Trainingskurs einen altersorientiert, thematisch bedeutungsvollen Namen zu geben: z.B. „Ich-Du-Wir-Pro-

jekt“, wo das miteinander Umgehen, Zuhören und Ausreden lassen Inhalt sein kann.
Bei dem Projekt „Zeitreise“ können die Fragen „Woher komme ich? Wer bin ich? Wohin gehe ich?“ eine wesentliche Rolle spielen.
„Lebens- und Berufsplanung“ soll Schüler auf dem Weg von der Schule in die Berufswelt unterstützen, „Liebe und Sexualität“, „Suchtprävention“ können weitere Schwerpunktthemen sein.
Eine Identifikation der Schüler mit dem Gruppenprojekt ist wichtig, weil dann eine Mitarbeit erwartet werden kann. Sie kann erreicht werden durch gemeinsame Zielentwicklung und Projektplanung aller Beteiligten.

Freizeitorientierte Gruppenarbeit

Neben der Gruppenarbeit mit Klassen gibt es auch die freizeitorientierte Gruppenarbeit. Die Themen der Aktivitäten und Erlebnisse werden durch die Interessen und Wünsche der Schüler festgelegt. Sportgruppen, Out- Door-Aktionen, wie zum Beispiel Klettern, Inline- und Kanufahren, fördern das Gemeinschaftserlebnis, bauen Aggressionen ab und die körperliche Anstrengung ist ein guter Ausgleich zum Unterricht.
Andere Gruppen vermitteln bestimmte Fertigkeiten, wie z.B. die Näh-, Fahrrad-, Malwerkstatt, die zur Stärkung des Selbstwertgefühls und Selbstbewusstseins erheblich beitragen können.
Eigenverantwortlichkeit können Schülerteams erlernen bei der Mitarbeit im offenen Treff oder bei der Organisation und Durchführung der Schuldisco. Geschlechtsspezifische Gruppen wie Mädchen-/Jungengruppen sind eher themenorientiert und zielen auf das Erlernen und Erproben von Rollen.

8.3 OFFENE ARBEIT – SCHÜLERTREFF

Die Einrichtung eines offenen Bereichs, Schülertreffs, Jugendcafés, Jugendraumes ist ein Schwerpunkt von Schulsozialarbeit. Die Schüler können in der Mittagspause und in unterrichtsfreier Zeit diesen Raum nutzen. Sie können einen kleinen Imbiss einnehmen, sich mit Freunden treffen, ihre Freizeit gemeinsam gestalten und das tun, was ihnen Spaß macht.

Ein Schülertreff ist das niederschwelligste Angebot der Schulsozialarbeit.
In ungezwungener Atmosphäre können Schulsozialarbeiter und Schüler miteinander Kontakt aufnehmen. Beim Billardspielen werden alltägliche Gegebenheiten erzählt, über Sorgen und Nöte zu Hause und in der Schule gesprochen, zusammen gelacht und diskutiert. Dadurch kann Vertrauen und Beziehung entstehen, was wichtige Anknüpfungspunkte für Beratungen sind. Viel Zeit im Schülertreff verbringen auch die Schüler, die „Schlüsselkinder" sind und ihre freie Zeit sonst oft auf der Strasse verbringen müssten.
Die Ausgestaltung des Raumes wie Malerarbeiten, Möbel bauen, Vorhänge nähen sollten die Schüler unter Mithilfe der Lehrer selbst vornehmen. Sie
können sich so aktiv ins Schulleben einbringen und erfahren Anerkennung jenseits vom Schulunterricht. Selbstorganisation und Selbstverantwortung sind wichtige Erfahrungen der Schüler.
Auch Lehrer, Eltern und Honorarkräfte können bei der Betreuung des Schülertreffs mitwirken. Schüler und Lehrer begegnen sich auf einer anderen Ebene als im Unterricht und haben so die Möglichkeit, sich besser kennen zu lernen. Wichtig ist, dass Schüler, Lehrer, Schulsozialarbeiter gemeinsam über Regeln diskutieren, sich damit auseinandersetzen und sie dann festlegen. Es gelten im Schülertreff andere Regeln als im Klassenzimmer, dies sollte auch von der Schule akzeptiert werden.

8.4 Schulbezogene Gemeinwesenarbeit

Die Vernetzung mit dem Gemeinwesen ist ein konzeptioneller Kernschwerpunkt der Schulsozialarbeit. Die Teilnahme am runden Tisch eines Stadtteils ist für den Schulsozialarbeiter Pflichtaufgabe und für seine Arbeit unerlässlich. Im Gemeinwesen kann er Ressourcen des Umfeldes nutzen und auch in diese hineinwirken.

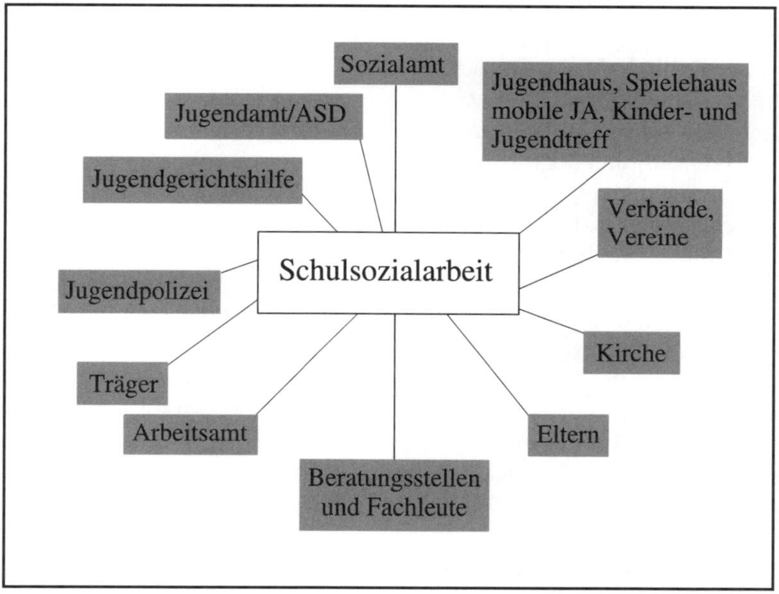

Es ist wichtig, dass alle im Stadtteil arbeitenden Institutionen, die mit Kindern und Jugendlichen zu tun haben, sich in regelmäßigen Arbeitsgemeinschaften oder Stadtteilrunden treffen, sich konkrete Ziele und Arbeitsaufträge geben oder gemeinsame Aktionen planen.
Durch die Kooperation mit verschiedenen Diensten kann der Schulsozialarbeiter im Bedarfsfall rasch und unbürokratisch darauf zurückgreifen.
Der Schulsozialarbeiter ist ein Vermittler zwischen Schule und Gemeinwesen. Er unterstützt die Schule bei der Öffnung ins Gemeinwesen und ermöglicht Kooperationspartnern den Zugang zur Schule (vgl.Grafik).
Beispiele für solche Aktionen: „Suchtwoche", „Freizeitgestaltung – aktiv".

Ausblick auf Entwicklungen in der Schulsozialarbeit

Als Beispiel für die Weiterentwicklung der Schulsozialarbeit kann das Land Baden-Württemberg dienen.
Mit der „Verlässlichen Grundschule" garantieren alle Grundschulen Baden-Württembergs den Eltern, dass ihre Kinder in vorgegebenen

Kernzeiten (von 7.00-13.00 Uhr) durch Unterricht oder Betreuungsangebote versorgt sind. Mit diesem Schritt soll die Berufstätigkeit der Eltern ermöglicht werden.
Angestrebt wird, in möglichst allen Schularten Ganztagesangebote, begleitet von Schulsozialarbeit, einzurichten, was bisher vorwiegend für Hauptschulen im sozialen Brennpunkt üblich war. Das hat zur Folge, dass vor dem Unterricht, in der Mittagspause und nachmittags Betreuungs-, Essens-, Bildungs- und Freizeitangebote stattfinden müssen. Diese werden von Schulbegleitern, Eltern, Lehrern, Erziehern und Sozialarbeitern durchgeführt.
Für die Zukunft könnte dies bedeuten, dass der Schulsozialarbeiter vorwiegend Beratung, Soziale Gruppenarbeit, Gemeinwesenarbeit und Koordination der Ganztagesangebote als ein Aufgabenfeld bearbeitet. Der Erzieher ergänzt diese Arbeit im Schülercafé und mit Gruppenangeboten im erlebnispädagogischen Bereich, Mädchen- und Jungenarbeit, Sport, Kunst, Spiel etc.

Berufsprofile der pädagogischen Fachkräfte

In den verschiedenen Leistungsangeboten der Schulsozialarbeit werden traditionell Sozialarbeiter, Sozialpädagogen und Diplompädagogen beschäftigt. Als Kompetenzen sind gefordert:

- Fähigkeit zur Kontaktaufnahme, Kommunikation und Kreativität,
- Befähigung zu selbstständigem Arbeiten, Teamarbeit, Bereitschaft zur Übernahme von Verantwortung,
- Durchsetzungsvermögen, Organisationstalent, Fähigkeit zur Konzeptionsentwicklung,
- Lebenserfahrung, Kompetenzen in den Bereichen Sport, Werken, Neue Medien,
- Verwaltungskenntnisse.

Quellen/Literatur

Landeswohlfahrtsverband Württemberg-Hohenzollern/Landesjugendamt Stuttgart
Landesjugendamt Materialien zur Schulsozialarbeit VI (9/1994) und VII (1/1999)
Schulsozialarbeit eine Erfolgsbilanz (9/2000)
Drilling, M.: Schulsozialarbeit, Antworten auf veränderte Lebenswelten, 2004
Rossmeissl, D.: Schulsozialpädagogik. Denken und Tun als Weg zum mündigen Menschen, 2006
Speck, K.: Qualität und Evaluation in der Schulsozialarbeit, Wiesbaden 2006
Speck, K.: Schulsozialarbeit, 2007
Streblow, C.: Schulsozialarbeit und Lebenswelten Jugendlicher, 2005
Vogel, Ch.: Schulsozialarbeit, Wiesbaden 2006

9. Erlebnispädagogische Lernfelder

Bettina Geiger

Überblick

Die Wurzeln erlebnispädagogischer Ansätze gehen bis zur Jugendbewegung, dem Wandervogel- und Pfadfindertum der 20er Jahre zurück, die bereits erlebnispädagogische Elemente von Abenteuer, Wagnis, Naturerfahrung und Gemeinschaftserlebnis in ihren Verbänden weitergetragen haben.
In unserer erlebnisorientierten Gesellschaft mit Erlebniskaufhäusern, Erlebnisgastronomie und Erlebnisparks gehören Spannung, Wagnis und Risiko zum Leben. Deshalb greift die Jugendarbeit und Jugendhilfe vermehrt auf Erlebnis und Abenteuer zurück. Jugendarbeit will damit Erfahrungsräume anbieten, die unmittelbare, alltagsrelevante Erfahrungen mit Ernstcharakter ermöglichen, wobei klar sein muss, dass die an den Jugendlichen gestellten Anforderungen real sind. Zudem fordern sie vom Jugendlichen auf Grund der Situation eine Entscheidung, der anschließend ein unmittelbares Handeln folgt.

> „Erlebnispädagogik versucht, den Jugendlichen durch eine gemeinsame Lebenssituation eine günstige Lernvoraussetzung für soziales Verhalten zu schaffen. Es sollen Erfahrungsräume angeboten werden, die das Aktivitätsbedürfnis des Jugendlichen anregen, ihm Grenzerfahrungen ermöglichen und die Notwendigkeit von Konfliktregelungen in der Gruppe deutlich machen.
> Beim erlebnispädagogischen Ansatz spielt besonders das Moment des Grenzerlebnisses eine bedeutende Rolle. Extremsituationen bieten den Jugendlichen die Möglichkeit, über gewohnte Handlungs- und Erfahrungsräume hinauszugehen, ohne sich gesellschaftlich negativ sanktionierten Bereichen auszusetzen. Solche Erfahrungen können das Selbstbewusstsein des Jugendlichen stärken und die persönliche Entwicklung fördern. Durch das selbstorganisierte Zusammenleben und die Auseinandersetzung mit nicht alltäglichen Lebensweisen sollen eigene Fähigkeiten, Ängste, Schwächen, gewohnte Rollen und Verhaltensweisen erlebt sowie reflektiert werden“ (AgAG, 1993, S. 43/44).

Wichtige Aspekte für erlebnispädagogische Arbeit sind:

- selbstbestimmtes Lernen durch die Kinder und Jugendlichen,
- ganzheitlicher Ansatz „Mit Herz, Kopf und Hand“,

- Alltagsrelevanz (das Erlebte, die Erfahrung hat Bedeutung für den Alltag und muss mit ihren Ergebnissen wieder in den Alltag zurückfließen),
- neue Beziehungsdefinition zwischen Jugendlichem und Pädagogen (Subjekt-Subjektbeziehung) „wir beide machen unsere Erfahrungen und stellen uns gegenseitig unser Wissen zur Verfügung.“

Ziele

- Erwirken von sozialer Kompetenz,
- Persönlichkeitsentwicklung,
- Entwicklung von Eigeninitiative,
- Übernahme von Verantwortung,
- Training von Planungskompetenz, Organisations- und Problemlösungsverhalten,
- Körpererfahrung, Leistungsbereitschaft und Ausdauervermögen,
- Kommunikation und Kooperation bei der Teamarbeit,
- Naturwahrnehmung,
- Selbstreflexion.

Konzepte/Arbeitsformen

- Herausforderung und Grenzerfahrung,
- Aktion, Reflexion und Transfer,
- Freiwilligkeit,
- Orientierung am Individuum,
- Vielfalt und Ganzheitlichkeit,
- Echtheit.

Als methodische Ansätze sind zu finden

- „Learning by doing“, durch Handeln lernen,
- Spiel (Rollenspiel, Strategiespiele für Gruppen),
- Gruppengespräch zur Verarbeitung des Erlebten,
- Reflexion (Rückblick auf die bisherige Entwicklung und skizzieren einer individuellen Zielperspektive mit Anknüpfung an den Alltag).

Erlebnispädagogische Lernfelder können präventiven oder therapeutischen Charakter haben.
Wichtig ist hierbei, dass Erlebnispädagogik kein „Aufspringen“ auf einen modischen Trend sein darf. Sie sollte kein unkontrollierter Aktionismus sein, sondern das Leben und Erproben von Werten und Normen

in einer Situation, in der sie als unbedingt notwendig akzeptiert werden.
Im Gegensatz zu kommerziellen Anbietern, wo „Fun“ an erster Stelle steht, rückt bei der Erlebnispädagogik der Jugendliche in den Vordergrund, der aktiv mit vorbereitet, Erfahrungen macht, darüber reflektiert und das Gelernte mit in den Alltag hineinnimmt.

9.1 Kurzzeitaktivitäten

Überblick

Kurt Hahn (1886–1974), der eigentliche Vater der Erlebnispädagogik, gründete 1952 die erste deutsche Kurzzeitschule, auch „Outward bound“ genannt, in Weißensee an der Ostsee.
Diese Schule gibt es mittlerweile in über 40 Ländern und sie bietet jungen Menschen Seminare an, deren Schwerpunkte naturkundlich und sportlich orientiert liegen. Damit soll die Persönlichkeit gefördert werden. Kompetenzen wie Teamfähigkeit, Eigenverantwortlichkeit und Durchhaltevermögen gilt es zu erreichen.

Konzepte und Arbeitsformen von Outward bound sind:

- Problemlösungsaufgaben und Initialübungen,
- Orientierungstour,
- Ropes Courte (Seilparcours),
- Klettern/Abseilen,
- Projekt (Gruppe stellt sich eine Aufgabe im sozialen und ökologischen Bereich. Sie plant, führt durch, wertet aus und dokumentiert.),
- Kajak-/Kanadierfahren,
- Winterbiwak,
- Bergtour,
- Kuttersegeln,
- Fahrradtour (vgl. Informationsbroschüre von Outward bound 1998).

Outward bound bietet seine Seminare im Rahmen von schulischen, betrieblichen und sozialen Aus- und Weiterbildungen an.
Es gibt auch zahlreiche andere Bewegungen und Projekte, wie z.B. die Abenteuerspielplatzbewegung oder das Projekt „Adventure Konzept in den Schulen“ (vgl. H. G. Bauer: Erlebnis- und Abenteurpädagogik 2001).

Die „Traumfabrik“ in Regensburg versteht sich als erlebnisorientierte Sportkultur. Sie bietet Abenteuersport, Akrobatik, Jonglieren, Schattenspiele und Bewegungstheater. In diesen Kursen können Pädagogen alles lernen, was für eine erlebnisorientierte Sportkultur notwendig ist. Sie lernen neue, lustige und originelle Bewegungsmöglichkeiten, erfahren, was Sporttheater ist und organisieren Spiel- und Sportfeste (Information: Projekt Traumfabrik, Gewerbepark, Regensburg 2000).
Diese erlebnispädagogischen Maßnahmen werden den „Normaljugendlichen“ angeboten, wobei hier der präventive Ansatz der Erlebnispädagogik verwirklicht wird. „Dabei geht es um die Bewältigung des Lebens in einem defizitären Umfeld, um das Reagieren auf eine zunehmende Konsumorientierung und Nullbockhaltung und um ein Reagieren auf Lustlosigkeit, fehlende Eigeninitiative und Spontaneität, Bewegungsmangel und damit verbundene motorische Störungen“ (vgl. Brandt, P. 1999, S. 40).
Gerade in Schulen, auch in Verbindung mit Schulsozialarbeit, ist es sinnvoll mit erlebnispädagogischen Mitteln zu arbeiten, sei es in Sport, bei Spiel- und Sportfesten oder bei Schullandheimaufenthalten. Auch im Klassenverband, der oft nicht störungsfrei ist, können erlebnispädagogische Methoden in Form von Spielen oder Problemlöse- und Initiativübungen für die Gruppe und den Einzelnen hilfreich sein.
„Klettern in der Schule“ heißt ein neues Konzept der Kultusministerien. Unter dem Titel „Schule und Verein – gemeinsam am Seil“ bieten Alpenvereinsektionen ihre Zusammenarbeit an.
In Kindergärten, Tagesstätten, Heimen und Jugendhäusern werden erlebnispädagogische Aktionen in Form von Projekten, Abenteuerwald, Stadtspielen, Klettern, Olympiaden, Problemgames, Bergsteigen, Skifahren, Zelten, Mountainbiketrekking, Kooperative Abenteuerspiele angeboten.
Erlebnispädagogische Hilfen werden auch im Rahmen sozialer Gruppenarbeit (§ 29 KJHG) angeboten. Mit straffällig gewordenen Jugendlichen werden soziale Trainingskurse auf erlebnispädagogischer Grundlage nach dem Jugendgerichtsgesetz als sinnvoller und erziehungswirksamer Ersatz anstelle des Strafvollzuges eingesetzt.
Erlebnispädagogik will hier Kindern und Jugendlichen elementare Erfahrungen vermitteln und ermöglichen, die ihnen helfen, das Leben zu bewältigen. Diese Erlebnisse können ganz verschieden sein und auch unterschiedliche Gefühle auslösen. Wichtig ist hierbei das soziale Lernen, die Kooperationsfähigkeit und die Solidarität.

9.2 Langzeitprojekte

Überblick

Zu Beginn der 70er Jahre wurde die Erlebnispädagogik ausschließlich mit segelpädagogischen Aktivitäten in Verbindung gebracht und vorangetrieben. 1974 wurde im evangelischen Jugenddorf Rendsburg mit handlungs- und erlebnisorientierten Segelaktivitäten begonnen. Diese Aktivitäten weiteten sich später zu Auslandsexpeditionen zu Land aus und zu sozialtherapeutischen Reiseprojekten für benachteiligte Kinder und Jugendliche bis nach Indien und Südamerika (vgl. Fischer; Ziegenspeck 2000, S. 268).

Das Jugendschiff „Outlaw" ging in den 80er Jahren mit dissozialen Jugendlichen auf Tour. Die Verbindung zwischen nützlicher Arbeit an Bord und den Therapieangeboten für Jugendliche in psycho-sozialen Notlagen wurde zum Konzept.

Auch auf dem Frachtsegler „Undine" konnte dieses handlungsorientierte Konzept verwirklicht werden, ebenso wie auf dem Dreimast-Toppsegelschoner „Thor Heyerdahl".

Die zweiwöchigen Segeltörns wenden sich an Mädchen und Jungen zwischen 15 bis 25 Jahren, die aus allen Bevölkerungsschichten kommen. Von ihnen wird erwartet, dass sie freiwillig kommen, bereit sind, sich auf etwas Neues einzulassen und auf alte Gewohnheiten zu verzichten, dass sie keine Urlaubsstimmung mitbringen, dass sie mitanpacken beim Arbeiten und lernen, die neuen Erfahrungen und Erkenntnisse zu Hause anzuwenden (vgl. Ziegenspeck 1999, S. 23).

Auch in der Heimerziehung (§ 34 KJHG) hat sich im Bereich der Erlebnispädagogik einiges getan, z.B. in Form von Auslandsaufenthalten. In Langzeitprojekten wird mit handlungs- und erlebnisorientierten Methoden versucht, schwierigen Jugendlichen neue Erfahrungen im emotional/sozialen Bereich in einer Gruppe mit Betreuungsperson anzubieten.

In Italien, Spanien oder Portugal werden alte Gebäude renoviert und ein vereinfachtes Leben geführt, wobei es wichtig ist, dass die Gruppe für ihren Lebensunterhalt selber sorgen muss durch die Bearbeitung von Feldern und Gärten.

Auch intensiv-sozialpädagogische Einzelbetreuung durch erlebnispädagogische Projektarbeit im Ausland wurde systematisch auf- und ausgebaut. Hier bestehen vor allem Chancen für solche Jugendliche, die

mit den konventionellen Methoden von Jugendhilfemaßnahmen nicht mehr erreicht werden. Delinquente Heranwachsende in psycho-sozialen Notlagen, Schulverweigerer oder Jugendliche, die auf Grund von Verhaltensauffälligkeiten ihre Erziehungsberechtigten völlig überfordern, nehmen an solchen Programmen teil. Die Chance liegt darin, das komplette Lebensumfeld des Jugendlichen zu verlassen, neue Lebenslinien in der Auseinandersetzung mit der pädagogischen Fachkraft zu entwickeln und durchzuführen.
Dabei ist nochmals festzuhalten, dass es ganz wichtig bei solchen Maßnahmen ist, dass eine reflexive Vertiefung der Erfahrungen stattfindet und ein Transfer in den Alltag gewährleistet wird. Deshalb ist die Nachbetreuung der Jugendlichen durch dieselbe pädagogische Fachkraft unerlässlich.

BERUFSPROFILE DER PÄDAGOGISCHEN FACHKRÄFTE

In diesem Bereich arbeiten SozialpädagogInnen/SozialarbeiterInnen, DiplompädagogInnen, ErzieherInnen, Jugend- und HeimerzieherInnen. Sie alle sollten eine Zusatzqualifikation in Erlebnispädagogik erworben haben. Dies kann durch Seminare oder in berufsbegleitenden Weiterbildungen sein.
Die Qualifikation eines Erlebnispädagogen lässt sich in drei Grundkategorien gliedern:

(1) Bestimmte Persönlichkeitsmerkmale, z.B. Bereitschaft zur intensiven Auseinandersetzung mit sich selbst und zur Weiterentwicklung der fachlichen und persönlichen Kompetenz,
(2) die pädagogisch-/psychologische Kompetenz,
(3) die Natur-/sportliche Kompetenz (vgl. Reiners). 1997, S. 45).

Quellen/Literatur

Adag: Lernziel Gewaltfreiheit, Informationsdienst 1, Berlin 1993
Bauer, H.: Erlebnis- und Abenteuerpädagogik, München 2001
Boeger, A., Schut, T.: Erlebnispädagogik in der Schule, Berlin 2005
Brandt, P.: Erlebnispädagogik – Abenteuer für Kinder, Freiburg 1999
Burg, D.: Querdurch! Erlebnispädagogik in Schule und Freizeit, Zürich 2001
Flosdorf, P.: Bewegen, Erleben, Handeln, Freiburg 1999
Fischer, Th.; Ziegenspeck, J.W.: Handbuch Erlebnispädagogik, Bad Heilbrunn 2000

Fischer, T.: Handbuch Erlebnispädagogik, Bad Heilbrunn 2000
Hackmaier, B., Michl, W.: Erleben und Lernen, München 2004
Institut für Sozialarbeit und Sozialpädagogik e.V. Frankfurt (ISS) und Informations-, Fortbildungs- und Forschungsdienst Jugendgewaltprävention (IFFJ) des Vereins für Kommunalwissenschaften e.V. Berlin (Hrsg. Helmut Lukas): Lernziel: Gewaltfreiheit. Pädagogische Konzepte und Praxiserfahrungen in Schule und Jugendhilfe, Reihe Berichte und Materialien AgAG 3, Frankfurt 1993
Klawe, W.: Arbeit Jugendlichen, München 2000
Ostenrieder, M.; Weiß, M.: Erleben, Kopieren, Lernen, München 1993
Reiners, A.: Praktische Erlebnispädagogik, Augsburg 2007
Ziegenspeck, J. W.: Segeln auf dem Dreimast-Toppsegelschoner „Thor Heyerdahl", Band 3, Lüneburg 1999
www. erlebnispädagogik.de

10. Kinder- und Jugendpsychiatrie

Christina Klenk

Überblick

Die Kinder- und Jugendpsychiatrie ist eine innerhalb der Medizin noch junge Disziplin. Die Psychiatrie selbst war bis zum 19. Jahrhundert im Bereich der Geisteswissenschaften und der Theologie angesiedelt. Ende des 19. Jahrhunderts kristallisierte sich die Kinder- und Jugendpsychiatrie als ein Teilgebiet der Psychiatrie heraus. Ein Vorläufer war Heinrich Hoffmann, der als Arzt den „Struwwelpeter“ schrieb und eine „Abteilung für geistesgestörte Kinder“ leitete.

Die Anfänge dieser jungen Disziplin wurden wesentlich von der Pädagogik geprägt. Die ersten Veröffentlichungen der heutigen Gesellschaft für Kinder- und Jugendpsychiatrie waren pädagogische Schriften. Aus der pädagogischen Zeitschrift: „Die Kinderfehler“ wurde die „Zeitschrift für Kinderforschung“ und dann in der Fortsetzung die „Zeitschrift für Kinder- und Jugendpsychiatrie“.

In den 60er Jahren bekam die Psychoanalyse eine größere Beachtung durch die Psychiatrie. Damit kamen auch andere Betrachtungsweisen zu der vorherrschenden Organogenese (endokrine Störungen und Infektionskrankheiten) als Ursache psychiatrischer Störungen hinzu.

Heute dominieren Wissenschaftszweige wie die Epidemiologie und die Verbundforschung, d.h. die Untersuchungen verschiedener Forscher an unterschiedlichen Orten werden zusammengebracht. Was zur Folge hat, dass die Ergebnisse immer mehr operationalisiert werden müssen und damit die für das Erfassen von kindlichen Auffälligkeiten wichtige Punkte wie Emotionen immer schwerer beschrieben werden können. Mit dieser epidemiologischen Forschung konnte man mögliche pathogene Faktoren benennen, aber über ihre Wirksamkeit beim einzelnen Kind kann man trotzdem nur spekulieren.

Im Grunde pendelt die Kinder- und Jugendpsychiatrie ständig zwischen überwiegend organischer Betrachtung und überwiegend psychischer Verursachung von auffälligem Verhalten. Sie pendelt zwischen der Naturwissenschaft und der Geisteswissenschaft, zu der sich auch Teile der Pädagogik zählen (orientiert sich an einem Vortrag von

Prof. em. Lempp, anlässlich eines Jubiläums der Kinder- und Jugendpsychiatrie in Ravensburg im Jahre 2000).
Für Kinder bedeutet die Aufnahme in die Psychiatrie häufig eine schnelle Ausgrenzung aus ihrem heimischen Lebensbereich.
Im Umgang mit der medizinischen Institution führt der Rückgriff auf das medizinische Modell durch das Jugendamt dazu, dass die Grenzen der eigenen Arbeit, der Leistungsfähigkeit und der Möglichkeiten eingestanden werden.

Jugendämter greifen zur Psychiatrie, wenn:

(1) sie eine Einrichtung für eine Krisenintervention suchen und auf die Heime nicht zurückgreifen können,

(2) aus den Akten eine frühere psychiatrische Untersuchung hervorgeht,

(3) Unsicherheit in der Entscheidung über die Wahl der Erziehungshilfen besteht,

(4) ein Absinken in die Kriminalität ansonsten zu befürchten ist.

Die Psychiatrie darf aber nicht zum Auffangbecken für unbequeme und störende Kinder und Jugendliche werden. Diese werden über ein medizinisches Etikett als krank definiert.
Die Einweisung in eine Psychiatrische Klinik erfolgt über einen einweisenden Arzt (Hausarzt, Kinderarzt, oder Kinder- und Jugendpsychiater). Das Jugendamt hat kein Mandat, ein Kind direkt in eine Klinik einzuweisen. Es muss ein Arzt die Notwendigkeit für eine Behandlung oder den Bedarf für eine diagnostische Abklärung des Verhaltens feststellen. Für die Jugendämter entstehen keine Kosten für eine von ihnen initiierte Einweisung in ein Krankenhaus.
Die Finanzierung der psychiatrischen Behandlung erfolgt durch die Krankenkassen und steht politisch und damit auch auf finanziell sicherem Boden, auch wenn die Budgetierung in die Krankenhäuser zur Kostendämpfung eingezogen ist.
Die Psychiatrie ist ein ärztliches Gebiet. Die Leistungsvoraussetzungen des Versicherungssystems erfordern den Verdacht oder die Feststellung einer Krankheit bei einer bestimmten Person. Hier befinden sich die Therapeuten häufig in einem inneren Widerspruch: Sie müssen eine individuelle Diagnose für ein Kind suchen, gleichzeitig versuchen sie, die Auffälligkeiten systemisch zu betrachten und auch zu therapieren.

Gefordert wird auch aus den Reihen der Psychiater, den Krankheitsbegriff zu revidieren. Bei Kindern und Jugendlichen ist jedoch eine Trennung zwischen Krankheitsbehandlung und Erziehung zur Überwindung der Erkrankung schwer möglich. So muss die Psychiatrie immer wieder neu klären, in wie weit sie zur Wahrung der Lebenschancen von Jugendlichen oder zur Sicherstellung ihrer Entwicklung selbst zuständig sein kann oder eine Überweisung in den Bereich der Erziehungshilfe notwendig ist. Einfacher ist das bei Jugendlichen, die aus der Jugendhilfe kommen und zur Diagnostik in der Psychiatrie weilen.

Zielgruppe

Kinder und Jugendlichen, die in einer Psychiatrie behandelt werden, zeichnen sich durch ein breites Spektrum an Verhaltensweisen und Störungen in der Persönlichkeitsentwicklung aus. Die nun folgende Auflistung gibt wesentliche kinder- und jugendpsychiatrische Diagnosen wider:

- Störungen des Sozialverhaltens (aggressive, sozial unsichere, zurückgezogene Kinder),
- Reaktion auf schwere Belastungen und Anpassungsstörung (z.B. Scheidungssituation der Eltern, Ausfall oder Wegfall eines Elternteiles),
- psychosomatische Erkrankungen,
- Essstörung (Magersucht, Bulimie, Adipositas),
- Kinder und Jugendliche in suizidalen Krisen,
- emotionale Störung im Kindesalter (wie Schulverweigerung, Ängste),
- schwere Persönlichkeitsstörungen (wie: Borderline-Störung, frühe Persönlichkeitsstörungen, autistische Störungen),
- hyperkinetische Störungen (HKS) und ADS,
- psychotische Syndrome (z.B.: Schizophrenien, juvenile Psychosen, manisch-depressive Psychosen),
- Autismus,
- Suchtprobleme (z.B.: Schnüffeln, Illegale Drogen, Designerdrogen, Alkohol),
- delinquente Jugendliche,
- Kinder und Jugendliche mit Missbrauchs- und Misshandlungserlebnissen,
- Tics,
- belastende Familiensituationen,

- Entwicklungsstörungen (sprachliche, motorische Entwicklungsverzögerungen, LRS, geistige Behinderung),
- Einnässen, Einkoten

(vgl. Remschmidt, H.: Kinder- und Jugendpsychiatrie, Stuttgart 2000).

Viele der hier genannten Auffälligkeiten im Kinder- und Jugendalter tauchen genauso in den Einrichtungen der Hilfe zur Erziehung (Heimerziehung) auf.

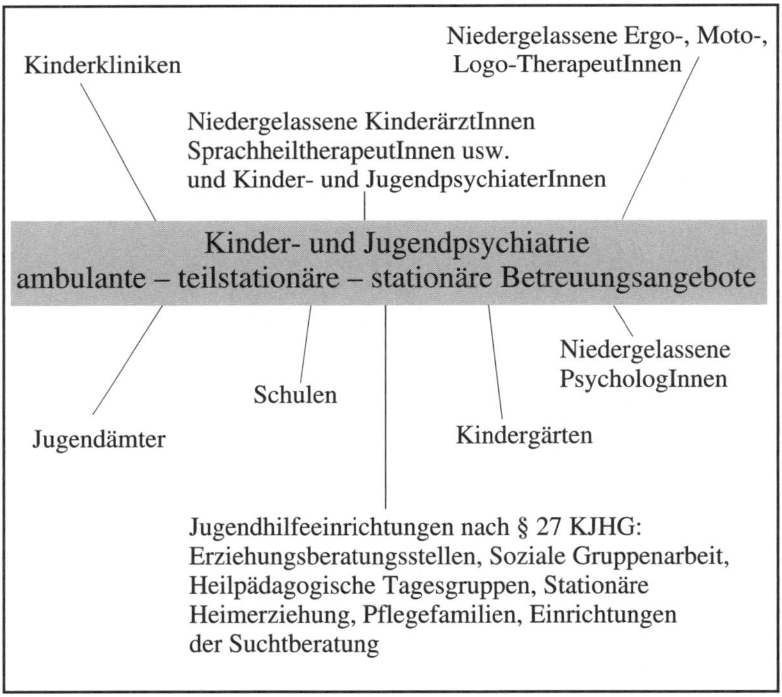

KONZEPTE/ARBEITSFORMEN

Die Angebote der Ambulanten Betreuungsangebote umfassen: Beratung, Begleitung, Therapie, Diagnostik und die Hilfe bei der Entscheidung über Hilfen zur Erziehung – vorwiegend durch ÄrztInnen, PsychologInnen, SozialarbeiterInnen/-pädagogInnen, HeilpädagogInnen. Unter Teilstationären Angeboten versteht man Hilfen in einer Tagesklinik: Bei dieser Form der Betreuung ist das Kind/der Jugendliche fünf Tage die Woche am Tage oder nach der Schule in der Klinik. Am Abend und an den Wochenenden sind die PatientInnen zu Hause. Zur Zielgruppe der TagesklinikpatientInnen zählen Kinder und Jugendliche, die z.B.:

- unter belastenden Erlebnissen leiden: z.B.: Scheidung der Eltern, Ausfall oder Wegfall eines Elternteils,
- sozial zurückgezogen oder unsicher sind,
- eine Störung des psychischen Gleichgewichtes erleben und nun Schwierigkeiten im Alltag haben,
- ein ADS oder HKS zeigen,
- mit kritischen Familienkonstellationen zurecht kommen müssen,
- nach stationärem Aufenthalt betreut werden.

Die Tagesklinische Betreuung baut eng auf den Erfahrungen in den Familien auf. Das Zusammenwirken der familiären und lebensweltlichen Einflüsse kann bei dieser Betreuungsform ganz intensiv genutzt werden. Als Personal kommen hier vor allem ÄrztInnen, PsychologInnen, SozialarbeiterInnen, SozialpädagogInnen, HeilpädagogInnen und andere therapeutische Berufsgruppen zum Einsatz.

Die stationären Angebote der Kliniken:

- Einzeltherapie (durch die unterschiedlichsten Therapierichtungen),
- Familientherapie,
- Gruppentherapie,
- verhaltenstherapeutische Trainingsprogramme,
- Milieutherapie,
- medikamentöse Therapie,
- Ergotherapie,
- Bewegungstherapie/Mototherapie,
- Arbeitstherapie,
- schulischer Unterricht,
- Beschäftigungstherapie,

- Freizeitpädagogik/teilweise auch mit erlebnispädagogischen Elementen,
- Alltagstraining.

BERUFSPROFILE DER PÄDAGOGISCHEN FACHKRÄFTE

Das therapeutische Team einer Station besteht aus: ÄrztIn, PsychologIn, SozialarbeiterIn/SozialpädagogIn, ErzieherInnen und Krankenpflegepersonal. Die Aufgabenbereiche der ErzieherInnen und der Krankenschwestern lassen sich nicht klar von einander trennen. Sie arbeiten umfassend und können je nach persönlichen Neigungen Schwerpunkte setzen. Der Betreuungsschlüssel pro Station beträgt durchschnittlich: 8 Behandlungsplätze zu 10 Betreuern im Pflege- und Erziehungsdienst.

Hauptsächliche Aufgaben der ErzieherInnen:

- Bezugspersonenprinzip: die Aufgaben sind vom therapeutischen Konzept der jeweiligen Station abhängig,
- Pflegekräfte und Ärzte werden bei der medikamentösen Therapie und ärztlichen Anordnungen durch die ErzieherInnen unterstützt,
- Alltagsgestaltung (Gestaltung des Tagesanfangs, gemeinsames Frühstück, Beschäftigung am Morgen/schulischer Unterricht, gemeinsames Mittagessen, Lernstunde/Freizeitgestaltung am Nachmittag, gemeinsames Abendessen, je nach Alter der Kinder Freizeitgestaltung am Abend),
- eine an der PatientIn orientierte kreative, an Ressourcen orientierte Alltagsplanung,
- Unterstützung der Therapeuten bei den Aufnahme- und Elterngesprächen,
- pädagogische Eingangsdiagnostik und Hilfeplanung,
- Führen eines Dokumentationssystems,
- Mitgestalten der Stationsvisiten,
- Supervision,
- gruppenpädagogische Angebote, z.B. Gesprächsgruppen zu Gruppenkonflikten,
- freizeitpädagogische Angebote, z.B. Hüttenaufenthalte, spezielle erlebnispädagogische Angebote.

Die psychische Belastung für die ErzieherInnen ist als enorm zu bewerten. Durch die Therapie mit den PatientInnen werden auch immer wieder eigene Lebensthemen berührt, die dann auch auf eine Lösung drängen können. So wird in diesem Berufsfeld eine hohe Frustrationstoleranz und eigene Reflexionsfähigkeit gefordert.
Die Aufgaben der SozialpädagogInnen/-arbeiterInnen sind je nach Klinik unterschiedlich definiert. Es gibt Kliniken, in denen sie als TherapeutInnen beschäftigt werden und eine therapeutische Zusatzausbildung vorweisen müssen. In anderen Kliniken sind sie im Sozialen Dienst beschäftigt und haben Aufgaben wie die Vernetzung mit anderen Diensten zu gewährleisten, die Nachsorge, sowie die Organisation der Betreuung und Begleitung der Angehörigen zu organisieren.

Quellen/Literatur

Zeitschrift für Kinder- und Jugendpsychiatrie und Psychotherapie, Verlag Hans Huber

Remschmidt, H., Niebergall; G.: Kinder- und Jugendpsychiatrie, Stuttgart 2000

11. Behindertenhilfe

Theodor Thesing

Überblick

Behindertenhilfe kennzeichnet die Zusammenfassung aller Hilfen, Einrichtungen und Dienste für Menschen mit Behinderungen geistiger, körperlicher und/oder seelischer Art in allen Altersstufen. Die Auffassung über Behinderung und Behindertsein hat sich im Laufe der Jahrhunderte stark gewandelt. Ohne einen Blick in die Geschichte des Umgangs mit behinderten Menschen ist die Vielfalt und Struktur der heutigen Einrichtungen der Behindertenhilfe kaum zu verstehen. Altorientalische Kulturen brachten Menschen mit körperlichen Behinderungen einen gewissen Respekt entgegen: So wurden in Ägypten Blinde unter den besonderen Schutz eines Gottes gestellt, die Kindestötung war aber generell erlaubt. Im griechisch-römischen Kulturkreis herrschte das Ideal der körperlichen und geistigen Tüchtigkeit vor. Im römischen Recht stand dem Vater der Familie das Recht der Tötung eines neugeborenen „Krüppels“ zu, der dem Vollkommenheitsideal der Antike nicht entsprach. Philosophen rechtfertigten in ihren Schriften diese Haltung: So forderte beispielsweise Platon eine „strikte Eugenik durch staatliche Auswahl der Zeugungspaare“. Mit Ausbreitung des Christentums nahm der Gedanke der „Gleichheit aller Menschen vor Gott“ Gestalt an, verbunden mit der „Pflicht der Barmherzigkeit“ gegenüber den Menschenbrüdern und -schwestern. Im Mittelalter entstanden Hospize und Spitäler, im 19. Jahrhundert wurden spezielle Einrichtungen für Menschen mit Behinderungen geschaffen, von denen auch heute noch viele als sogenannte „Komplexeinrichtungen“ (früher Anstalten) differenzierte Hilfen für diesen Personenkreis anbieten (vgl. Thesing 2006, S. 18f.).

Behinderung wurde lange als Mangel, als Beeinträchtigung und Lebenserschwernis verstanden (vgl. Bleidick 1994, S. 650). Oft waren damit Ausgrenzung und faktische Entmündigung verbunden. In jüngster Zeit wird das Etikett „Behinderung“ und die damit verbundene Stigmatisierung in Frage gestellt und darauf hingewiesen, dass eine Gesellschaft eine Behinderung „machen“ kann. Geistige Behinderung beispielsweise wird heute als ein Komplex gesehen, der neben einer Schädigung des Zentralnervensystems, individuelle Persönlichkeitsfaktoren sowie soziale Bedingungen und Einwirkungen umfasst (vgl. Speck 1993, S. 40). So kann eine Schädigung durch Sauerstoffmangel während der Geburt bedingt sein – die Auswirkungen als Behinderung stellen sich jedoch erst in der Interaktion mit der sozialen Umwelt ein.

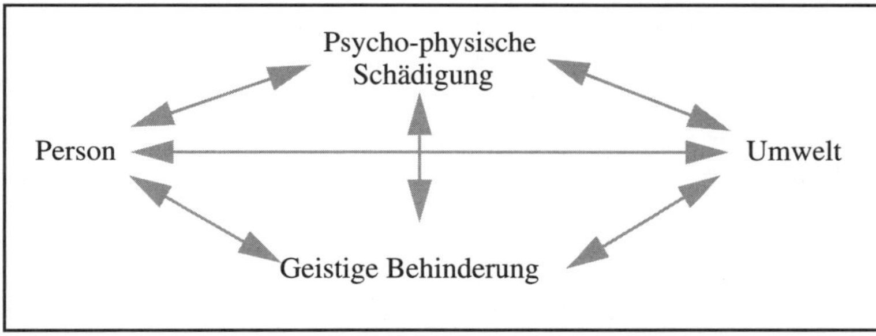

Quelle: Speck 1993, S. 61

Frühzeitige Förderung, positive soziale Beziehungen, Ausbildung und professionelle begleitende Hilfen spielen somit eine zentrale Rolle und beeinflussen wesentlich die Chancen der betroffenen Menschen. Besonders betont wird in der jüngsten Fachdiskussion die „Achtung vor der Person" des betroffenen Menschen und sein „Selbstbestimmungsrecht". Man spricht heute vom „Menschen mit Behinderung", nicht mehr vom „Behinderten". Die Behinderung ist wie Alter, Geschlecht und Hautfarbe ein Merkmal, bestimmt aber nicht die Person und ihre Wertigkeit. Wie bedeutsam der sorgfältige und angemessene Gebrauch der Sprache ist, haben wir im Dritten Reich erlebt, als Tausende von Menschen mit Behinderungen als „lebensunwert" bezeichnet und in Massenvernichtungslagern getötet wurden (vgl. Thesing 2006, S. 25ff.).

KONZEPTE/ARBEITSFORMEN

Heute stehen viele spezielle Hilfen für Menschen mit Behinderungen in ihren besonderen Lebenslagen zur Verfügung:

- Ambulante Dienste (Frühförderung, Familienentlastende Dienste, Pflegedienste für Menschen mit Behinderung),
- Beratungsdienste (Früherkennung, Frühberatung, Frühförderung),
- Kindertageseinrichtungen (Regel-, Sonder-, Integrationskindergärten),

- differentielle Schulen für Menschen mit Behinderungen (Sonderschulen, Tagesstätten),
- Förderzentren,
- Berufsbildungs-, Berufsförderungswerke, Rehazentren,
- Erwachsenenbildungsstätten,
- Werkstätten für Menschen mit Behinderungen (WfB),
- Freizeitstätten, Ferienheime,
- sozialpsychiatrische Einrichtungen, Psychiatrische Krankenhäuser,
- Lebensorte für Menschen mit Behinderungen (Komplexeinrichtungen),
- heilpädagogische Heime,
- Einrichtungen für Menschen mit Sinnes- oder Körperbehinderungen,
- Sprachfördereinrichtungen,
- Wohnheime,
- betreute Wohngruppen und betreutes Wohnen,
- Fachkrankenhäuser (vgl. BAG-HEP 1996, S. 9).

Berufsprofile der pädagogischen Fachkräfte

Die Behindertenhilfe hatte lange mit einem Fachkräftemangel zu kämpfen. Für die Arbeit im Gruppendienst wurden sowohl Krankenpflegekräfte, Erzieher, Sozialpädagogen und nicht oder nur gering ausgebildete Personen beschäftigt. Seit den 60er Jahren hat sich der Beruf des Heilerziehungspflegers verstärkt entwickelt, der inzwischen in ca. 200 Ausbildungsstätten in allen Bundesländern ausgebildet wird. Die inzwischen ca. 30.000 Absolventen sind zu den primären sozialpädagogischen Fachkräften geworden. In den Beratungs-und therapeutischen Bereichen sind zunehmend HeilpädagogInnen und SozialpädagogInnen tätig, ebenso in Leitungsfunktionen.

Quellen/Literatur

Bleidick, U.: Informationen über die sonderpädagogische Förderung in der Bundesrepublik Deutschland, in: Zeitschrift für Heilpädagogik 10/94

Bundesarbeitsgemeinschaft der Ausbildungsstätten für Heilerziehungspflege und Heilerziehung in der Bundesrepublik Deutschland: Heilerziehungspflege. Beruf und Ausbildung. Grundsatzpapier 1996 und 2003

ders.: Heilerziehungspflege 2006 – eine Positionsbestimmung
Speck, O.: Menschen mit geistiger Behinderung und Erziehung. Ein heilpädagogisches Lehrbuch, München 1993, 7. Aufl.
Thesing, T.: Heilerziehungspflege. Ein Lehrbuch zur Berufskunde, Freiburg 2006, 7. Aufl.
ders.: Menschen mit Behinderungen in unserer Gesellschaft, in: begegnen und helfen. Zeitschrift für ehrenamtliche Caritasarbeit, Heft 1/1999

11.1 Ambulante Dienste

Überblick

Ambulante Dienste bieten für Menschen mit Behinderungen, die in ihrer eigenen Wohnung leben wollen und können, pflegerische, hauswirtschaftliche und soziale Hilfen an. Die Bezeichnung Ambulante Dienste sagt zunächst nur, dass diese Hilfeform nicht stationär bzw. nicht ortsgebunden organisiert ist. In jüngster Zeit spricht man auch von Mobilen Diensten und drückt damit aus, dass die Helfer mobil sind und die notwendigen Hilfen in den jeweiligen Lebensbereich des Menschen hineinbringen. Vielfach wird auch die Bezeichnung Gemeindenahe Hilfen verwendet, die ausdrücken will, dass diese bewusst in der unmittelbaren Umwelt des Menschen angeboten werden, um ihm ein Verbleiben im gewohnten Lebensumfeld zu ermöglichen.

Konzepte/Arbeitsformen

Selbstorganisierte Hilfsdienste (AHD)

Selbstorganisierte Hilfedienste entstanden in den 70er Jahren vor allem in größeren Städten und werden überwiegend von körperbehinderten Menschen in Anspruch genommen. Der Verein zur Integration Behinderter e.V. ist der Überzeugung, dass Menschen mit Behinderungen selbst am besten wissen, welche pflegerischen oder praktischen Hilfen sie benötigen. Der Mensch mit Behinderung übernimmt die Rolle des Arbeitgebers oder des Kunden, der Helfer die Rolle des Arbeitnehmers oder Anbieters einer Dienstleistung.

BERUFSPROFILE DER PÄDAGOGISCHEN FACHKRÄFTE

Der AHD arbeitet in der Regel mit Laienhelfern, also Studenten, Zivildienstleistenden und teilzeitbeschäftigten Hausfrauen. Heilerziehungspflegerlnnen werden aus Kostengründen nur begrenzt eingesetzt. Sozialpädagoglnnen nehmen häufig die Aufgaben der Organisation, Vermittlung von Dienstleistungen, Beratung und Geschäftsführung der Dienststelle wahr.

Individuelle Schwerstbehindertenbetreuung (ISB)

Die ISB will ähnlich wie der AHD Menschen mit Behinderungen ein selbstbestimmtes Leben außerhalb von stationären Einrichtungen ermöglichen. Die angebotenen Dienstleistungen richten sich an (körperlich) Schwerbehinderte, die eine intensive und umfassende Betreuung, oft mit einem Betreuungsschlüssel 1:1, benötigen. Das selbstbestimmte Leben auch mit einer schweren Behinderung in der eigenen Wohnung, unterstützt durch die Hilfen eines Assistenten, ist das leitende Prinzip.

BERUFSPROFILE DER PÄDAGOGISCHEN FACHKRÄFTE

Ähnlich wie beim AHD werden überwiegend Zivildienstleistende und Laienhelfer eingesetzt. Heilerziehungspflegerlnnen arbeiten bisher aus Kostengründen nur selten in der Individuellen Schwerstbehindertenbetreuung. Mit dem Ausbau der ambulanten Betreuung dürfte sich dies allerdings ändern, und Heilerziehungspflegerlnnen werden, neben anderen Pflegekräften, vermutlich verstärkt auch in den Bereichen Pflegeplanung, Beratung und Organisation dieser Hilfen tätig werden. Sozialpädagoglnnen und Sozialarbeiterlnnen sind hier häufig geschäftsführend und in der Organisation tätig.

Quellen/Literatur

Buff, W., Hoffmann, G.: Mobile soziale Hilfsdienste – Individuelle Schwerstbehindertenbetreuung (Hrsg.): Diakonisches Werk, Edenstraße 12, 6000 Frankfurt/M.

Deutscher Caritasverband: Ambulante Hilfen für Menschen mit Behinderungen und ihre Familien, Freiburg 1991

11.1.1 FAMILIENENTLASTENDE DIENSTE

Überblick

Familienentlastende Dienste bieten Familien mit behinderten Angehörigen Unterstützung in Bereichen der Erziehung, Betreuung, Pflege und Versorgung und entlasten diese zeitweise von der Beanspruchung „Rund um die Uhr“, die vielfach trotz gutem Willen zur Überforderung, oftmals zur Erschöpfung der Angehörigen führt. In der Bundesrepublik existieren ca. 200 Familienentlastende Dienste, überwiegend im städtischen Bereich. In den ländlichen Gebieten fehlt diese Hilfe weitgehend.

KONZEPTE/ARBEITSFORMEN

Die Angebotspalette erstreckt sich auf:

- die Versorgung der behinderten Menschen zu Hause bei Abwesenheit oder Ausfall ihrer Angehörigen,
- die Entlastung der Eltern durch stundenweise Betreuung und Pflege des behinderten Angehörigen,
- individuelle Freizeitbetreuung von Menschen mit geistiger Behinderung,
- Hilfe bei der Verselbstständigung geistig behinderter Menschen und bei Orientierung nach außen,
- die Ermöglichung der eigenen Freizeitgestaltung für Eltern und Angehörige neben der oft belastenden Versorgung und Betreuung ihres behinderten Angehörigen (vgl. Offene Hilfen. Beratungsstelle für Menschen mit geistiger Behinderung und ihre Angehörigen, Entwicklungs- und Situationsbericht, Friedrichshafen 1990, S. 2/3).

BERUFSPROFILE DER PÄDAGOGISCHEN FACHKRÄFTE

Die Finanzierung der Familienentlastenden Dienste ist nicht gesichert, dies verhindert weitgehend eine sichere personelle Ausstattung mit hauptamtlichen Fachkräften. Im Rahmen des geplanten Ausbaus der offenen und ambulanten Hilfen ist aber mit der vermehrten Einstellung von HeilerziehungspflegerInnen und ErzieherInnen zu rechnen.

Quellen/Literatur

Quantitativer und qualitativer Ausbau ambulanter Familienentlastender Dienste (FED): Abschlussbericht, Nomos 1997

Thimm, W.: Familienentlastende Dienste – ein Beitrag zur Neuorientierung der Behindertenhilfe, in: Geistige Behinderung 2/1991, S. 146–157

Bundesvereinigung Lebenshilfe: Praxishandbuch Familienunterstützende Dienste (FuD), Marburg 2005

11.2 Bildungs- und Förderungseinrichtungen

Überblick

Jeder junge Mensch hat das Recht auf Förderung seiner Entwicklung und auf Erziehung zu einer eigenverantwortlichen und gemeinschaftsfähigen Persönlichkeit (§ 1 KJHG). Ein Kind mit einer geistigen, körperlichen, seelischen oder Sinnesbehinderung hat, im Sinne des Normalisierungsprinzips, einen Anspruch auf Teilnahme an den allgemeinen Bildungsmaßnahmen wie Kindergarten, Schule, Berufsausbildung, benötigt aber häufig darüber hinaus in allen Lebenslagen zusätzlich spezifische, stützende und/oder ergänzende Hilfen.

Abbildung: Bildungs-und Förderungseinrichtungen für Menschen mit Behinderungen (aus: Thesing, Heilerziehungspflege 2006, S. 96)

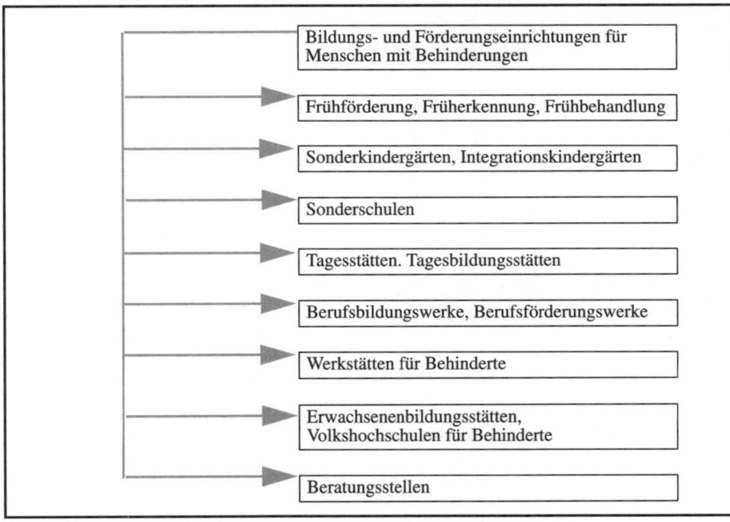

11.2.1 FRÜHFÖRDERUNG

Überblick

Frühbehandlung und Frühförderung kennzeichnet ein Netz von sehr frühen medizinischen, therapeutischen, heilpädagogischen, pflegerischen und sozialen Maßnahmen für sogenannte „Risikokinder", Kinder mit Schädigungen des Gehirns, starken körperlichen Beeinträchtigungen oder erheblichen Entwicklungsstörungen. Es besteht Konsens in der Fachwelt, dass die Förderung und Therapie von Risikokindern oder Kindern mit Schädigungen möglichst früh erfolgen soll. Durch Frühbehandlung oder Frühförderung können Schädigungen, dauernde Behinderungen vermieden oder in ihren Auswirkungen begrenzt werden. Je früher die Hilfen einsetzen, desto höher ist die Erfolgsprognose. Die Frühförderung wird in der Regel im gewohnten häuslichen Bereich durchgeführt.

KONZEPTE/ARBEITSFORMEN

Die nachfolgende Übersicht zeigt, dass Frühförderung grundsätzlich interdisziplinär gestaltet werden muss, pädagogische Maßnahmen haben ihren Platz neben medizinischen, pflegerischen und therapeutischen Interventionen.

Abbildung: Maßnahmen der Frühbehandlung und Frühförderung (orientiert an: Ratgeber für Behinderte und ihre Angehörige, MfAGFS, 1989, S. 23f.)

Maßnahmen im Rahmen der Frühbehandlung und Frühförderung

Medizinische Maßnahmen	nichtärztliche therapeutische Maßnahmen	Päd., psychol., heilpäd. Maßnahmen	Pflegerische Betreuung
durch Neuropädiater, Pädiater	durch Physiotherapeuten (Krankengymnasten), Ergotherapeuten	durch Heilpädagogen, Heilerziehungspfleger, Logopäden, Ergotherapeuten	durch Krankenpfleger, Heilerziehungspfleger
apparative oder medikamentöse Therapie operative Eingriffe bei Fehlbildungen orthopädische Hilfsmittel psychotherapeutische oder psychiatrische Hilfen	bei Lähmung oder Schäden im Stütz- oder Bewegungssystem Atemgymnastik orthopädisches Turnen Physiotherapie (z.B. Unterwassermassage)	Sprachheilbehandlung Förderung von Motorik, Sprache, Sozialverhalten, Sport, Rhythmik, Wahrnehmungstraining freizeitpädagogische Hilfen	pflegerische Grundversorgung Behandlungspflege Selbstständigkeitstraining Training im Umgang mit Rollstuhl und Gehhilfen Mobilitätstraining

Berufsprofile der pädagogischen Fachkräfte

Die heilpädagogischen Hilfen werden in der Regel von HeilpädagogInnen und in geringer Zahl von HeilerziehungspflegerInnen und SozialpädagogInnen angeboten. Die therapeutischen Angebote mit unterschiedlichen Schwerpunkten machen sowohl HeilpädagogInnen, MotopädagogInnen, ErgotherapeutInnen oder LogopädInnen.

Quellen/Literatur

Klein, G.: Frühförderung mit Kindern mit psychosozialen Risiken, 2002
Pretis, M.: Frühförderung planen, durchführen, evaluieren. Beiträge zur Frühförderung interdisziplinär, 2005
Sohns, A.: Frühförderung entwicklungsauffälliger Kinder in Deutschland, Weinheim 2000
Thurmaier, M., Naggl, M.: Praxis der Frühförderung, München 2003

11.2.2 ERWACHSENENBILDUNG

Überblick

Die Bedeutung der Bildung und Förderung eines Menschen mit (geistiger) Behinderung im Erwachsenenalter rückt erst in den letzten 20 Jahren in den Blickpunkt des heilpädagogischen Interesses. Theunissen bezeichnet die Erwachsenenbildung als Stiefkind der Heil- und Sonderpädagogik und nennt dafür drei Gründe:

> „Erstens wurde – und das lässt sich anhand der historischen Quellen eindeutig belegen – Erwachsenen mit geistiger Behinderung die Lern- und Bildungsfähigkeit abgesprochen, zweitens war ihre Lebenserwartung niedriger als heute, und drittens haben viele Geistigbehinderte die Schreckenszeit des Nationalsozialismus nicht überlebt" (Theunissen 1991, S. 11).

In den Nachkriegsjahren lag das Augenmerk auf dem Wohle des behinderten „Kindes", das eine Frühförderung, einen Kindergarten und eine spezielle Schule benötigte. Erst mit der Zunahme der erwachsenen behinderten Menschen wurde die Werkstatt für Behinderte bedeutsam, die Fachliteratur widmete sich aber kaum dem Thema Erwachsenenbildung.

Die Notwendigkeit „lebenlangen Lernens" wird heute als dringlich erkannt. Der moderne Mensch muss sich an die rasch verändernden Lebensbedingungen anpassen, sonst gerät er schnell aufs Abstellgleis oder ins Abseits, dies gilt besonders für Menschen mit Behinderungen, die in der Regel Probleme haben, sich an einen raschen Wandel anzupassen. Untersuchungen belegen, dass erwachsene behinderte Menschen sehr wohl noch lernfähig sind, sogar verpasste Bildung nachholen können. Konsens besteht bei vielen Autoren in der Zielrichtung, Erwachsenenbildung soll emanzipatorisch wirken und die gesellschaftliche Partizipation verbessern. Trotzdem bieten heute z.B. Volkshochschulen wenig Angebote, an denen behinderte Menschen teilhaben können, vielfach haben sie Alibifunktion, behinderte und nichtbehinderte Menschen besuchen getrennte Veranstaltungen.

KONZEPTE/ARBEITSFORMEN

Inzwischen existieren einige theoretisch fundierte und didaktisch strukturierte Bildungsprogramme bzw. Erwachsenenbildungsstätten. Theunissen unterscheidet neun universale, didaktisch-methodisch relevante Prinzipien der heilpädagogischen Erwachsenenbildung (vgl. Theunissen 1991, S. 68–83):

(1) Erwachsenengemäße Ansprache,
(2) kommunikationszentrierte, partnerschaftliche Vorgehensweise,
(3) Freiwilligkeit, Wahlmöglichkeit und Mitbestimmung,
(4) Subjektzentrierung und Individualisierung,
(5) ganzheitlich-integratives Prinzip,
(6) Lebensnähe und handelndes Lernen,
(7) zeitliche Kontinuität und Regelmäßigkeit,
(8) Prinzip der Entwicklungsgemäßheit,
(9) das lern- und neuropsychologische Prinzip.

Einige Bildungsinstitutionen sollen beispielhaft genannt werden:

- Theodor-Heckel-Bildungswerk München,
- Bildungszentrum der Stadt Nürnberg,
- Oldenburger Volkshochschule,
- Heidelberger Modell – Uni Heidelberg, Fachbereich Sonderpädagogik,
- Projekt „Bildung und Freizeit“ des Instituts für Soziale Berufe Ravensburg, Fachbereich Heilerziehungspflege,
- Wohnschulen.

Die Kursangebote ähneln sich, einige Organisationen bieten gezielt Kurse für behinderte und Teilnehmer ohne Behinderung an:

- Wir entdecken unsere Stadt.
- Näh-, Koch-, Bastelkurse.
- Wir lernen Lesen.
- Umgang mit Geld.

- Tanzkurse, Yoga, Gymnastik.
- Wir gehen ins Theater.
- Wir spielen Theater.
- Wanderungen, Bergtouren, Ski-Langlauf, Chorgesang.
- Computerkurse.

Beim Heidelberger Modell und beim Projekt Bildung und Freizeit des IfSB Ravensburg bieten Dozenten und Studenten die Kurse gemeinsam an.

BERUFSPROFILE DER PÄDAGOGISCHEN FACHKRÄFTE

Ein wesentliches Problem der Erwachsenenbildung für Menschen mit Behinderungen ist die in der Regel fehlende Finanzierung der Kurse, d.h. viele Aktivitäten geschehen ehrenamtlich oder durch Studenten und Dozenten im Rahmen der Ausbildung. In der Regel sind die Projekte auf Sponsoren angewiesen. Das Bildungszentrum Nürnberg, welches seit ca. 20 Jahren Kurse für behinderte und nicht behinderte Menschen anbietet, weist auf die Breite der Professionen hin. Als DozentInnen werden LehrerInnen, SonderschullehrerInnen, SozialpädagogInnen, SozialarbeiterInnen, KünstlerInnen, BeschäftigungstherapeutInnen, Dipl. PädagogInnen, GymnastiklehrerInnen, StudentInnen eingesetzt (vgl. Theunissen 1991 S. 55).
Die Beschäftigungschancen für die einzelnen pädagogischen Berufsgruppen sind nur sehr schwer einzuschätzen.

Quellen/Literatur

Institut für Soziale Berufe Ravensburg, www.ifsb.rv.schule-bw.de
Lindmeier, B. u.a.: Integrative Erwachsenenbildung für Menschen mit Behinderungen im internationalen Vergleich, Luchterhand 2002
Theunissen, G.: Heilpädagogik im Umbruch. Über Bildung, Erziehung und Therapie geistig Behinderter, Freiburg 1991
Theodor-Heckel-Bildungswerk, Hirschgartenallee 2, 80639 Oberschleißheim

11.3 WERKSTATT FÜR BEHINDERTE

Überblick

Werkstätten für Behinderte (WfB) bieten Arbeitsplätze für Menschen mit Behinderungen, die wegen der Art oder Schwere ihrer Behinderung nicht, noch nicht oder noch nicht wieder auf dem allgemeinen Arbeitsmarkt tätig sein können (§ 54 Schwerbehindertengesetz). Die Arbeitsangebote beziehen sich auf Montagearbeiten für die Industrie, Herstellung eigener Produkte und Verkauf, Holz-, Metallbearbeitung, Textilverarbeitung, Gärtnerei, Pflanzenzucht, Druckprodukte u.a. Die WfBs sind in der Regel nach DIN-ISO qualitätsgeprüft. Diese Werkstätten sind zuständig für Menschen mit Behinderungen eines Einzugsgebietes unabhängig von Ursache, Art und Schwere der Behinderung und werden als Abteilung einer Komplexeinrichtung oder auch als eigenständiger gemeinwesenorientierter Betrieb geführt. Arbeit und Beruf sind eine Notwendigkeit, um Geld zu verdienen und seinen Lebensunterhalt zu finanzieren, bedeuten aber auch in einem hohe Maße Teilhabe an der Welt, soziale Kontakte zu Mitmenschen, Bestätigung der eigenen Leistungsfähigkeit und des Selbstwertgefühls. In der Bundesrepublik Deutschland existieren ca. 1.100 Werkstätten für Behinderte. In diesem Betrieben arbeiten ca. 140.000 behinderte Mitarbeiter, wobei ca. 10 % im Arbeitstrainingsbereich tätig sind. Rund 80 % der behinderten Mitarbeiter sind geistig, 12 % seelisch, 5 % körperlich behindert, 2 % haben sonstige Behinderungen (vgl. Bundesvereinigung Lebenshilfe 1992, S.V).

KONZEPTE/ARBEITSFORMEN

Wesentliche Aufgaben der Werkstatt für Behinderte sind:

- Arbeit für Menschen mit Behinderungen bereitstellen,
- Förderung der Leistungsfähigkeit der behinderten Mitarbeiter,
- Wirtschaftlichkeit,
- begleitende pädagogische, medizinische und soziale Hilfen.

Neben der Bereitstellung von Arbeitsplätzen soll die WfB Menschen mit Behinderungen die Möglichkeit bieten, ihre Leistungsfähigkeit zu erproben, zu entwickeln und zu trainieren. Dies geschieht durch eine Gliederung des Betriebes in Eingangsbereich, Arbeitstrainingsbereich und Arbeitsbereich.

Abbildung: Aufbau und Ausstattung einer Werkstatt für Behinderte

Eingangsbereich
- Dauer ca. 4 Wochen bis 3 Monate
- Beobachtung des Behinderten, Vertrautmachen mit der Werkstatt
- Lohn: ca. 100,– DM

▼ ▼

Arbeitstrainingsbereich
- Dauer max. 2 Jahre
- Berufsfördernde Maßnahmen wie
  Grundkurs: Fertigkeiten, Grundkenntnisse der Arbeitsabläufe, Kennenlernen von Werkstoffen und Werkzeugen
  Aufbaukurs: Fertigkeiten mit höherem Schwierigkeitsgrad, Umgang mit Maschinen
- Betreuung 1:6
- danach Entscheidung über Tätigkeit auf dem freien Arbeitsmarkt, bzw. Berufsbildungswerk oder Werkstatt für Behinderte

▼ ▼

Arbeitsbereich
- möglichst breites Angebot von Arbeitsplätzen
- wettbewerbsgeschützte und behindertengerechte Arbeitsplätze
- Betreuung 1:12
- Arbeitsversuche in der freien Wirtschaft bzw. Auslagerung von WFB-Gruppen in Betriebe

Personelle Ausstattung

Werkstattleiter
- Fachhochschulabschluss Betriebswirt oder Ingenieur und sonderpädagogische Zusatzqualifikation

Arbeitspädagogen
- Facharbeiter oder Meister mit sonderpädagogischer Zusatzqualifikation
- Heilerziehungspfleger

Begleitende Dienste
- Arzt, Psychologe, ein Sozialarbeiter pro 120 Behinderte, Heilerziehungspfleger, Sportlehrer, Heilpädagogen, Therapeuten, Freizeitbereich, Erwachsenenbildung, Betreutes Wohnen

Quelle: Thesing, Heilerziehungspflege, 2006, S. 118

Die Werkstatt für Behinderte ist nach wirtschaftlichen Gesichtspunkten zu organisieren und soll den behinderten Menschen ein an seinem Leistungsvermögen angemessenes Arbeitsentgelt ermöglichen. Da die Produktivität der WfB im Vergleich zur freien Wirtschaft niedriger ist, liegt die Höhe des monatlichen Verdienstes nur bei ca. 250 DM. Die behinderten Mitarbeiter sind sozialversichert und erwerben einen eigenen Rentenanspruch. Die begleitenden Dienste sollen die Persönlichkeitsentwicklung der Werkstattmitarbeiter fördern.

BERUFSPROFILE DER PÄDAGOGISCHEN FACHKRÄFTE

Die Leitung einer Werkstatt für Behinderte liegt je nach Größe in den Händen von IngenieurInnen, BetriebswirtInnen oder MeisterInnen mit sonderpädagogischer bzw. betriebswirtschaftlicher Zusatzqualifikation. In der Funktion des Gruppenleiters sind in der WfB Meister mit sonderpädagogischer Zusatzqualifikation, ArbeitserzieherInnen und HeilerziehungspflegerInnen tätig. Der begleitende Dienst wird in der Regel von SozialpädagogInnen, HeilpädagogInnen, seltener von HeilerziehungspflegerInnen wahrgenommen. Die Chancen einer Anstellung erhöhen sich deutlich, wenn die Bewerber vorher in einem handwerklichen oder industriellen Beruf tätig waren.

Quellen/Literatur

Bundesvereinigung Lebenshilfe: WfB-Handbuch, Marburg 1992
Cramer, H.H.: Werkstätten für Behinderte, München 2000
Frese, F.: Aus der Praxis der Werkstatt für Behinderte, Freiburg 2000
Grampp, G., Triebel, A.: Lernen und Arbeiten in der Werkstatt für behinderte Menschen (Forschungen für die Praxis), Psychiatrieverlag 2006

11.4 LEBENSORTE FÜR MENSCHEN MIT BEHINDERUNGEN – BEHINDERTENZENTREN

Überblick

Behindertenzentren, die vielfach auch als Komplexeinrichtungen, in neuerer Zeit als „Lebensorte für Menschen mit Behinderungen" bezeichnet werden, bieten für behinderte Menschen nicht nur ein „Heim" ein „Zuhause", sondern stellen eine eigene kleine Welt dar. Diese Lebensgemeinschaften haben oft den Charakter eines „Soziotops", es leben hier Menschen, die nicht so leben können wie der Durchschnitt der Bevölkerung. Diese Zentren haben sich aus dem Institutionstyp „Anstalt" entwickelt. „Anstalten für Schwachsinnige" oder „Heil- und Pflegeanstalten", wie sie früher hießen, wurden im 18./19. Jahrhundert von christlichen Personen oder Gruppen gegründet. In diesen Komplexeinrichtungen leben heute jeweils mehrere Hundert, z.T. über 1.000 behinderte Bewohner (z.B. die Stiftung Liebenau am Bodensee, Stetten im Remstal, Ursberg in Bayern, Bethel bei Bielefeld), die von einer ähnlich hohen Zahl von Mitarbeitern betreut werden.

KONZEPTE/ARBEITSFORMEN

Die Behindertenzentren verfügen über differenzierte Fachdienste wie Frühförderung, Sonderkindergarten, Sonderschule, Beratungsstellen, Wohnheime, ausgelagerte Wohngruppen, Werkstätten, ein Berufsförderungswerk oder ein Fachkrankenhaus.
Kritisiert wird an diesen Großeinrichtungen, dass sie dazu neigen, sich hierarchisch zu strukturieren, zentralistisch zu arbeiten. In vielen Einrichtungen ist aber inzwischen der Dezentralisierungs- und Umstrukturierungsprozess fortgeschritten, einige haben bereits die Struktur eines differenzierten Verbundsystems.

Abbildung: Behindertenzentrum/Anstalt

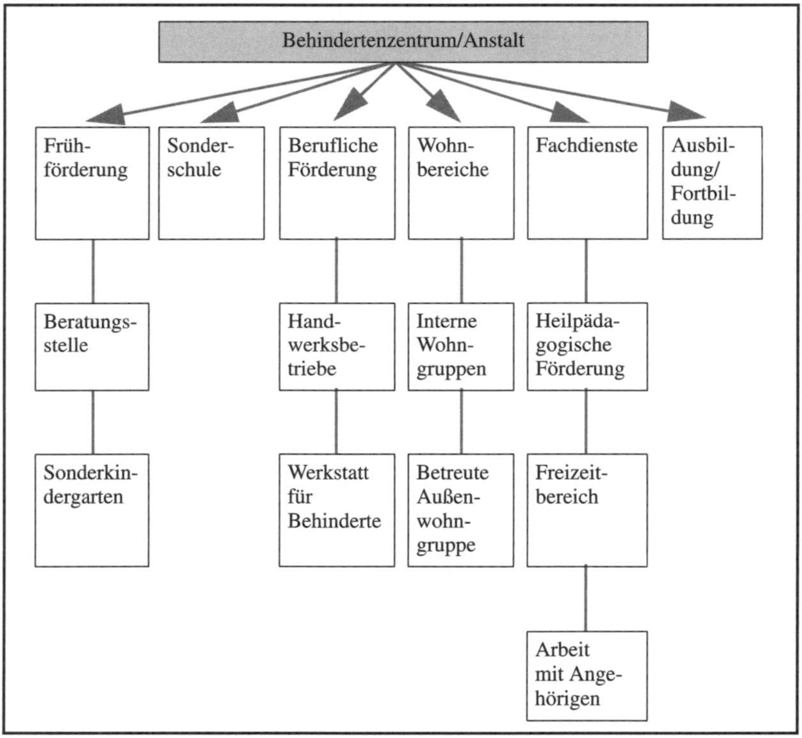

Quelle: Thesing, Heilerziehungspflege, 2006, S. 138

Berufsprofile der pädagogischen Fachkräfte

Die Behindertenzentren bzw. Komplexeinrichtungen haben bedingt durch die Vielzahl ihrer Aufgaben oder Spezialisierung (z.B. Rehabilitationszentrum für Körperbehinderte) eine Vielzahl von Berufsgruppen beschäftigt, davon ein hoher Prozentsatz sozialpädagogischer Mitarbeiter. Die größte Zahl der Arbeitsplätze liegt im Bereich der Wohngruppen, der alltäglichen Pflege und Lebensbegleitung von Menschen mit Behinderungen, in denen oftmals ErzieherInnen, Jugend- und HeimerzieherInnen, Heilerziehungspflegerlnnen, HeilpädagogInnen, Pflegefachkräfte und

SozialpädagogInnen gleichberechtigt und mit gleichen Tätigkeitsmerkmalen tätig werden. Diese Beschäftigung verschiedener Berufe im gleichen Tätigkeitsfeld hat einmal seinen Grund im Personalmangel („man nimmt, wen man bekommt"), aber häufig auch als Ergänzung der Ausbildungsschwerpunkte der mehr sozialpädagogisch oder sozialpflegerisch ausgebildeten Fachkräfte. In den Heimleitungen sind in der Regel SozialpädagogInnen, HeilpädagogInnen und Personen mit Doppelqualifikationen (HeilerziehungspflegerInnen oder ErzieherInnen mit heilpädagogischer Zusatzqualifikation) tätig.

11.5 REHABILITATIONSZENTREN

Überblick

Unter Rehabilitation werden alle Maßnahmen der Eingliederung von behinderten oder von einer Behinderung bedrohten Menschen in die Gesellschaft verstanden. Man unterscheidet vier Phasen: die medizinische, die pädagogisch (vorschulische)schulische, die berufliche und die soziale Rehabilitation (vgl. Fachlexikon der sozialen Arbeit 1997, S. 769ff). Rehabilitation ist eine differenzierte und komplexe Aufgabe und wird in der Regel in Rehabilitationszentren durchgeführt, obwohl es inzwischen auch eine ambulante Rehabilitation gibt. Gründe für die Notwendigkeit rehabilitativer Maßnahmen können in der Erkrankung des Herz-Kreislaufsystems, in Sinnesbehinderungen, Verletzungen des Gehirns oder Nervensystems, psychischen Störungen oder anderen Faktoren liegen. Als Tätigkeitsfeld für sozialpädagogische Fachkräfte sind vor allem Rehabilitationszentren für Kinder, Jugendliche oder junge Erwachsene mit Gehirnerkrankungen oder Verletzungen des Nervensystems interessant, die neben der medizinisch-pflegerischen Rehabilitation auch pädagogisch betreute Freizeitgestaltung, Wohntraining, schulische Begleithilfen und soziale Eingliederung benötigen. Als Beispiel soll nachfolgend ein „Neurologisches Rehabilitationszentrum für Kinder und Jugendliche" dienen (vgl. www.hegau-jugendwerk.de).

Konzepte/Arbeitsformen

Aufgenommen werden Kinder, Jugendliche und junge Erwachsenen mit folgenden Erkrankungen oder Schädigungen:

- erworbene Hirnschädigung durch Unfall,
- cerebraler Gefäßprozess, Hirntumor, cerebrale Hypoxie,
- entzündliche Erkrankungen des zentralen Nervensystems (insbesondere auch Multiple Sklerose),
- angeborene/frühkindliche Schädigung des (zentralen) Nervensystems, z.B. perinatale/frühkindliche Hirnschädigung, Spina-bifida,
- cerebrale Krampfleiden; Zustand nach epilepsie-chirurgischem Eingriff,
- Erkrankungen/Schädigungen des peripheren Nervensystems,
- schulische Leistungsproblematik aufgrund neurophysiologischer Teil-leistungsstörungen,
- kognitive und intellektuelle Defizite,
- (neuro-)muskuläre Erkrankungen,
- degenerative und stoffwechselbedingte Erkrankungen des Nervensystems.

Zu Beginn einer Behandlung erfolgt eine umfassende klinisch-neurologische, psychopathologische, neuropsychologische, funktionsbezogene und psychosoziale Diagnostik sowie eine Bestandsaufnahme. Hieraus ergibt sich die individuelle Problematik und Fragestellung. Im Rehabilitations- und Therapieplan werden in zeitlich und inhaltlich sinnvoller Abstimmung und Reihenfolge alle notwendigen medizinischen, fachtherapeutischen, schulischen und vorberuflichen Behandlungs-, Trainings- und Fördermaßnahmen festgelegt (www.hegau-jugendwerk.de 2001, S. 2).

Berufsprofile der pädagogischen Fachkräfte

Die Umsetzung des Rehabilitationsplans erfolgt interdisziplinär in einem multiprofessionellen Team aus ÄrztInnen, PsychologInnen, Pflegekräften, Fachtherapeuten, LehrerInnen und sozialpädagogischen Fachkräften (SozialpädagogInnen, ErzieherInnen, HeilerziehungspflegerInnen, HeilpädagogInnen). Die sozialpädagogischen Berufe sind vor allem für das Stationsmilieu, die Förderung der Selbstständigkeit im Alltag, den Erwerb sozialer Kompetenz

und Akzeptanz der eigenen Situation der betroffenen Kinder und Jugendlichen zuständig. Im Kinderhaus werden auch Patienten mit geringer Selbstständigkeit betreut.
Die Hilfen zur Eingliederung vor Ort und die Begleitung des Rehabilitanden im Rahmen des poststationären Betreuungskonzeptes wird durch die Rehabilitationsberater des Sozialdienstes, in der Regel SozialarbeiterInnen, gewährleistet (www.hegau-jugendwerk.de 2001, S. 2).

Quellen/Literatur

Deutscher Verein für öffentliche und private Fürsorge: Fachlexikon der sozialen Arbeit, Stuttgart, Berlin, Köln 1997, 4. Auflage
www.hegau-jugendwerk.de 2001

11.6 BERUFSFÖRDERUNGSWERKE (BFW)

Überblick

Berufsförderungswerke sind außerbetriebliche Einrichtungen zur beruflichen Bildung und Rehabilitation erwachsener Menschen mit Behinderungen, die in der Regel bereits berufstätig waren und wegen einer gesundheitlichen Schädigung oder Auswirkung der Behinderung nicht mehr in der Lage sind, die bisherige Tätigkeit auszuüben. Als typisches Beispiel kann ein junger Krankenpfleger gelten, der nach einem schweren Motorradunfall querschnittsgelähmt ist und nun als Rollstuhlfahrer eine Umschulung als Computer-Kaufmann absolvieren möchte. Die Rehabilitation erfolgt nach einem Eingliederungsplan, der in enger Abstimmung zwischen dem Rehabilitanden, der Rehaeinrichtung und dem Arbeitsamt erstellt wird. In der Regel gehen ärztliche und fachpsychologische Gutachten voraus. Berufsförderungswerke sind in der Bundesrepublik Deutschland regional gegliedert vorhanden, ein Netz von 28 Einrichtungen mit ca. 14.500 Ausbildungsplätzen steht zur Verfügung (vgl. Bundesminister für Arbeit und Sozialordnung 1996, S. 3).

KONZEPTE/ARBEITSFORMEN

Ein Berufsförderungswerk bietet Maßnahmen der
- Berufsfindung,
- Arbeitserprobung,
- Berufsvorbereitung,
- Berufsausbildung.

Abbildung: Das Netz der Berufsförderungswerke

Quelle: Bundesminister für Arbeit und Sozialordnung 1996, S. 4

Die angebotenen Berufe sind nach Berufsfeldern geordnet: Berufe im Maschinenbau, Industrielle Berufe, Handwerkliche Berufe, Berufe der Elektrotechnik/Elektronik, Kaufmännische und Verwaltungsberufe, Berufe der Datenverarbeitung, Bautechnische Berufe, Berufe des Gesundheitswesens und des Sozialwesens, Berufe der Druckindustrie und sonstige Berufe. Die Berufsqualifikation wird auf verschiedenen Ebenen angeboten (Facharbeiter, Techniker, Ingenieur).

BERUFSPROFILE DER PÄDAGOGISCHEN FACHKRÄFTE

Da die Rehabilitationseinrichtungen überregional arbeiten und die Teilnehmer häufig sehr lange Anfahrtswege haben, ist der größte Teil in Wohnheimen oder in betreuten Wohngruppen untergebracht. Die Betreuung erfolgt durch ErzieherInnen, SozialpädagogInnen, HeilerziehungspflegerInnen und ArbeitserzieherInnen. Selbstständigkeitstraining, individuelle Beratung und Freizeitangebote sind hier primäre Aufgaben der sozialpädagogischen Mitarbeiter mit unterschiedlichen Abschlüssen. Im begleitenden medizinischen, psychologischen und sozialen Dienst sind überwiegend SozialarbeiterInnen, SozialpädagogInnen und HeilpädagogInnen tätig. ArbeitserzieherInnen werden primär in der Berufsförderung, in Einzelfällen auch in den Wohngruppen tätig.

Quellen/Literatur

Bundesminister für Arbeit und Sozialordnung: Berufsförderungswerke. Einrichtungen zur beruflichen Eingliederung erwachsener Behinderter, Bonn 1996, S. 4

11.7 FACHKRANKENHÄUSER/SOZIALMEDIZINISCHE ZENTREN

Überblick

Das Fachkrankenhaus für Menschen mit Behinderungen ist eine primär medizinische Einrichtung, die spezifische Hilfen aus den Bereichen Allgemeinmedizin, Innere Medizin, Zahnärztliche Versorgung und/ oder Psychiatrie zur Verfügung stellt. Es werden Menschen mit Behinderungen aller Altersstufen behandelt und betreut, die körperlich oder psychisch erkrankt sind oder wegen der Schwere ihrer Probleme einer längerfristigen therapeutischen Begleitung und individuellen Förderung bedürfen. Hierzu gehören behinderte Menschen mit chronischen psychischen Erkrankungen und Verhaltensstörungen, erworbener Behinderung durch eine Schädel-Hirn-Verletzung, schwerster Mehrfachbehinderung und alte geistig behinderte Menschen mit körperlichen und psychiatrischen Problemen. Das Angebot umfasst in der Regel ambulante wie stationäre Diagnostik und Behandlung, sowie mittel- bis langfristig ausgerichtete sozialtherapeutische Förderung und Beratung der behinderten Patienten unter Einbeziehung ihrer Angehörigen (vgl. St. Lukas-Klinik 1999, S. 3/5). So ist z.B. bei der zahnmedizinischen Behandlung von Menschen mit schwerer Behinderung oder bei anderen komplexen chirurgischen Eingriffen eine anästhesistische Begleitung notwendig, eine Vorbereitung und Nachsorge häufig nur unter stationären Bedingungen möglich. Die Bereiche Allgemeinmedizin, Psychiatrie sind zuständig für die Erstellung von Pflege- und Therapiekonzepten bei chronischen Problemen, wie schwerster Mehrfachbehinderung, Hirnabbauprozessen, Anfallsleiden und Stoffwechselerkrankungen (St. Lukas-Klinik 1999, S. 10).

KONZEPTE/ARBEITSFORMEN

Fachkrankenhäuser bieten in der Regel spezifische medizinische, psychiatrische, sozialtherapeutische und heilpädagogische Hilfen für eine Region an und stellen diese Hilfen auch für Einrichtungen der Behindertenhilfe zur Verfügung. Sie können als Sozialmedizinische Zentren Abteilungen vorhalten für:

- Kinder- und Jugendpsychiatrie,
- Psychotherapie mit Eltern-Kind-Behandlung,
- Erwachsenenpsychiatrie,
- allgemeine und fachärztliche Ambulanzen,
- zahnärztliche Ambulanzen.

Häufig angeschlossen ist ein sozialtherapeutisches bzw. heilpädagogisches Heim mit einer

- milieutherapeutischen Ausrichtung und
- psychotherapeutischen,
- heilpädagogischen,
- erlebnispädagogischen,

- ergotherapeutischen,
- physiotherapeutischen und
- pflegerischen

Angeboten, welches als Arbeitsfeld für sozialpädagogische Fachkräfte interessant ist. Sie arbeiten im Bereich des Wohnens, der Pflege, Freizeitpädagogik, Tagesbetreuung, Kurzzeitaufnahme, Ferienbetreuung und psychosozialen Betreuung.

BERUFSPROFILE DER PÄDAGOGISCHEN FACHKRÄFTE

Im allgemein- und sozialmedizinischen Bereich sind überwiegend ÄrztInnen, FachärztInnen, PhysiotherapeutInnen und Pflegefachkräfte beschäftigt. Im sozialtherapeutischen bzw. heilpädagogischen Heim sind HeilpädagogInnen, HeilerziehungspflegerInnen, ErgotherapeutInnen und SozialpädagogInnen mit unterschiedlichen Aufgabenschwerpunkten im Team tätig. Für die Anstellung ist häufig nicht so sehr wichtig, welche Fachrichtung der Betreuer absolviert hat, sondern die Bereitschaft und Fähigkeit, mit Menschen zu arbeiten, die schwerste Behinderungen aufweisen oder durch psychische Erkrankungen zu eigen- oder fremdaggressiven Handlungen neigen oder an einem autistischen Syndrom leiden. Menschen mit solchen Problemen oder Behinderungen stellen hohe Anforderungen an die psychische Belastbarkeit der Betreuer. Zunehmend wird mit erlebnispädagogischen Erfahrungsfeldern gearbeitet, die von sozialpädagogischen Fachkräften mit entsprechender Zusatzausbildung angeboten werden.

Quellen/Literatur

St. Lukas-Klinik der Stiftung Liebenau: Sozialmedizinisches Zentrum und Sozialtherapeutisches Heim für behinderte Menschen 1999

11.8 WOHNSTÄTTEN UND WOHNFORMEN

Überblick

In der Bundesrepublik Deutschland existiert ein differenziertes System von Wohnstätten für Menschen mit Behinderungen mit unterschiedli-

chen Aufgabenstellungen, Personenkreis, Schwerpunkten und Bezeichnungen. Es wird zwischen offenen und stationären Wohnformen unterschieden. Wohnstätten im offenen Bereich werden auch als gemeindenahe oder gemeinwesenorientierte Wohnformen bezeichnet, wozu Gastfamilien, Kleinstwohnheime, Wohngemeinschaften und Betreutes Wohnen gehören.
Als Wohnstätten im stationären Bereich werden Institutionen bezeichnet, die umfassende Hilfen an einem Ort bereit stellen, z.B. Wohnen, Ausbildung, Arbeit, Therapie, hierzu gehören Dorfgemeinschaften und Wohnheime.

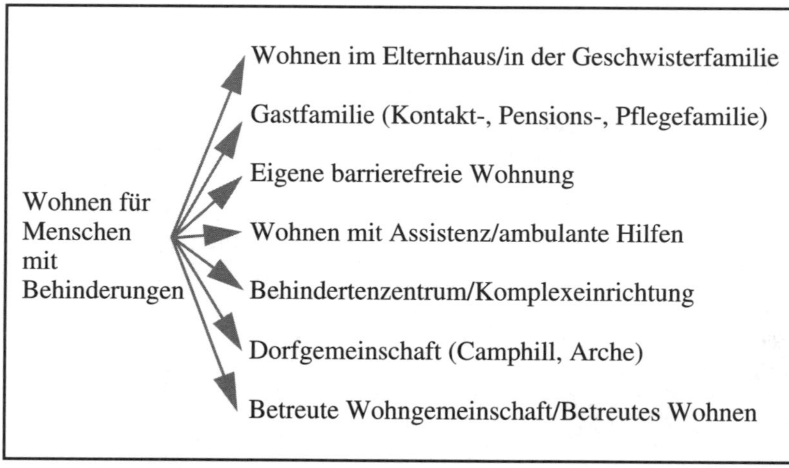

11.8.1 DORFGEMEINSCHAFTEN

Überblick

Dorfgemeinschaften sind Lebensorte für Menschen mit Behinderungen überwiegend im ländlichen, oftmals räumlich abgelegenen Bereich. Sie versuchen alle notwendigen Hilfen an einem Ort, dem Dorf, anzubieten verbunden mit einem Konzept der Selbstversorgung und einer weitgehenden wirtschaftlichen Unabhängigkeit. Sie bilden soziologisch „Sonderwelten“ oder „Sondergesellschaften“. Diese Dorfgemeinschaften werden häufig von religiös motivierten Gruppen gegründet, die eine bestimmte Lebensidee oder Lebensform auch für Menschen mit Behinderungen realisieren wollen.

KONZEPTE/ARBEITSFORMEN

Besondere Verbreitung gefunden haben zwei Konzepte:

- die Camphill-Dorfgemeinschaften und die
- Arche-Dorfgemeinschaften.

Die anthroposophischen Camphill-Dörfer gehen auf den Arzt und Heilpädagogen Karl König zurück, der in der Zeit des Nationalsozialismus nach England emigrierte und dort die Camphill-Bewegung gründete, die in Deutschland vielfache Nachahmung fand. In diesen Dörfern ländlicher Prägung leben Wahlfamilien, die ihre natürliche Familie durch behinderte Familienmitglieder erweitern. Das Dorf produziert weitgehend selbst seine Nahrungsmittel und bietet Arbeitsplätze in den Bereichen Landwirtschaft, Gartenbau, aber auch Bäckerei, Weberei u.ä. Ein Elternteil ist primär zuständig für das Lebens in der Familie und Betreuung der behinderten Familienmitglieder, der andere Teil arbeitet als Mitarbeiter oder Leiter und ist gleichzeitig Ausbilder eines Betriebes im Dorf.

Die Arche-Dorfgemeinschaft hat ein ähnliches Konzept. Die Arche ist eine Lebensgemeinschaft von behinderten und nicht behinderten Christen, die von Jean Vanier gegründet wurde. Das Leben in einer familienähnlichen Gemeinschaft, der Dorfgedanke und ein Leben aus dem christlichen Geist prägen die Arche-Kommunität. Hier sind es weniger biologische Familien, sondern Lebensgemeinschaften von Einzelpersonen und Paaren, die sich um behinderte Menschen kümmern ohne Schichtdienst, komplexe Dienstpläne und hohe Personalfluktuation der traditionellen Heime.

Der Vorwurf, der häufig an diese Dorfgemeinschaften gerichtet wird, sie würden eine scheinbar „heile Welt“ aber ohne gesellschaftliche Integration anbieten, beantworten diese mit der Vorstellung von einer „heilenden Welt“. Ihr Ziel ist nicht primär, die gesellschaftliche Integration behinderter Menschen orientiert am Normalisierungsprinzip, sondern die Bereitstellung von geschützten Lebenswelten nach dem Prinzip des ganzheitlichen Lebens.

Berufsprofile der pädagogischen Fachkräfte

Traditionell haben sich in diesen Lebensgemeinschaften zunächst Menschen zusammen gefunden, die zur weltanschaulichen Philosophie passten, unabhängig von pädagogischen Ausbildungen. Da diese Dorfgemeinschaften nicht mehr allein von ihren wirtschaftlichen Erträgen der Dorfbetriebe leben können, beanspruchen sie öffentliche Fördermittel, die an staatliche Auflagen wie Nachweis einer pädagogischen Fachausbildung gebunden sind. Die anthroposophischen Gemeinschaften haben eigene Ausbildungsstätten gegründet, sogenannte „Seminare für Sozialtherapie", die in einigen Bundesländern eine staatliche Anerkennung als HeilerziehungspflegerIn ermöglichen. Die Camphill-Dorfgemeinschaften stellen auch andere pädagogische Fachkräfte ein, verlangen aber zusätzlich von ihnen den Besuch ihrer Seminare. Die Arche-Mitarbeiter haben vielfach eine Ausbildung als TheologIn, SozialpädagogIn, ErzieherIn oder HeilerziehungspflegerIn. Durch die Mithilfe vieler engagierte Laien ist der Fachkräfteanteil oft gering.

Quellen/Literatur

König, K.: Der Impuls der Dorfgemeinschaft, Verlag Freies Leben 1994
Vanier, J.: Heilende Gemeinschaft, Salzburg 1983
ders.: In Gemeinschaft leben, Haan 1999

11.8.2 Wohnheime

Überblick

Wohnheime für behinderte Menschen sind gruppengegliederte Wohnstätten. In den Gruppen leben 6 bis 10 Bewohner, die von einem Team pädagogischer Mitarbeiter betreut werden. Die Wohnheime sind in der Regel an eine Werkstatt für Behinderte angeschlossen oder organisatorisch mit ihr verbunden. Die größte Zahl der Wohnheime wurde in den 60er Jahren in der sogenannten Wohnheimphase gegründet, zunächst aus wirtschaftlichen Gründen für 80–100 Plätze konzipiert, heute liegt die empfohlene Richtgröße bei 30 Plätzen, damit diese Wohnstätten sich in ein Wohngebiet integrieren können und als Großeinrichtung keine stigmatisierenden Effekte auslösen.

KONZEPTE/ARBEITSFORMEN

In Wohnheimen leben Menschen mit Behinderungen in Wohngruppen. Viele dieser Wohneinrichtungen bieten ein gestuftes Wohnsystem an:

- interne Wohngruppen,
- Appartementwohnungen im Wohnheim,
- externe Wohnungen mit Betreuung,
- Wohngemeinschaften,
- betreutes Einzel- oder Paarwohnen,
- Plätze für ältere behinderte Menschen, die eine weitgehende Selbstständigkeit in der Außenwohngruppe körperlich nicht mehr leisten können und verstärkt Pflege benötigen.

Die Arbeitsschwerpunkte der pädagogischen Fachkräfte liegt, je nach Personenkreis und Grad der Behinderung, stärker im Bereich Pflege oder soziale Begleitung.

BERUFSPROFILE DER PÄDAGOGISCHEN FACHKRÄFTE

Das Wohnheim ist ein „klassischer" Arbeitsplatz in der Behindertenhilfe, bevorzugt, da er häufig ein ausgewogenes Verhältnis von pädagogischer Arbeit, Integrationshilfe, Pflege und Organisation beinhaltet. Ähnlich wie in den Behindertenzentren sind auch hier im gleichen Aufgabenfeld ErzieherInnen, HeilerziehungspflegerInnen, HeilpädagogInnen und SozialpädagogInnen tätig. Auch hier ist feststellbar, dass sich die Berufsgruppe der Heilerziehungspfleger zunehmend durchsetzt, da sie sowohl eine pflegerische wie auch pädagogische Ausbildung hat.

11.8.3 BETREUTE WOHNGRUPPEN/BETREUTES WOHNEN

Überblick

Betreute Wohnformen für Menschen mit Behinderungen entwickelten sich in ersten Ansätzen in Deutschland ab den 70er Jahren, zahlenmäßig bedeutsam erst ab den 80er Jahren. Die Bezeichnungen „Wohngemeinschaften für Behinderte", „Betreute Wohngruppen", „Außenwohngruppen“ oder „Ambulant betreutes Wohnen“ wurden in der Vergangenheit in der Fachdiskussion gleichbedeutend verwendet, in den Richtlinien der einzelnen Bundesländer bezüglich ihrer Förderungswürdigkeit aber unterschieden. Ganz allgemein verbindet man mit betreuten Wohnformen:

- Es leben behinderte Menschen räumlich außerhalb einer Anstalt oder einer Komplexeinrichtung,
- eine Kleingruppe von 3 bis 6 Personen,
- relative Selbstständigkeit der Bewohner,
- reduzierter Personaleinsatz im Vergleich zur Betreuung im Heim,
- weitgehende Selbstversorgung,
- Gemeinwesenorientierung,
- Orientierung an den Prinzipien Normalisierung und Integration.

Diese betreuten Wohnformen der Behindertenhilfe sind angestoßen worden durch Experimente und Projekte der Jugendhilfe, sogenannte „Sozialpädagogische Jugendwohngemeinschaften“, die als Vorläufer ca. 10 bis 15 Jahre früher solche Wohnformen realisiert haben (vgl. Kap. 3.2.6).

KONZEPTE/ARBEITSFORMEN

Die Bundesarbeitsgemeinschaft der überörtlichen Träger der Sozialhilfe (BAGüöT) hat die verschiedenen Wohnformen definiert, damit bekommen diese Bezeichnungen die Qualität der staatlichen Förderungswürdigkeit im Rahmen des Bundessozialhilfegesetzes:

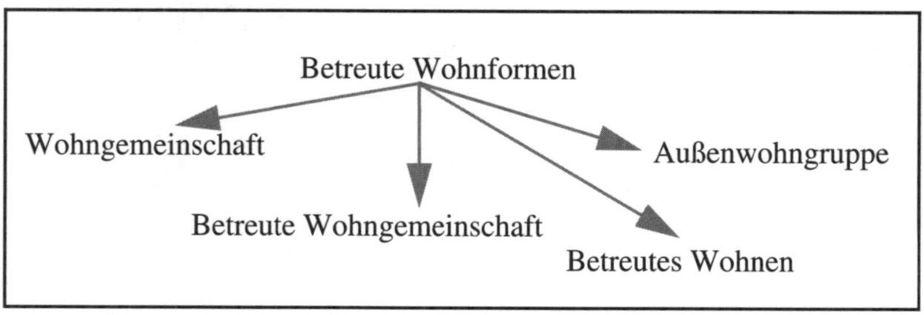

Definition: Wohngemeinschaft

„Als Wohngemeinschaft wird das Zusammenleben von mehreren Personen bezeichnet, die keine Familie sind, sondern sich aufgrund über-

einstimmenden Willens der Mitglieder zu dieser Form des Zusammenlebens in Selbst verantwortung für die Regelung der eigenen Angelegenheiten zusammengeschlossen haben. Sie regeln eine Mithilfe fremder Personen bei den Angelegenheiten des täglichen Lebens eingenverantwortlich" (BAGüöT 1987, S. 2).
Diese Definition beschreibt eine Form des Zusammenlebens ohne Betreuung wie dies bei einer Studenten-WG üblich ist.

Definition: Betreute Wohngemeinschaft

„Die Betreute Wohngemeinschaft ist ein Zusammenschluss von 4 bis 6 Menschen mit Behinderungen im Sinne des § 39 Abs. 1 Bundessozialhilfegesetz, die in einer Wohnung zusammenleben und bei der Gestaltung ihres Alltags und Zusammenlebens sozialpädagogische und lebenspraktische Hilfe erhalten. Aufnahmekriterium für das betreute Wohnen in einer Wohngemeinschaft ist zumeist eine relative Selbstständigkeit, d.h. die Bewohner müssen in der Lage sein, gewisse Zeiträume des Alltags auch ohne Hilfe des Betreuers zu gestalten" (Senat Berlin, Wohnbericht 1994, S. 3).
Diese Wohnform sieht ein individuelles Maß an Betreuung und Begleitung durch professionelle Fachkräfte vor abhängig vom Grad der Behinderung und Betreuungsbedarf, das von lockerer Beratung bis zur täglichen Anwesenheit des Betreuers gehen kann.

Definition: Außenwohngruppe

„Als Außenwohngruppe sind Wohngruppen eines Trägers von Wohnstätten zu bezeichnen, deren Bewohner über ein verhältnismäßig hohes Maß lebenspraktischer Fertigkeiten verfügen. Die Außenwohngruppe ist räumlich von der Grundversorgungseinheit (Kerneinheit) getrennt. Die Bewohner benötigen das umfassende Förderangebot zwar auch regelmäßig und nicht nur gelegentlich, jedoch nur in Teilbereichen. Für ihre Betreuung ist in der Regel ein geringer Personaleinsatz erforderlich" (BAGüöT 1987, S. 5).
Mit der zunehmenden Entwicklung der Prinzipien „Normalisierung", „Integration", „Dezentralisierung" und „Gemeindenahes Wohnen" hat sich die Bezeichnung „Betreutes Wohnen" als Oberbegriff der verschiedenen Wohnformen etabliert. Betreutes Wohnen beinhaltet im heutigen Verständnis sowohl das Einzelwohnen, das Paar-Wohnen wie auch die Wohngemeinschaft. Der Betreuungsschlüssel schwankt von 1:3,5 z.B. für WGs mit relativ hohem Betreuungsaufwand bis zu 1:12

für betreutes Wohnen von Menschen mit leichter Behinderung. Betreute Wohnformen für Menschen mit Behinderungen haben Hochkonjunktur. Zeigte 1975 ein bundesweites Wohnstättenverzeichnis nur 16 kleine Wohnstätten auf, so geht die Forschungsstelle „Lebenswelten behinderter Menschen“ der Universität Tübingen davon aus, dass 14.9% aller Plätze in der Behindertenhilfe dem „Wohnangebot mit selbstständiger Lebensführung“ zuzurechnen sind, was ca. 21.000 Plätze bedeuten würde (vgl. Wacker 1995, S. 75–80).
Waren „Außenwohngruppen“ lange das Symbol für eine Alternative im Gegensatz zur Anstalt, so ist diese Einschätzung bereits überholt, da die großen Behindertenzentren längst einen Wandel in Richtung aufgelockertes Wohnen und Ausbau von Wohngruppensystemen betrieben haben.

BERUFSPROFILE DER PÄDAGOGISCHEN FACHKRÄFTE

Im Betreuten Wohnen sind verschiedene Berufsgruppen vertreten. Eine Erhebung 1997 zeigte, dass 19,2 % der Mitarbeiter eine Ausbildung als ErzieherIn, 25,8 % als SozialarbeiterIn/SozialpädagogIn und 24,3 % als HeilerziehungspflegerIn haben, wobei der Anteil der Berufsgruppen SozialpädagogInnen und HeilerziehungspflegerInnen im Vergleichszeitraum 1989–1997 gestiegen ist.

Abbildung: Ausbildungsqualifikation der Betreuer (N=332/198)

	1989		1997	
Erzieher(in)	91	27,0 %	38	19,2 %
Sozialarbeiter/Sozialpäd.	55	16,6 %	51	25,8 %
Heilerziehungspfleger(in)	66	19,9 %	48	24,3 %
Keine päd. Ausbildung (z.B. Zivi)	44	13,3 %	18	9,0 %
noch in Ausbildung (z.B. HEP TZ/Berufspraktikum)	36	10,8 %	17	8,6 %
Kinderpfleger(in)	18	5,4 %	–	0,0 %
Heilpädagoge(in)	4	1,2 %	3	1,5 %
Dipl.-Pädagoge(in)	2	0,6 %	4	2,0 %
Krankenpfleger(in)	4	1,2 %	5	2,5 %
Altenpfleger(in)	6	1,8 %	7	3,5 %
Psychologe(in)	1	0,3 %	–	0,0 %
Lehrer(in)	1	0,3 %	1	0,5 %
Diakon/Dipl. Theologe	2	0,6 %	–	0,0 %
Hauswirtschaftskraft	2	0,6 %	–	0,0 %
Familienpfleger(in)	–	0,0 %	1	0,5 %
Sozialtherapeut	–	0,0 %	1	0,5 %
Ergotherapeut	–	0,0 %	1	0,5 %
Kunsttherapeut(in)	–	0,0 %	2	1,0 %
Geragoge	–	0,0 %	1	0,5 %
	332	100,0 %	198	100,0 %

Quelle: Thesing 1998, S. 139

Quellen/Literatur

Bundesarbeitsgemeinschaft der überörtlichen Träger der Sozialhilfe: Empfehlungen – Beschreibung der Wohnformen für Behinderte und sachliche Zuständigkeit, Karlsruhe 1987

Kiehn, E.: Sozialpädagogisch betreutes Jugendwohnen, Freiburg 1990

Thesing, T.: Betreute Wohngruppen für Menschen mit geistiger Behinderung, Freiburg 1998, 3. Aufl.

Wacker; E.: „Alles unter einem Dach." Die Förderung selbstständigen Lebens als Balanceakt für versorgende Wohneinrichtungen, in: BfFSFJ (Hrsg.): Möglichkeiten und Grenzen selbstständiger Lebensführung in Einrichtungen. Dokumentation des 1. Symposiums vom 24.3.1995 in Berlin, Bonn 1995

12. Einrichtungen des Gesundheitswesens für Kinder und Jugendliche

Christina Klenk

Überblick

Unter dem Oberbegriff Gesundheitswesen werden drei eigenständige Bereiche zusammengefasst:

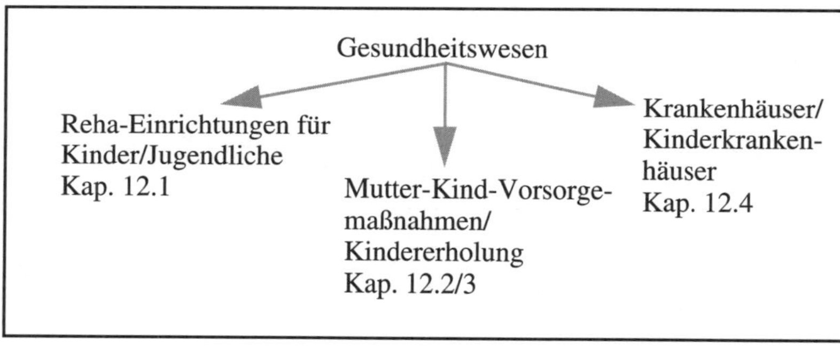

Der Begriff der Kur wird seit dem Jahr 2001 im Sozialgesetzbuch nicht mehr aufgeführt.
Den nachfolgenden einzelnen Kapiteln ist eine Erläuterung zur Unterscheidung von Kinder-Reha-Maßnahmen und Kindervorsorge-Maßnahmen vorangestellt:

> „Die klassische, auch kurative, Medizin genannt, verzeichnet in den letzten einhundert Jahren große Erfolge in der Bekämpfung sogenannter Volkskrankheiten vor allem der Infektionskrankheiten ... Mit dieser Entwicklung einhergehend nahmen aber chronische Erkrankungen zu ... Zur Bekämpfung dieser Zivilisationserkrankungen sowie der chronischen und degenerativen Erkrankungen ist es in zunehmendem Maße notwendig, die klassische Medizin durch Prävention und Rehabilitation zu ergänzen und zu erweitern. Zu dieser zweiten Säule der medizinischen Versorgung gehört die *stationäre Rehabilitation von Kindern und Jugendlichen in Kur- und Spezialeinrichtungen.*
>
> Während bei der *stationären Krankenhausbehandlung* die Erkennung und Heilung einer akuten Erkrankung im Vordergrund stehen und vor allem als ärztliche Aufgabe begriffen wird, liegt im Rehabilitationsgedanken immer eine Zusam-

menarbeit verschiedener therapeutischer Fachdisziplinen unter ärztlicher Verantwortung zugrunde. So formuliert der Gesetzgeber:

Rehabilitationseinrichtungen sind Einrichtungen, die fachlich medizinisch unter ständiger ärztlicher Verantwortung und unter Mitwirkung von besonders geschultem Personal darauf eingerichtet sind, den Gesundheitszustand der Patienten nach einem ärztlichen Behandlungsplan vorwiegend durch Anwendungen von Heilmitteln einschließlich Krankengymnastik, Bewegungstherapie, Sprachtherapie oder Arbeits- und Beschäftigungstherapie ferner durch andere geeignete Hilfen, auch durch geistige und seelische Einwirkungen zu verbessern und den Patienten bei der Entwicklung eigener Abwehr- und Heilungskräfte zu helfen (§ 107 Abs. 2 Satz 2 SGB V).

Die *Kinder-Rehabilitation* hat ihre Wurzeln in der *Kinderkur*. In der Mitte des 18. Jahrh. entstanden in Europa Heilstätten und Seehospize, vor allem als Hilfsangebot für die arme Stadtbevölkerung. Bekämpft wurden Krankheiten wie Tuberkulose und Skrofulose (Haut- und Lymphknotenerkrankung): jeweils nach den Weltkriegen wurden die Folgen des Hungers, nämlich die körperliche und seelische Auszehrung, bekämpft.

Den Mittelpunkt der Leistungen der *Kinderkur* bildet der Milieuwechsel, die Klimakur und sozialpädagogische Begleitung. Im Laufe der Jahrzehnte änderten sich die Einweisungsgründe hin zur Bekämpfung chronischer Erkrankungen. Einrichtungen spezialisierten sich als Erholungsheime, Kurheime Kurkliniken und Spezialeinrichtungen (Fachkliniken). Das Gesundheitsreformgesetz führte die neue Begriffsbestimmung der *Kureinrichtungen* ein. Kurheime und Sanatorien für Kinder und Jugendliche werden *Vorsorgeeinrichtungen* genannt, Spezialeinrichtungen werden als *Rehabilitationseinrichtungen* bezeichnet" (Baumann 1992, S. 1; Kursivsetzungen sind Hervorhebungen des Verfassers).

12.1 Einrichtungen der Rehabilitation für Kinder und Jugendliche

Überblick

Die Bundesarbeitsgemeinschaft für Rehabilitation beschreibt die heutigen Aufgaben der Rehabilitation für Kinder und Jugendliche wie folgt:

„Während bei den Infektionskrankheiten eine rückläufige Tendenz zu erkennen ist, nehmen z.B. die chronischen und psychosomatischen Krankheiten bei Kindern und Jugendlichen in ihrer Häufigkeit und ihrem Schweregrad zu; gleichzeitig sind bei immer mehr Kindern und Jugendlichen Mehrfachbeeinträchtigungen beobachtbar. Diese Veränderungen des Krankheitsspektrums erfordern eine Anpassung der medizinischen Vorsorge- und Rehabilitationsmaßnahmen an einen Behandlungsansatz, der über das Erkennen, Behandeln und Heilen einer

Krankheit hinaus die krankheitsbezogenen körperlichen, geistig-seelischen und psychosozialen Belastungsfaktoren umfassend berücksichtigt. Dieser ganzheitliche Behandlungsansatz erfordert die Integration der Maßnahmen auf medizinischen, pädagogischen und sozialen Sektoren und die enge Verzahnung der ärztlichen, pflegerischen, physiotherapeutischen, psychotherapeutischen Versorgung unter Einschluss der Hilfen zur Bewältigung psychosozialer Problemlagen.

Stationäre Vorsorge- und Rehabilitationsmaßnahmen bieten dementsprechend in Ergänzung zu ihren medizinischen Leistungen den Kindern und Jugendlichen ein therapeutisches, persönlichkeitsstützendes Milieu und beinhalten gesundheitsfördernde Maßnahmen. Während dieser Aufenthalte haben die Kinder und Jugendlichen die Möglichkeit, soziale Fähigkeiten, Selbstwertgefühl und Konfliktlösungsmuster einzuüben. Die Maßnahmen sind umso effizienter, je mehr diese durch eine individuelle, patientenorientierte Führung der Teilnehmer und durch eine gezielte Nachsorge unterstützt werden.

Ob die Lebensbelastung langfristig für ein Kind oder einen Jugendlichen physisch und psychisch schädlich ist, hängt nicht nur von den äußeren Faktoren ab, wie z.B.: Verlust einer vertrauten Bezugsperson, sondern auch von den inneren Fähigkeiten zu einer gesunden Lebensführung und zur Konfliktverarbeitung. Stationäre medizinische Vorsorge- und Rehabilitationsmaßnahmen bieten Kindern und Jugendlichen daher auch in belastenden Lebensphasen Hilfe und Unterstützung für eine gesunde, selbstbewusste Entwicklung" (Bundesarbeitsgemeinschaft für Rehabilitation 1998, S. 6).

Die durchschnittliche Dauer einer Reha-Maßnahme beträgt 4 bis 6 Wochen. Diese Zeit kann gegebenenfalls noch verlängert werden, wenn das Ziel der Maßnahme dies erfordert.
Durch die Weltgesundheitsorganisation (WHO) ist bestimmt, dass jedes Kind ein Anrecht auf ungestörte körperliche, geistige und seelische Entwicklung hat. Die Rehabilitation hat zum Ziel Kindern und Jugendlichen zu helfen, die Schädigungen, Fähigkeitsstörungen und Beeinträchtigungen haben. Ihnen soll ermöglicht werden, sich in ihrer Umwelt (Familie, Schule, Ausbildung, Beruf und Gesellschaft) zurecht zu finden und anzupassen.

„Stationäre Rehabilitation kommt dann zur Anwendung wenn:

- ambulante ärztliche Krankenbehandlung einschließlich Maßnahmen mit präventiver und rehabilitativer Ausrichtung alleine nicht ausreicht, um eine bessere Genesung zu erreichen,
- sich der weitere Heilungsprozess durch die Behandlung im Akutkrankenhaus nicht verbessern lässt,
- krankhafte psychosomatische und psychosoziale Prozesse im familiären und ambulanten Rahmen sich sonst nicht wesentlich beeinflussen lassen,

- Familienkonstellationen und -atmosphäre dem Heilungsprozess entgegenstehen, Folgeschäden der Erkrankung drohen oder bereits eingetreten sind,
- Maßnahmen zur Krankheitsbewältigung erforderlich sind,
- ein therapeutischer Erfolg nur im Rahmen einer Anwendung von ortsgebundenen Heilmitteln und/oder Klimatherapien zu erreichen ist,
- Patienten im vorgenannten Sinne für ihren weiteren Lebensweg, Schule, Lehre und Beruf befähigt werden sollen" (Bundesarbeitsgemeinschaft für Rehabilitation 1998, S. 10).

Es werden Kinder und Jugendliche betreut, die Erkrankungen haben, die mit Hilfe des Diagnoseschemas ICD 10 wie folgt bezeichnet werden können:

- Bösartige Neubildungen: Tumor-Remission, Rekonvaleszenz,
- Krankheiten des Blutes und der blutbildenden Organe,
- Endokrine, Ernährungs- und Stoffwechselerkrankungen: Diabetes mellitus, Mangelernährung, Adipositas, Stoffwechselstörungen (z.B. Mukoviszidose),
- psychische Verhaltensstörungen: drogennutzende Jugendliche, psychosomatische Erkrankungen, Verhaltensauffälligkeiten mit körperlichen Störungen (Ess-Störungen), emotionale Störungen (z.B. HKS),
- Krankheiten des Nervensystems: Spinale Muskelatrophie, Epilepsien, Migräne, cerebrale Lähmung,
- Krankheiten des Kreislaufssystems,
- Krankheiten des Atmungssystems: Asthma bronchiale, Erkrankungen der oberen Atemwege,
- Krankheiten des Verdauungssystems: Magenerkrankungen, Morbus Crohn, Colitis ulcerosa, Lebererkrankungen,
- Krankheiten der Haut und der Unterhaut: Ekzeme, Dermatitis,
- Krankheiten des Muskel-Skelett-Systems und des Bindegewebes,
- Krankheiten des Urogenitalsystems,
- angeborene Fehlbildungen, Deformitäten und Chromosomenanomalien: Spina bifida, Herzfehler, Fehlbildungen des Harnsystems, angeborene Fehlbildungen und Deformitäten des Muskel-Skelett-Systems (vgl. Bundesarbeitsgemeinschaft für Rehabilitation 1998, S. 37ff.).

Durch die Begleitung und Betreuung erhalten die Patienten:

- eine Schulung in lebenspraktischen Fähigkeiten, die ihnen helfen, mit ihrer Erkrankung umzugehen;
- Wissen um die Erkrankung und die spezielle Achtsamkeit;
- die Einbeziehung von Eltern und Geschwisterkinder in die Unterweisung und Begleitung.

Bei Kindern, die jünger sind als 7 Jahre, können Begleitpersonen mit aufgenommen werden – in manchen Einrichtungen auch bei älteren Kindern. Für Geschwisterkinder ist die Erkrankung eine große Anforderung und wird auch häufig als eigene Rücksetzung erlebt. Dies wird in den Reha-Maßnahmen berücksichtigt. Den Geschwisterkindern kommt eine gute Betreuung und Begleitung zu gute. So bekommen alle Familienmitglieder Hilfestellung bei notwendigen Verhaltensänderungen, Kompensationstechniken, eine psychische Stabilisierung über Wahrnehmungsschulung und Gespräche mit anderen Betroffenen zur eigenen Entlastung.

KONZEPTE/ARBEITSFORMEN

Die Ziele der Rehabilitation werden mit folgenden Methoden umgesetzt:

- systematische Beobachtung und Dokumentation,
- Entspannung und Stressabbau,
- Schulung, Informationsveranstaltungen, Beratung und Elternarbeit,
- Gespräche,
- Mitarbeiterberatung, Fallbesprechungen,
- Therapiegespräche (einzeln und in Gruppen),
- Gesundheitsförderung,
- Betreuung der Kinder außerhalb der Anwendungen und Schulungen in Spiel- und Freizeitgruppen (vgl. Bundesarbeitsgemeinschaft für Rehabilitation 1998, S.17).

> „Entsprechend den vielfältigen Belastungssituationen bei Kindern und Jugendlichen kommt den gesundheitsfördernden Maßnahmen zur Verminderung der Risikofaktoren eine besondere Bedeutung zu. Gesundheitsförderung versteht sich nicht nur als Strategie zur Abwehr von krankmachenden Faktoren, sondern auch als Prozess zu einer gesundheitsgemäßen Gestaltung der sozialen und natürlichen Umwelt, wobei den Kindern und Jugendlichen die notwendigen

> Fähigkeiten und Kompetenzen vermittelt werden sollen, die persönliche Gesundheit bzw. Lebensqualität zu erhalten und zu verbessern“ (Bundesarbeitsgemeinschaft für Rehabilitation 1998, S.19).

Dies erfordert gezielte Lernprozesse, die geplant soziale Kompetenzen, das Selbstwertgefühl aufbauen und die Reflexion von Lebensstrategien fördern.

BERUFSPROFILE DER PÄDAGOGISCHEN FACHKRÄFTE

ErzieherInnen, die auf den Wohngruppen oder Stationen ihren Tages- und Nachtdienst versehen, kümmern sich vor allem um die Beziehungen der Kinder untereinander, gestalten den Tagesablauf (Aufwachrituale, gemeinsame Mahlzeiten, Ausflüge, Spieleabende usw.) und sind verantwortlich für die Durchführung des Therapieplanes. Eine weitere Gruppe von ErzieherInnen wird in Kindergruppen/Kindergartengruppen eingesetzt. Sie gestalten den Tagesablauf zwischen den Anwendungen mit einem Angebot wie im Regelkindergarten.
Therapiegespräche und die Mitarbeiterberatung sind klassische Bereiche der Sozialarbeit/-pädagogik und der Psychologie und werden deshalb meist von SozialpädagogInnen/HeilpädagogInnen oder PsychologInnen geführt.
Die Leitung des Erziehungsdienstes wird durch SozialpädagogInnen oder HeilpädagogInnen wahr genommen.

Quellen/Literatur

Bundesarbeitsgemeinschaft für Rehabilitation: Gemeinsames Rahmenkonzept für die Durchführung stationärer medizinischer Maßnahmen der Vorsorge und Rehabilitation für Kinder und Jugendliche, Frankfurt, August 1998

Baumann, A.: Von der Kinderkur zur Rehabilitation, in: Blätter der Wohlfahrtspflege – Deutsche Zeitschrift für Sozialarbeit 7+8/92

12.2 MUTTER-KIND-VORSORGEMASSNAHMEN

Überblick

Diese vorbeugenden Erholungsmaßnahmen sind für Mütter mit ihren Kindern konzipiert. Für beide wird in einem hohen Maße gesorgt. Die Mütter können ihren alltäglichen Stress loslassen, da sie gut versorgt werden. Sie bewohnen für den Aufenthalt mit ihrem Kind/ihren Kindern ein ausreichend großes Appartement. Außerdem stehen mehreren Familien gemeinsam Aufenthaltsräume zur Verfügung (z.B.: Leseraum, Bücherei, Schwimmbad, Sauna, Sportplatz). Seit 1950 z.B. hat sich das Müttergenesungswerk der Aufgabe angenommen, die gesundheitliche Situation der Mütter zu stärken. In den Anfängen kümmerten sie sich vor allem um Mütter, die aufgrund der Kriegswirren an materieller Not litten. Mit zunehmendem wirtschaftlichem Aufschwung rückten diese Probleme eher in den Hintergrund. Psychosoziale Problemlagen traten mehr in Erscheinung und machten die Müttergenesung weiterhin notwendig. Seit den 70er Jahren wurde der medizinisch/therapeutische Teil der Müttergenesung immer weiter ausgebaut und intensiviert (vgl. Müttergenesungswerk 2000).

Die nachfolgende Systematik orientiert sich am Beispiel einer Einrichtung.

Zielgruppe

Diese Maßnahmen richten sich an Mütter, die z.B.:

- sich müde und abgeschlagen fühlen,
- nervös, gereizt und unbeherrscht sind,
- unter Schlafstörungen und/oder Konzentrationsstörungen leiden,
- häufig krank sind,
- Über- oder Untergewicht haben,
- nach schwerer Krankheit oder nach einer Operation Erholung brauchen,
- sich überlastet fühlen durch die Kindererziehung,
- Partnerkonflikte erleben oder Belastungen in der Partnerschaft durch die Arbeitszeiten des Ehemannes verspüren,
- sich belastet fühlen durch eine drohende Arbeitslosigkeit oder eine Identitätskrise des Lebenspartners,
- alleinerziehend sind.

Bei all diesen Müttern kann schwerwiegenderen Erkrankungen vorgebeugt werden, indem die Mütter:

- eine gesundheitliche Förderung und Stärkung erfahren,
- eine Klärung ihrer Lebenssituation herbeiführen können,

- Positives an sich sehen lernen und sich dadurch neue Möglichkeiten eröffnen,
- eine Stärkung des Selbstbewusstseins und Selbstwertgefühls erleben:
  - durch Einzel- und Gruppengespräche, Selbsterfahrungsgruppen, Sinn- und Glaubensgespräche, Entspannungstherapie, Körper- und Kreativtherapie,
- Bewegungstraining: Walking, Turnen, Tänze,
- Ernährungsberatung: Beratung auch bei Essstörungen,
- Diät und Ernährungsformen: Sonderkost, Reduktionskost:
- durch Gesundheitstraining: Vorträge, Gruppenarbeit, indikationsbezogene Schulung.

KONZEPTE/ARBEITSFORMEN

Ein Heim- oder Kurarzt untersucht die Mütter und stellt mit ihnen und dem zuständigen Kurbegleiter einen individuellen Behandlungsplan auf. Dieser kann Massagen, Bäder, Gymnastik und hausspezifische Anwendungen beinhalten. Zudem wird ein abwechslungsreiches Freizeitprogramm geboten: Ausflüge, Wanderungen, Besichtigungen, musische Angebote, sportliche Betätigungen. SozialpädagogInnen und ErnährungsberaterInnen bemühen sich in zwanglosen Vortragsreihen und Gesprächsgruppen um das seelische Wohlbefinden der Mütter. Während sich die Mütter um ihr körperliches und seelisches Wohlbefinden kümmern, werden die Kinder von ErzieherInnen in Spielgruppen betreut. Die Beschäftigungen sind für die Kinder im Alter bis 7 Jahren vergleichbar mit dem Angebot in einem Kindergarten (vgl. Kap. 2) Zudem können Kinder je nach Indikation: Medizinische Bäder, Kneipp-Anwendungen, Massage, Inhalation, Atemtherapie und Motopädie bekommen. Es werden in der Regel Kinder bis zum 12. Lebensjahr mit aufgenommen.

BERUFSPROFILE DER PÄDAGOGISCHEN FACHKRÄFTE

In größeren Häusern/Kureinrichtungen gibt es SozialpädagogInnen, welche die Leitung des erzieherischen Bereiches wahrnehmen. Für die Beschäftigung der Kinder sind vor allem ErzieherInnen verantwortlich. Die Betreuung der Kinder findet statt, während die Mütter Anwendungen erhalten. Das Angebot richtet sich nach dem Alter und den Interessen der jeweiligen Gruppe. Die Kindergruppe bleibt über den Zeitraum der Kur kontinuierlich zusammen.

Quellen/Literatur

Eisenbahn-Waisenhort, Heim Lindenberg: Freizeit, Heiterkeit, Freiheit, Lindenberg 1997

Müttergenesungswerk: Qualifizierte Hilfen für Mütter/Mutter + Kind, Stein 2000

12.3 KINDERERHOLUNG

Überblick

Heime/Häuser für Kindererholungsmaßnahmen gibt es mit unterschiedlichen spezifischen Zielsetzungen und den verschiedensten Trägern in großer Zahl. Verstärkt findet man diese Häuser an der Nordsee, Ostsee, den Erholungs- und Urlaubsgebieten in Mitteldeutschland, im Schwarzwald, Allgäu und in Bayern. Es wird den Kindern eine aktive Erholungszeit geboten und dient somit als Gesundheitsvorsorge. Kinder, die als nervös, seelisch unausgeglichen, aufgeregt und leicht reizbar gelten und wirken, sollen mit diesem Angebot angesprochen werden. Das Ziel einer Kindererholung ist, dass die Kinder ausgeglichener, kontaktfreudiger, selbstständiger und konzentrierter beim Spiel, Hausaufgaben oder im Umgang mit anderen sind (vgl. Eisenbahn-Waisenhort 1997, S. 18).
Anhand einer Einrichtung wird die Gestaltung einer Kindererholungsmaßnahme dargestellt.

> „Das ungezwungene, kindgerechte, fröhliche Zusammenleben der Kinder trägt zur Steigerung ihres Wohlbefindens wesentlich bei. In einer heiteren, entspannenden Atmosphäre wird versucht, Kontaktschwächen des Einzelnen, gemin-

dertes Selbstwertgefühl, Unsicherheiten, Ängste, Aggressionen und andere soziale Hemmungen abzubauen". Die Kinder werden angeregt, „den Tages- und Freizeitablauf nach und nach entscheidungsfreudig mitzubestimmen und mitzugestalten. Mitbestimmung und Mitwirkung sind ein wichtiger Bestandteil der Arbeit mit Kindern im Haus auf der Alpe" (Eisenbahn-Waisenhort 1997, S.18).

KONZEPTE/ARBEITSFORMEN

Der Tagesablauf ist rhythmisiert, d.h. er hat feste Zeitpunkte für Mahlzeiten und Dienste und gleichzeitig wird in den Zwischenzeiten darauf geachtet, dass sich spannende und entspannende Aktivitäten in einem guten, von den Interessen der Kinder geleiteten Maße abwechseln.

Die spannenden und entspannenden Aktivitäten sind im Einzelnen:

- gemeinsame Mahlzeiten,
- Freispiel,
- Gruppengespräche,
- Einzelgespräche über persönliche Probleme der Kinder, wie z.B. über Ernährung und Freizeitgestaltung,
- Diskussionsrunden,
- Ausflüge,
- Spaziergänge, Wanderungen,
- Sport, Sportspiele, Bewegungsspiele, Interaktionsspiele,
- Werkangebote,
- musische Angebote,
- Heimfeste mit und ohne Nachtwanderung (vgl. Eisenbahn-Waisenhort 1997, S. 22)

BERUFSPROFILE DER PÄDAGOGISCHEN FACHKRÄFTE

Die pädagogische Arbeit mit den Kindern leisten ErzieherInnen. Die Leitung des Erziehungsdienstes und Hausleitung obliegt in der Regel SozialarbeiterInnen bzw. SozialpädagogInnen.

Quellen/Literatur

Eisenbahn-Waisenhort, Heim Lindenberg: Freizeit, Heiterkeit, Freiheit, Lindenberg 1997

Infomaterial Müttergenesungswerk, ohne Jahr

12.4 Kind im Krankenhaus

Überblick

Für Kinder im Krankenhaus gibt es verschiedene Betreuungsformen, so z.B. die pädagogische Begleitung und Betreuung von Kindern, die z.B. auf einer Chirurgischen Abteilung, Inneren Abteilung, Abteilung mit Infektionskrankheiten behandelt werden. Folgende Betreuungsangebote werden exemplarisch herausgegriffen:

(1) Betreuung der kranken Kinder am Krankenbett/im Kindergarten im Kinder-Krankenhaus. In den meisten Krankenhäusern sind ErzieherInnen beschäftigt, die in separaten „Kindergärten" Kinder von 3–7 Jahren betreuen, die laufen können und keine ansteckenden Infekte haben.

(2) Aufgaben einer SozialarbeiterIn im Sozialen Dienst der Klinik.

(3) An mehreren Kinderkrankenhäusern arbeiten Klinikclowns, die, als Ärzte verkleidet, den Kindern die Angst vor Ärzten und Behandlung nehmen wollen.

(4) Eine besondere Form der Kinderbetreuung an Kinderkrankenhäusern stellt das Geschwisterhaus in Tübingen dar. Hier können ganze Familie betreut werden, die ein krankes Kind auf der Kinderstation haben. Die Geschwisterkinder werden in der Zeit betreut, in der die Eltern im Kinderkrankenhaus am Krankenbett weilen.

12.4.1 Kindergarten im Kinderkrankenhaus

Überblick

Die meisten Kinderkrankenhäuser haben eigene Räume, in denen sie die Kinder der verschiedenen Stationen, die nicht ans Bett gebunden sind und keine ansteckenden Infektionen haben, zusammen betreuen. Teilweise gehen ErzieherInnen auch von Bett zu Bett und spielen mit den Kindern Gesellschaftsspiele oder lesen eine Geschichte vor. Die Arbeitszeiten sind ähnlich wie im Regelkindergarten. Dieses Angebot beschränkt sich auf Kinder im Kindergartenalter (ca. 3 bis 7 Jahre).

KONZEPTE/ARBEITSFORMEN

Die Beschäftigungs- und Bildungsprogramme der Regelkindergärten finden hier Anwendung (vgl. Kap. 2).

BERUFSPROFILE DER PÄDAGOGISCHEN FACHKRÄFTE

Die Anforderungen an die ErzieherInnen sind vergleichbar mit denen in den Regelkindergärten. Als Besonderheit in diesem Berufsfeld sind zusätzliche Kenntnisse über Erkrankungen und Einschränkungen erforderlich.

12.4.2 SOZIALDIENST AM KINDERKRANKENHAUS

Überblick

Die Aufgaben der MitarbeiterInnen im Sozialen Dienst eines Kinderkrankenhauses sind sehr vielfältig.
Die konkrete Ausgestaltung des Arbeitsbereiches hängt von der Spezialisierung der jeweiligen Klinik ab. Hat die Klinik einen Schwerpunkt in der Onkologie, Kardiologie oder Lungen-Heilkunde, so sind sicherlich die Bereiche der Reha-Vermittlung oder Krisengespräche über das Leben mit einer Behinderung oder lebensbedrohlichen Erkrankung im Vordergrund.
Sonst ist die Beratung und psychosoziale Betreuung von Familien im Hinblick auf die Bewältigung der persönlichen, familiären und sozialen Probleme im Zusammenhang mit der Erkrankung des Kindes der Schwerpunkt der Sozialen Arbeit. Schwierig gestaltet sich die Arbeit mit ausländischen Familien, welche die Landessprache nicht sprechen und Zusammenhänge nicht verstehen können. Gearbeitet wird mit allen Familienmitgliedern, da alle von einer Erkrankung oder Behinderung eines Kindes in der Familie betroffen sind.

KONZEPTE/ARBEITSFORMEN

- Beratung und Information der Eltern in sozial rechtlichen Fragen, Pflegegeld, Schwerbehindertenausweis, Hilfen nach Sozialgesetzbuch V, Krankenkassenleistungen und Leistungen des KJHG (Kinder- und Jugendhilfegesetz),

- Begleitung von chronisch kranken Kindern, psychologische Beratung, Krankheitsverarbeitung,
- Krisenbewältigung nach der Diagnosestellung (nachdem Eltern z.B. über die chronische Erkrankung oder Behinderung ihres Kindes aufgeklärt wurden),
- Krisenintervention bei der Aufdeckung von Misshandlung, Missbrauch oder Erziehungsproblemen,
- Entlassungsvorbereitung in die häusliche Umgebung (Pflegehilfsmittel: welche Hilfen braucht die Familie; Pflegedienst: wer kann mithelfen, Unterstützung bei der Beantragung, Kontakt herstellen zu Hilfsdiensten),
- Verarbeitung der Krankheit und ihrer Folgen,
- ausländische Familien bei Schwierigkeiten bei Behördengängen unterstützen, Dolmetscher organisieren,
- Einleiten von Reha-Maßnahmen,
- Nachsorge, Beratung und Vermittlung,
- Krisenintervention für Familien:
  - deren Kind verunglückte,
  - mit einem lebensbedrohlich kranken Kind,
  - mit chronisch kranken Kindern,
  - mit einem Kind, das vernachlässigt wurde oder sexuellen Missbrauch erlebt hat,
- Hilfen für Säuglinge von drogenabhängigen Müttern,
- Vermitteln und Initiieren von Selbsthilfegruppen,
- Kooperationen mit Frühförderstellen, Beratungsstellen, Jugendamt, anderen Beratungsstellen und Gemeinwesenarbeitern,
- Organisation von Besuchsdiensten durch freiwillige Helfer für Kinder, die keinen oder nur wenig Besuch von Angehörigen bekommen.

(Systematische Darstellung orientiert an einem Gespräch mit Frau Pfister, Sozialarbeiterin am Kinderkrankenhaus St. Nikolaus Ravensburg, April 2001).

Berufsprofile der pädagogischen Fachkräfte

Dies ist ein klassisches Feld der Sozialarbeit/Sozialpädagogik. Hier sind nur SozialarbeiterInnen/SozialpädagogInnen beschäftigt.

12.4.3 Die Klinikclowns oder Lachen als Therapie

Überblick

Die Idee der Klinikclowns wurde bereits 1985 in den USA umgesetzt. Inzwischen gibt es auch in Deutschland viele Kinderkliniken in denen der „Doktor-Clown“ zur Visite kommt. Sie versuchen den Heilungsprozess bei Kindern, die stationär aufgenommen sind und überwiegend im Bett liegen müssen, zu begleiten und zu erleichtern. Vor allem bei LangzeitpatientInnen ist die Abwechslung und die Erheiterung ein wichtiger Baustein für die Gesundung. „Der Einsatz der Klinikclowns basiert auf der wissenschaftlichen Erkenntnis, dass Lachen den Heilungsprozess fördert. Im Spiel der Clowns fließt dem Kind Tröstung zu, und mehr noch: Hoffnung. Der Clown arbeitet aus der meditativen Leere heraus; der Clown schöpft daraus die Empfindung für die Magie der Realität. Das heißt, dass er als Künstler etwas grundsätzlich anderes in die Therapie einbringen kann. Sie sind keine Possenreißer, wie sie aus dem Zirkus bekannt sind. Ihre Fähigkeit zum Erheitern setzen sie bei Kindern ein, die in sehr sensiblen Lebenssituationen stecken. Ihre Arbeit orientiert sich an den Stimmungen und dem Gesundheitszustand der Kinder. Sie versuchen dem Klinikalltag seine Schrecken zu nehmen und führen den Ablauf des Alltags humorvoll ad absurdum“ (vgl. www.klinikclowns.de).

Konzepte/Arbeitsformen

Die Clownvisite ist das Instrument. Bei der Visite geht der Clown oder das Clownpärchen in weissbunten Kitteln von Bett zu Bett und zaubert oder verzaubert die Kinder. In der Zusammenarbeit mit dem Stationspersonal können depressive Stimmungen durchbrochen werden und andere Gedanken entstehen. Zu den Clowndoktors bauen die Kinder nicht selten ganz besondere Beziehungen auf.

Das hauptsächliche Medium ist der Humor. Er hat eine:

- physiologische Wirkung: stimuliert den menschlichen Organismus, biochemische Prozesse werden durch das Lachen aktiviert – Stresshormone werden gebremst – Glückshormone ausgeschüttet – dadurch entsteht eine tiefgreifende Entspannung.
- emotionale Wirkung: verdrängte Affekte werden freigesetzt.
- kognitive Wirkung: Phantasie wird angeregt und damit das kreative Potential.
- soziale Wirkung: Humor wirkt ansteckend und fördert die Interaktion und Kommunikation (vgl: www.klinikclowns.de).

Um dies zu erreichen, verwenden sie:

- gründliche Lachtests;
- eigene Behandlungspläne, in denen sie Seifenblasen oder Erdbeereis verschreiben, ein Stück Schlauch für die Schokoladenmilchinfusion verwenden, Clownnasentransplantationen durchführen, eine Hupe für den Hörtest verwenden oder durch ihre Phantasienamen erheitern (Dr. Paula Pippifax, Dr. Lucie Lachmuskel);
- oder sie verwandeln die Krankenzimmer in eine Zirkusmanege;
- den natürlichen Spieltrieb der Kinder.

Voraussetzungen sind, dass die Klinikclowns mit dem Klinikpersonal eng zusammenarbeiten. Sie müssen über die Krankheitsgeschichte und traumatischen Erlebnisse informiert sein. Sie stehen auch unter Schweigepflicht. Die Erfahrungen mit jedem einzelnen Kind werden dokumentiert und durch die Informationen, die sie aus den Vorgesprächen gewonnen haben, ergänzt. So kann bei jeder „Visite“ spezifisch auf die Wünsche und Sonderwünsche des Kindes eingegangen werden.

Berufsprofile der pädagogischen Fachkräfte

Pädagogische Fachkräfte (ErzieherInnen, SozialpädagogInnen, HeilpädagogInnen u.a), die diesen Dienst versehen, brauchen eine Zusatzausbildung als Spielleiter, Clown, Schauspieler, Tänzer. Voraussetzungen die jeder Clown mitbringen sollte:

- clowneske Fähigkeiten,

- Talent zum Improvisieren,
- Empathie,
- Teamfähigkeit,
- soziales Engagement (vgl: www.klinikclowns.de).

Vielfach arbeiten die Klinikclowns ohne feste Anstellung an den Krankenhäusern. Sie haben sich als freiberufliche Künstler niedergelassen oder in Vereinen zusammengeschlossen. Sie treten damit als Dienstleister auf. Für ihre Arbeit brauchen sie die Unabhängigkeit von der Klinik. Die Finanzierung ruht auf Spenden oder Honorare, die im Etat des Sozialen Dienstes der Klinik enthalten sind.

Quellen/Literatur

www.klinikclowns.de
Gespräche mit Marion Müller alias Dr. Pauline Pippifax und Barbara Rebholz alias Dr. Paula Putzmunter, Ravensburg 2001

12.4.4 KINDERHOSPIZE

Überblick

In den 80er Jahren ist in mehreren Organisationen, die in starkem Maße auch unheilbar kranke Kinder betreuten, der Wunsch entstanden, Einrichtungen zu schaffen, die ausschließlich diese Kinder und die hochbelasteten Familien betreuen und begleiten.
Die Kinderhospizarbeit betrachtet das gesamte Familiengefüge als untrennbare Einheit. Sie unterstützt damit ausdrücklich auch Eltern und Geschwisterkinder.
Die Begleitung der betroffenen Familien beginnt nach der Diagnose einer lebensbegrenzenden Erkrankung und geht über den Tod des Kindes hinaus.
Die grundlegende Zielorientierung der Kinderhospizarbeit besteht in der Förderung der Lebensqualität der betroffenen Kinder, Jugendlichen und jungen Erwachsenen sowie deren Familien. Sie orientiert sich dabei an den Interessen und Bedürfnissen der Betroffenen.
Die Kinderhospizarbeit besteht aus einem ambulanten und einem stationären Arbeitsbereich.

Vorrang hat die ambulante Versorgung. Beide Bereiche ergänzen sich und gehen nahtlos ineinander über.
Die Kinderhospizarbeit fördert die Sicherstellung der palliativen Pflege und palliativ-medizinischen Behandlung und bietet eine umfassende Trauerbegleitung an. Sie koordiniert die medizinisch-pflegerischen und psychosozialen Unterstützungsleistungen im unmittelbaren Lebensumfeld der betroffenen Familien (Case-Management).
Die Kinderhospizarbeit sieht Eltern und Mitarbeitende als gleichberechtigte Fachleute an, die auf einer Ebene als Partner zusammenarbeiten. Integraler Bestandteil der Kinderhospizarbeit ist die Qualifizierung und fachliche Begleitung der haupt- und ehrenamtlichen Mitarbeitenden.
So schlossen sich im Jahr 1990 Eltern von Kindern mit einer lebensbegrenzend verlaufenden Stoffwechselkrankheit zusammen. Sie wollten nach Wegen suchen, wie nicht nur die medizinisch-pflegerische Versorgung ihrer Kinder sichergestellt, sondern den umfassenden Problemen und Bedürfnissen der erkrankten Das Hospiz, im Wortsinne verstanden als Herberge, sollte dabei nicht nur ein Ort für die letzte Lebensphase sein. Vielmehr ging und geht es darum, die lebensbegrenzend erkrankten Kinder und ihre Familien auf dem Lebensweg zu begleiten – ab dem Zeitpunkt der Diagnose im Leben und Sterben des Kindes und über den Tod hinaus, im Umgang mit der Trauer um die gestorbenen Kinder.
1998 wurde nach einem langen Weg das erste deutsche stationäre Kinderhospiz in Olpe, gegründet. Gleichfalls in 1998 wurde das erste deutsche ambulante Kinderhospiz in Berlin eröffnet.
Wie in der Hospizarbeit generell haben sich auch in der Kinderhospizarbeit zwei einander ergänzende und aufeinander aufbauende Arbeitsfelder entwickelt:

- die stationären Kinderhospize als Rückzugsort aus dem extrem belasteten Alltag
- und die ambulanten Kinderhospizdienste, die die betroffenen Familien in der Bewältigung des häuslichen Alltags vor Ort unterstützen.

Und wie in der Hospizarbeit generell gilt auch hier der Grundsatz: ambulant vor stationär. In der Zielperspektive werden die Familien lebensbegrenzend erkrankter Kinder in der Bewältigung ihres täglichen Lebens über die auf das erkrankte Kind bezogene pflegerische und medizinische Betreuung hinaus durch die ambulanten Kinderhospizdienste unterstützt.

Der in der Regel auf vier Wochen im Jahr beschränkte Aufenthalt in einem stationären Kinderhospiz ergänzt und erweitert diese alltägliche Unterstützung in Krisensituationen aber auch mit dem Ziel, Frei- und Erholungsräume für die Eltern, Kinder und Geschwisterkinder zu eröffnen.
Kinderhospizarbeit ist ein unterstützendes Angebot für die gesamte Familie lebensbegrenzend erkrankter Kinder, das sich vom Zeitpunkt der Diagnose oft über viele Jahre bis zum Tod des Kindes und darüber hinaus erstreckt. Aus dieser Situation ergeben sich eigene Bedarfs-, Arbeits- und Angebotsstrukturen, die nicht mit einem in der Regel auf die letzte Lebensphase älterer Menschen zielenden Angebot vereinbar sind. Kinderhospizarbeit setzt aus zwei Gründen unverzichtbar im präfinalen Stadium ein.
Eine stabile familiäre Situation und eine sichergestellte häusliche Versorgung müssen für das Kind unbedingt gewährleistet sein. Wichtig ist eine in allen Bereichen gestützte vertraute Umgebung, um dem Kind lange die Fähigkeit zu erhalten, kindlichen Grundbedürfnissen entsprechend zu leben.
Durch eine tödlich verlaufende Erkrankung ergibt sich eine unerwartete, permanente Belastung des Familiengefüges, das Hilfe im Umgang mit dieser Problematik braucht, besonders da die Pflege und Betreuung dieser schwerstkranken Kinder vorwiegend im häuslichen Bereich erfolgt.

Die Zielgruppe

Kinderhospizarbeit kümmert sich um Familien mit schwerstkranken Kindern.
Schwerstkrank ist ein Kind, wenn die Erkrankung unheilbar ist, sie progredient verläuft, d.h. sich ständig verschlimmert, und die Betroffenen das Erwachsenenalter nicht erreichen lässt.
Im Einzelnen sind dies folgende Erkrankungen:

- neurodegenerative Erkrankungen
- neuromuskuläre Erkrankungen
- z.T. Stoffwechselerkrankungen
- z.T. Speicherkrankheiten
- z.T. Erkrankungen durch chromosomale Anomalien bedingt
- z.T. genetisch bedingte Fehlbildungen

- schwerste und irreparable Organschäden (speziell Herz, Leber)
- bösartige Tumorerkrankungen
- z.T. schwere Geburtsschäden
- schwerste Behinderung aufgrund eines Unfalls
- HIV-Erkrankungen
- z.T. syndromale Erkrankungen (oft unbekannter Ursache)
- z.T. schwerste Mehrfachbehinderung (aufgrund unterschiedlicher Ursachen:

  Folge von ZNS-Infektion, Sauerstoffmangel, epileptische Krampfanfälle ...)
- z.T. Erkrankungen, bei denen eine kontinuierliche Beatmung erforderlich ist.

Alle genannten Gruppen kommen dann für die Kinderhospizarbeit infrage, wenn es sich um eine

- kontinuierlich fortschreitende Erkrankung bis zum Tod
- schrittweise fortschreitende Erkrankung mit krisenartiger Verschlechterung (insbesondere bei mehrfacher Schwerstbehinderung)
- zunehmende Instabilität mit Todesnähe
- schwerste Erkrankung mit hoher Sterbewahrscheinlichkeit
- akute lebensbedrohliche Erkrankung
- unbekannte Erkrankung mit Todesnähe (ohne Vorhersagbarkeit) handelt.

In der Regel verursachen diese Erkrankungen

- einen hohen Hilfe- oder Pflegebedarf im Alltag
- und/oder einen hohen psychosozialen Unterstützungsbedarf für die Familie
- und/oder eine hohe und nicht altersübliche psychische Abhängigkeit von

Bezugspersonen angesichts des nahe stehenden Todes

- und/oder eine grundlegende Beeinträchtigung oder Gefährdung von Vitalfunktionen
- und/oder Abhängigkeit von palliativmedizinischen Maßnahmen.

Statistisch gesehen kommen auf ca. 5.000 Einwohner ein Kind mit einer lebenslimitierenden Erkrankung. In Deutschland leben etwa 22.000 Kinder mit lebensbegrenzenden Erkrankungen. Jährlich sterben zwischen 1500 bis 3000 Kinder und junge Menschen daran.
Für die betroffenen Familie bedeutet die Begleitung eines Kindes ein emotionaler Kraftakt, dem Eltern manchmal über längere Zeit ausgesetzt sind und der sie erschöpft.

KONZEPTE/ARBEITSFORMEN

Kinderhospizarbeit ergänzt die bestehenden Versorgungsstrukturen (Akutkrankenhaus, ambulante Pflegedienste), ohne dabei zu diesen in Konkurrenz zu treten. Sie schließt eine bestehende Versorgungslücke.
Kinderhospizarbeit besteht aus einem ambulanten und einem stationären Arbeitsbereich, wobei das Ziel ist, die ambulante Versorgung derart zu stärken, dass eine stationäre Versorgung das unverzichtbare Mindestmaß deckt.
Kinderhospizarbeit fördert mit ihren Angeboten die selbstständige Auseinandersetzung der betroffenen Familien mit der Problemsituation „lebensbegrenzende Erkrankung eines Kindes“.

Diese Fachkräfte übernehmen bedarfsorientiert folgende Aufgaben:

- sie verbringen Zeit mit dem kranken Kind
- sie beschäftigen sich mit Geschwistern
- sie sind Gesprächpartner für die Familie
- sie übernehmen alltagspraktische Tätigkeiten
- sie schaffen zeitlichen Freiraum, den die Eltern für sich nutzen können.

Darüber hinaus:

- sozialarbeiterische oder psychologische Hintergrundberatung
- pädagogische Beratung der Eltern und Geschwisterkinder
- Trauerbegleitung
- Betreuung der Geschwisterkinder während des stationären Aufenthaltes der Familie durch Freizeitgestaltung und Gesprächskreise
- Gesprächskreise zu Partnerschaft, Geschwisterbeziehung, wie Kinder Sterben und Tod erleben, wie Eltern ihnen dabei zur Seite stehen können, Erziehungsfragen, Organisation in der Familie, Hilfen von

außen, spirituelle Fragen, Lebensperspektiven, die eigene Auseinandersetzung mit Sterben und dem eigenen Abschied vom Kind sowie der Gestaltung des Abschieds vom Kind.

- Angebote für die Geschwisterkinder: Spielangeboten, Bastelnachmittagen, Vorlesestunden im Kinderhospiz und in der Natur um das Haus herum fühlen, Spiele, Bücher und Computer.
- Angebote im Raum der Stille, Snoezelraum.

Berufsprofile der pädagogischen Fachkräfte

Die Familienbegleiter haben eine pädagogischer Grundausbildung (ErzieherIn oder Sozialpädagoge/in. Sie arbeiten in multiprofessionellen Teams zusammen, dabei sollte mindestens ein Mitglied des Teams eine Qualifikation als Trauerbegleiter besitzen. Alle Mitarbeitenden sollten im Laufe Ihrer Tätigkeit eine Hospizausbildung erhalten.
Personalschlüssel (Kind: Fachkraft) ist so ausgelegt, dass quasi eine 1:1 Betreuung möglich ist in der Pflege und der Begleitung der Kinder/Jugendlichen und Familien.

Quellen/Literatur

www.Bundesverband- Kinderhospiz.de
www.Kinderhospiz-allgaeu.de
www.Sternenbruecke.de
www.Deutscher-Kinderhospizverein.de

12.4.5 Das Geschwisterhaus

Überblick

Die meisten kranken Kinder, die in einer Kinderklinik behandelt werden müssen, haben Geschwister. Für Eltern ist es oft ein Problem und eine logistische Meisterleitung, allen Kindern gleichzeitig gerecht zu werden. Häufig, vor allem wenn die Familien nicht aus dem Nahbereich einer Kinderklinik kommen, ist die Versorgung und Betreuung der Geschwister nicht gewährleistet, insbesondere dann, wenn die

Behandlung des kranken Kindes über einen längeren Zeitraum geht. Das Geschwisterhaus in Tübingen soll nun hier exemplarisch genannt werden. Die Geschwister leiden auch und das oft im Verborgenen. Diese „extremen psychischen Belastungen" werden oft übersehen (vgl. Internes Papier Geschwisterhaus Tübingen). Kinder leiden auf eine eigene Art mit den Geschwistern mit. Ihre kontinuierliche Beziehung erhält durch eine z.B. lebensbedrohende oder chronische Erkrankung tiefe Einschnitte. Das kranke Kind hat neben den Eltern noch die Ärzte und die Schwestern oder SozialarbeiterIn, um über die Ängste und Bedürfnisse zu reden. Das Leben des Geschwisterkindes geht seinen vermeintlich normalen Weg. Dieser muss während der Krankheit des Geschwisters neu organisiert werden. Die Eltern sind als Ansprechpartner weniger greifbar – sie haben nur noch begrenzte Aufmerksamkeit für das gesunde Kind. Gleichzeitig erleben die Geschwisterkinder die Ängste der Eltern und spüren die bedrohliche Situation auch in ihrem eigenen Körper. Nicht selten entwickeln sie dann auch Verhaltensänderungen, die als Signale für ihre „Vernachlässigung" verstanden werden müssen. Auch sie brauchen Sicherheit, Informationen, Orientierung und die Nähe des erkrankten Geschwisters, um in eigener Anschauung zu erleben, wie es dem Bruder oder der Schwester geht (vgl. Internes Infopapier Geschwisterhaus Tübingen).
Um diesen Bedürfnissen Rechnung zu tragen, hat sich in Tübingen eine Initiativgruppe bestehend aus dem Förderverein für krebskranke Kinder e.V., der Elterninitiative Herzkranker Kinder e.V., dem Deutschen Kinderschutzbund Tübingen und dem Aktionskomitee „Kind im Krankenhaus" gebildet. Im August 1992 konnte das Geschwisterhaus seiner Bestimmung übergeben werden. Es befindet sich in unmittelbarer Nähe zum Kinderkrankenhaus. Das Angebot gliedert sich in zwei große Bereiche: eine Kindertagesstätte und Wohnungen für Eltern mit Geschwisterkindern.

Kindertagesstätte

Öffnungszeiten:	*Angebot:*	*Zielgruppe:*
Montag bis Freitag 8 Uhr - 17.30 Uhr	• Stundenanzahl je nach Bedarf • Kindgerechtes Mittagessen • Betreuung ohne vorherige Anmeldung • Ruheraum für Mittagsschlaf • Betreuung ist kostenlos für die Eltern	Kinder jeder Altersstufe: Säuglinge bis Schulkinder

Die Betreuung der Kinder gewährleisten ErzierherInnen und HeilpädagogInnen, die eine fachlich kompetente Betreuung der Kinder garantieren (vgl. Broschüre: Herzlich willkommen im Geschwisterhaus Tübingen 2001, S. 5).

KONZEPTE/ARBEITSFORMEN

Das pädagogische Angebot umfasst:

- Bewegung, Bewegungsspiele,
- Gesellschaftsspiele,
- kochen/backen,
- vorlesen, lesen,
- musizieren/singen,
- Gespräche mit den Kindern und den Eltern,
- Verwaltung und Betreuung der Wohnungen für Eltern mit Geschwisterkindern.

Wohnungen für Eltern mit Geschwisterkindern: Das Geschwisterhaus bietet Eltern mit oder ohne Geschwisterkindern Wohnmöglichkeiten für die Dauer des Klinikaufenthaltes ihres kranken Kindes. Die Zimmer sind hell, freundlich und zweckmäßig eingerichtet. Zum Teil sind sie mit eigener Küchenzeile ausgestattet. Hier können Mahlzeiten selbst zubereitet werden. Um vom Klinikalltag Abstand zu gewinnen, können Eltern entspannen oder sich mit anderen Eltern unterhalten (vgl. Broschüre: Herzlich willkommen im Geschwisterhaus Tübingen 2001, S. 5).

BERUFSPROFILE DER PÄDAGOGISCHEN FACHKRÄFTE

Die Aufgaben der ErzieherInnen sind sehr vielfältig, sie reichen vom Wickeln und Füttern der Säuglinge bis zur Hausaufgabenbetreuung der Schulkinder. Der Tagesablauf muss jeden Tag neu gestaltet werden, da er abhängig ist von den Kindern, die betreut werden. So ist viel Flexibilität und Kreativität gefordert. Vor allem brauchen die ErzieherInnen viel Einfühlungsvermögen für die Sorgen und Nöte der Geschwisterkinder. Die eigentlichen pädagogischen Aufgaben sind denen in Kindergärten und Tagesstätten sehr vergleichbar (vgl. Kap. 2).

Quellen/Literatur

Broschüre: Herzlich willkommen im Geschwisterhaus Tübingen, 2001

13. Erwachsenenbildung

Theodor Thesing

Überblick

Die heutige Erwachsenenbildung, als organisierte und institutionelle Form der Bildung außerhalb des Schulsystems, hat ihre Wurzeln einmal im Zeitalter der Aufklärung und ihrer Vorstellung von der prinzipiellen Gleichheit aller Menschen und ihrem Anspruch auf Bildung für alle Menschen unabhängig von ihrem Stand. Des Weiteren in der zunehmenden Industrialisierung des 19. Jahrhunderts, dem damit verbundenen gesellschaftlichen Wandel und nationalen Strömungen einer Volksbildung. Auf diesem Hintergrund entstanden z.B. gesellige und religiöse Vereinigungen, Standesvereine, Landwirtschaftliche Vereine, Turnvereine und Burschenschaften, die sich je nachdem zum Zwecke literarisch-ästhetischer, naturwissenschaftlich-beruflicher, sittlich-religiöser und nationaler Bildung zusammenfanden. Auf diesem Hintergrund entstanden Abend- und Sonntagsschulen für Erwachsene, die Bildungsdefizite kompensieren wollten sowie Lesevereine und Volksbüchereien (vgl. Weber 1983, 5. Aufl., S. 165). Mitte des 19. Jahrhunderts führte die Volksbildungsbewegung zur politischen und sozialen Konfrontation. Restaurative Kräfte des Bürgertums fürchteten um ihre Privilegien, während demokratische Gruppen ein Recht auf Bildung durchsetzen wollten.

> „Zur gleichen Zeit formierten sich auf christlicher und liberaler Seite Handwerker- und Arbeitervereine, die sich um pragmatische Wissenserweiterung, ästhetische und kulturelle Bildung im Sinne des bürgerlichen Bildungsideals kümmerten sowie auf demokratisch-sozialistischer Seite ähnliche Vereine, die der politisch-sozialen Schulung den Vorrang gaben“ (Weber 1983, S. 165).

Anfang des 20. Jahrhunderts bildeten sich zwei zentrale Institutionen heraus, die „Heimvolkshochschule“ im ländlichen Bereich, in denen vor allem Pfarrer und Volksschullehrer die treibenden Kräfte waren und „Abendvolkshochschulen“ in den Städten. Nach der Gleichschaltung durch die Nationalsozialisten 1933 im Deutschen Volksbildungswerk, war 1945 eine verstärkte Institutionalisierung, d.h. einerseits eine Erweiterung und Zunahme der Einrichtungen, andererseits die Entste-

hung von Programmen, Konzepten und Gesetzen, zu beobachten (vgl. Weber 1983, S. 166). 1953 wurde der Deutsche Volkshochschulbund geschaffen, 1957 die Bundesarbeitsgemeinschaft der Katholischen Erwachsenenbildung und 1961 die Deutsche Evangelische Arbeitsgemeinschaft für Erwachsenenbildung gegründet. 1970 wurde der „Strukturplan für das Bildungswesen" verabschiedet und Erwachsenenbildung als ordentliches Studienfach mit Diplomprüfung in Erziehungswissenschaft an den Universitäten eingeführt.
Erwachsenenbildung wird heute überwiegend als Weiterbildung bezeichnet, Weiterbildung als notwendige und lebenslange Ergänzung aller Erstausbildung definiert.

Abbildung: Formen und Zuständigkeiten in der Weiterbildung

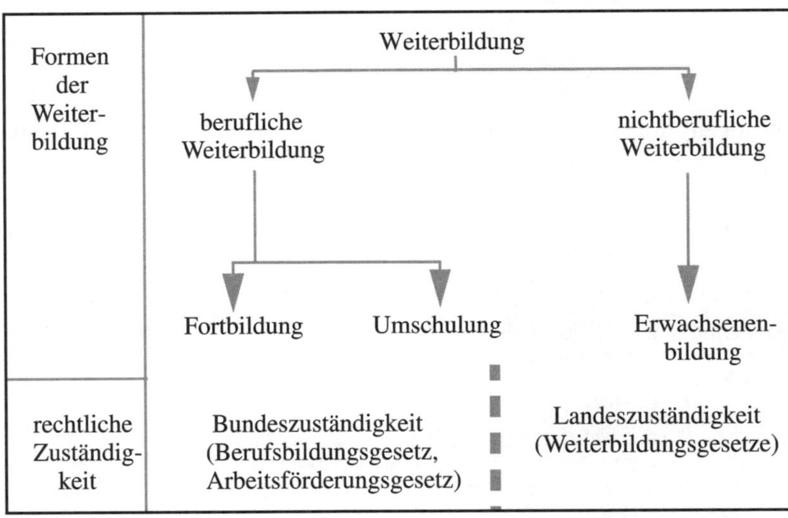

Quelle: Arnold 1988, S. 26

Grundlage der Erwachsenenbildung ist die Erkenntnis der Notwendigkeit lebenslangen Lernens.

> „Der alte Bildungsbürger, der sich durch lateinische Zitate aus seiner Schulzeit auswies, ist tot. Es lebe der neue, der die Herausforderungen seiner Zeit aufgreift und begreift, der sich den Problemen des Jetzt und Heute, seiner engen und weiten Umgebung, der großen und kleinen Politik stellt, dessen Bildung sich bewährt in seinen persönlichen Lebenssituationen" (Frommer 1991, S. 6).

Lebenslanges Lernen ist notwendig, weil:

- der Mensch aus anthropologischer Sicht in allen Altersstufen, auch im hohen Erwachsenenalter, lernfähig ist,
- er sich ständig an eine sich rasch ändernde Berufswelt anpassen muss,
- Welt und Gesellschaft zunehmend komplexer werden,
- ökologische Herausforderungen gemeistert werden müssen, dies setzt vernetztes und globales Denken voraus,
- Lernen für die Identitätsbildung notwendig ist,
- Bildung eine Voraussetzung für politische und gesellschaftliche Teilhabe an einer demokratischen Gesellschaft ist,
- die Nutzung der Bildungsreserven gesellschaftlich und volkswirtschaftlich bedeutsam sind (Frommer 1991, S. 6ff).

KONZEPTE/ARBEITSFORMEN

Die Institutionen der Erwachsenenbildung/Weiterbildung lassen sich in geschlosse, offene und informelle Formen unterteilen:

Tabelle: Institutionelle Strukturen der Erwachsenenbildung/ Weiterbildung

Form	Träger	Einrichtungen	Veranstaltungen
Geschlossene Weiterbildung	Öffentlicher Dienst, Betriebe, Verbände, sonstige Institutionen	z.B. Bundesakademie für öffentliche Verwaltung	Kurse, Seminare, Lehrgänge, Vorträge etc.
Offene Weiterbildung	Öffentliche Träger (Länder, Kommunen, Hochschulen), auch nicht-öffentliche Träger (z.B. Kirchen, Gewerkschaften, kommerzielle Einrichtungen)	Volkshochschulen, Bildungswerke der Kirchen, Berufsfortbildungswerk (DGB) usw.	Kurse, Seminare, Lehrgänge, Vorträge usw.
Informelle Erwachsenenbildung	keine	Bürgerinitiativen, autonome Bildungszentren, Bildungsvereine, Kommunikationszentren usw.	Selbstinitiiertes Lernen

Quelle: Arnold 1988, S. 78

Die Träger der Weiterbildung sind gesellschaftlich relevante Gruppen wie Staat, Kirchen, Gewerkschaften, Arbeitgeberverbände, aber auch private kommerzielle Anbieter.
Bedeutsam bei den Methoden der Erwachsenenbildung/Weiterbildung ist, dass nicht der Inhalt, die Themen primär im Vordergrund stehen, sondern das Individuum, das Subjekt mit seiner Lerngeschichte, seiner Biographie, seinen Lernbedürfnissen, Lernhemmungen und Interessen. Weiterbildung will den Menschen dort abholen, wo er steht.
Zu den Lernmethoden gehören Projektarbeit, Lernnetzwerke, Fernunterricht mit Regionalgruppen, Individuelles Coaching, Zukunftswerkstatt, selbstorganisierte Lerngruppen u.a.

BERUFSPROFILE DER PÄDAGOGISCHEN FACHKRÄFTE

Die Berufsbezeichnungen im Bereich der Weiterbildung sind vielfältig und uneinheitlich. Hauptamtliche Mitarbeiter, Dozenten, Kursleiter, Trainer und Erwachsenenbildner sind die gängigen Bezeichnungen, während sich Begriffe wie Weiterbildner, Weiterbildungsreferent, Teamer oder Andragoge kaum durchgesetzt haben (vgl. Arnold 1988, S. 137). Die Kultusministerkonferenz und der Deutsche Städtetag haben 1981 die Aufgaben eines Erwachsenenbildners grob umrissen:

- Erarbeitung der inhaltlichen und pädagogischen Konzeptionen,
- Erstellen von Lernzielkatalogen und Stoffplänen,
- Auswahl von Unterrichtsmaterialien und von geeigneten Lehr- und Lernverfahren einschließlich Planung des Medieneinsatzes,
- Auswertung der Veranstaltungen,
- Beratung und Fortbildung der nebenamtlichen Mitarbeiter,
- Beratung der Teilnehmer, Geschäftsführung, Werbung, Evaluation, Qualitätsmanagement (vgl. Arnold 2006, S. 142).

Während in den 50er Jahren die Erwachsenenbildung auch in ihren administrativen und leitenden Funktionen von neben- und ehrenamtlich Tätigen getragen wurde, zeichnet sich seit den 60er Jahren eine „Verberuflichung" ab. Der Anteil akademisch ausgebildeter DozentInnen, zumeist aus den Lehrberufen, Dipl. PädagogInnen, TheologInnen, SozialarbeiterInnen und SozialpädagogInnen steigt. Gleichzeitig bleibt ein sehr großer Teil der Referenten nebenberuflich tätig.

Abbildung: Felder erwachsenenpädagogischer Tätigkeit

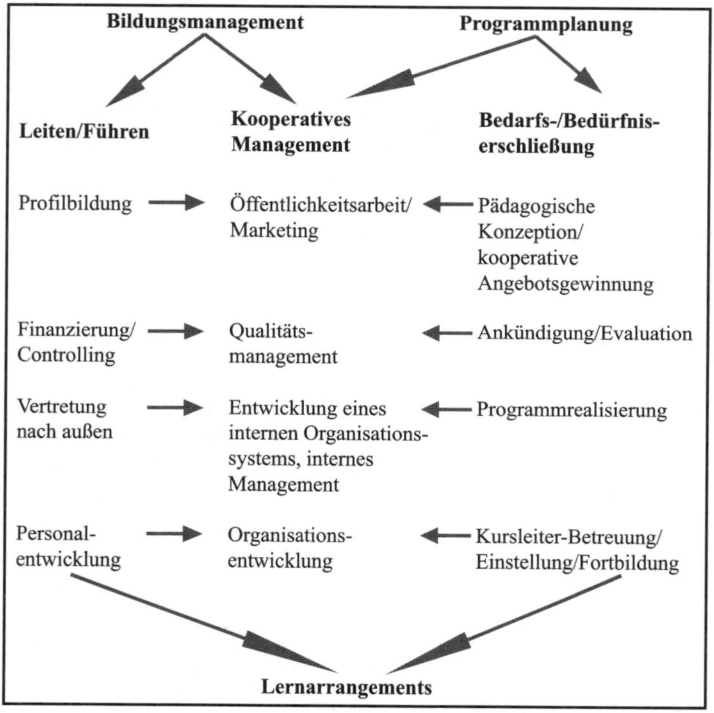

(Quelle: Gieseke 2000, S. 335, in: Wittpoth 2003, S. 201)

Quellen/Literatur

Arnold, R.: Erwachsenenbildung, Baltmannsweiler 2006, 5. Auflage

Frommer, H.: Lernen, Wissen, Bildung. Ein integriertes Lernkonzept für die Erwachsenenbildung, Villingen-Schwenningen 1991

Klupp, A.: Planen. Managen. Trainieren. Zwanzig Bausteine erfolgreicher Erwachsenenbildung, München 1991

Kade, J.: Erwachsenenbildung, in: Deutscher Verein für öffentliche und private Fürsorge (Hrsg): Fachlexikon der sozialen Arbeit, Frankfurt 1997, S. 279/280

Weber, E.: Pädagogik, Donauwörth 1983, 5. Aufl., S. 165

Wittpoth, J.: Einführung in die Erwachsenenbildung, Opladen 2003

14. Aus-, Fort- und Weiterbildung

Theodor Thesing

Überblick

Die Aufgabenfelder für sozialpädagogische Berufe in den Bereichen Aus-, Fort und Weiterbildung und Erwachsenenbildung sind sehr breit gefächert. Die Träger der Bildungsmaßnahmen sind ebenso vielfältig und erstrecken sich von kommunalen, staatlichen Organisationen, über Kirchen, Freie Wohlfahrtsverbände, Arbeitgeberverbände, Gewerkschaften und eine Vielzahl privater Anbieter (vgl. Kap. 13 Erwachsenenbildung). Je nach rechtlicher Situation, z.B. bei der Vergabe staatlicher bzw. staatlich anerkannter Zeugnisse, Zertifikate oder Kursnachweise sind die Anforderungen an die Lehrerlaubnis von Absolventen sozialpädagogischer Berufe zu differenzieren. Der Nachweis der Lehrbefähigung kann von autodidaktischer Kompetenz über die Absolvierung eines Lehramtsstudiums mit Referendariat oder Hochschulstudium mit Praxisbewährung bis zur Promotion reichen. Mit zunehmender Professionalisierung des Aus-, Fort- und Weiterbildungssektors steigen die Anforderungen an eine wissenschaftliche Qualifikation. Mehrfachqualifikationen, wie z.B. Studium der Sozialarbeit und therapeutische oder erwachsenenbildnerische Zusatzausbildungen oder Weiterbildung in Supervision sind häufig anzutreffen.

14.1 Fachlehrer für musisch-technische Fächer an Grund-, Haupt- und Realschulen

Überblick

An Grund- und Hauptschulen werden in der Regel Lehrkräfte tätig, die an einer Universität oder Pädagogischen Hochschule ein Lehramtsstudium absolviert haben. In einigen Bundesländern, so z.B. in Baden Württemberg, können auch staatlich anerkannte ErzieherInnen als FachlehrerInnen für musisch-technische Fächer tätig werden, die an einem Pädagogischen Fachseminar ausgebildet worden sind. Als bereits mit Dienstverträgen angestellte Fachlehreranwärter sind die

Kursteilnehmer Beamte im Vorbereitungsdienst und erhalten Anwärterbezüge. Die Ausbildung schließt mit einer Laufbahnprüfung für Fachlehrer ab und berechtigt zum Unterricht in allgemeinbildenden Schulen bis Klasse 10.
Das Pädagogische Fachseminar (Lehrerbildungseinrichtung des Landes Baden-Württemberg) bildet in einem zweijährigen Lehrgang Fachlehrer in folgenden Kombinationen aus:

1. Sport – Hauswirtschaft / Textiles Werken – Bildende Kunst
2. Sport – Hauswirtschaft / Textiles Werken – Musik
3. Sport – Hauswirtschaft / Textiles Werken – Wirtschaftslehre / Informatik
4. Sport – Technik – Wirtschaftslehre / Informatik
5. Sport – Technik – Musik
6. Sport – Technik – Bildende Kunst
7. Hauswirtschaft / Textiles Werken – Bildende Kunst – Musik
8. Bildende Kunst – Technik – Wirtschaftslehre / Informatik

Zulassungsvoraussetzungen

(a) Mittlerer Bildungsabschluss, eine abgeschlossene Berufsausbildung mit mindestens zweijähriger Dauer oder

(b) Abschluss eines mindestens zweijährigen Berufskollegs (z.B. Fachschule für Sozialpädagogik, Abschluss: staatl. anerkannter Erzieher) oder

(c) Abschluss eines beruflichen Gymnasiums.

Ausbildungsstruktur

Die Ausbildung erstreckt sich auf zwei Ausbildungsjahre mit Unterricht in Pädagogik, Pädagogische Psychologie, Fachpraxis/Fachtheorie/Schulpraxis/Fachdidaktik der drei Ausbildungsfächer sowie Schulrecht.
Zusätzlich Kurse und Praktika: Schulpraktikum, Erste-Hilfe-Kurs, AV-Medienkurs sowie bei gewähltem Ausbildungsfach Sport DLRG-Schein, Wanderführerlehrgang und Skikurs.

Quellen/Literatur

Verordnung des Kultusministeriums Baden Württemberg über die Ausbildung und Prüfung von Fachlehrern für musisch – technische Fächer am Pädagogischen Fachseminar vom 28. August 2001

Merkblatt des KuMi Baden Württemberg vom Juli 2006 über den Vorbereitungsdienst für die Laufbahn des Fachlehrers für musisch-technische Fächer

14.2 FACHLEHRER AN SCHULEN FÜR GEISTIGBEHINDERTE

Überblick

Für Kinder mit oder ohne Behinderung erstreckt sich die Schulpflicht vom 6. bis zum 18. Lebensjahr, für behinderte Jugendliche kann die Schulzeit bis zum 24. Lebensjahr ausgedehnt werden. Unterschiedliche Ausprägungen von Behinderungen und der damit verbundene differenzierte Erziehungs- und Förderungsbedarf der Kinder hat zu einer Aufgabenteilung und Spezialisierung in Sonderschultypen geführt:

- Schule für Blinde,
- Schule für Sehbehinderte,
- Schule für Gehörlose,
- Schule für Schwerhörige,
- Schule für Lernbehinderte,
- Schule für Geistigbehinderte,
- Schule für Körperbehinderte,
- Schule für Erziehungshilfe,
- Schule für Kranke bei längerer Krankenhausbehandlung.

Die Frage, ob behinderte und entwicklungsgestörte Kinder besser in Regelschulen unterrichtet werden sollen, statt in Sonderschulen oder in speziellen Integrationsklassen, wird in Deutschland kontrovers diskutiert und in den Bundesländern unterschiedlich beantwortet.

Die Schule für Geistigbehinderte

Tätigkeitsfelder

Fachlehrer/innen an Sonderschulen fördern die geistige, psychische, soziale oder körperliche Entwicklung geistig und körperlich behinderte Schüler und Schülerinnen durch spezifische sonderpädagogische Unterrichtseinheiten. Sie arbeiten u.a. in Förderschulen und -zentren oder sonderpädagogischen Einrichtungen. Auch in Wohnheimen für behinderte Menschen, an Beratungsstellen oder Einrichtungen der

Erwachsenenbildung, z.B. an Bildungsakademien für Sonderpädagogik, können sie beschäftigt sein.

BERUFSPROFILE DER PÄDAGOGISCHEN FACHKRÄFTE

Als Lehrkräfte sind an der Schule für Geistigbehinderte vor allem SonderschullehrerInnen tätig, die Leitung der Schule hat immer ein Sonderpädagoge. In einigen Bundesländern arbeiten als Lehrkräfte auch staatlich anerkannte ErzieherInnen mit Zusatzausbildung als sogenannte „Sonderpädagogische AssistentInnen" oder wie in Baden Württemberg als „FachlehrerInnen an Schulen für Geistigbehinderte".
FachlehrerInnen mit der beruflichen Ausbildung ErzieherIn haben die Aufgabe, als KlassenlehrerInnen ständige erzieherische Bezugsperson für Schüler mit geistiger und mehrfacher Behinderung zu sein und in eigener Verantwortung – zusammen mit den anderen Lehrkräften – die unterrichtliche Förderung auf allen Stufen – einschließlich Frühförderung – und in allen Lernbereichen zu planen und durchzuführen (Informationsbroschüre Fachseminar für Sonderpädagogik Reutlingen 2007).
Die Ausbildung zum Fachlehrer an Schulen für Geistigbehinderte erfolgt am Fachseminar für Sonderpädagogik und an einer öffentlichen Sonderschule im Rahmen eines Vorbereitungsdienstes. Wer zum Vorbereitungsdienst zugelassen ist, wird vom Oberschulamt unter Berufung in das Beamtenverhältnis auf Widerruf zum Fachlehreranwärter ernannt. Der Vorbereitungsdienst dauert in der Regel drei Unterrichtshalbjahre. Die Ausbildung umfasst Lehrveranstaltungen in 1. Sonderpädagogik mit Sonderpädagogischer Psychologie einschließlich medizinischer Grundlagen, 2. Sonderpädagogische Aufgabenfelder und 3. Schulrecht, Beamtenrecht sowie schulbezogenes Jugend- und Elternrecht.
Personen mit Meisterprüfung können als Technische LehrerInnen in der Regel in der Werkstufe tätig werden. Beschäftigungs- und ArbeitstherapeutInnen oder KrankengymnastInnen/PhysiotherapeutInnen werden als FachlehrerInnen an Schulen für Körperbehinderte eingesetzt.

Quellen/Literatur

Bundesagentur für Arbeit: Berufsinformationen 2007
Fachseminar für Sonderpädagogik Reutlingen: Informationsbroschüre zur Ausbildung zum Fachlehrer und Technischen Lehrer an Schulen für Geistigbehinderte/Körperbehinderte 2007
Verordnung des Kultusministeriums Baden Württemberg über die Ausbildung und Prüfung für die Laufbahnen des Fachlehrers und des Technischen Lehrers an Sonderschulen vom 9. August 1996

14.3 DOZENT/LEHRBEAUFTRAGTER AN FACHSCHULEN, FACHHOCHSCHULEN UND BERUFSAKADEMIEN

Überblick

Sozialpädagogische Ausbildungen sehen konzeptionell eine enge Theorie- Praxis-Verbindung vor. Die Ausbildungsstätten fordern deshalb von ihren Lehrkräften nicht nur eine wissenschaftliche Qualifikation, sondern in der Regel auch mehrjährige differenzierte berufliche Erfahrung in möglichst verschiedenen sozialpädagogischen Praxisfeldern. Durch die Kulturhoheit der Länder werden die Kriterien für die Lehrbefähigung von den Kultusbehörden definiert.

BERUFSPROFILE DER PÄDAGOGISCHEN FACHKRÄFTE

Fachschulen für Sozialpädagogik

An den Fachschulen für Sozialpädagogik (ErzieherIn, Jugend- und HeimerzieherIn, HeilerziehungspflegerIn, HeilpädagogIn, ArbeitserzieherIn) ist die Lehrerlaubnis für sozialpädagogische Berufe in der Regel an einen Hochschulabschluss (Uni, FH) gebunden. In einigen Bundesländern wird für die Lehrbefähigung für das Lehramt (vergleichbar mit der Sekundarstufe II/Gymnasium) ein Referendariat gefordert, in anderen kann diese durch eine mehrjährige Bewährung in der sozialpädagogischen Praxis ersetzt werden. SozialpädagogInnen, SozialarbeiterInnen und HeilpädagogInnen (FH) unterrichten überwiegend Fächer, für die keine eindeutige Universitätsausbildung vorgesehen ist, so z.B. Didaktik und Methodik der Sozialpädagogik, Spielpädagogik, Rhythmik, Kinder- und Jugendliteratur, Medienpädagogik, Praxisanleitung,

Supervision. In einzelnen Ländern wird die Lehrerlaubnis auch für Jugendrecht, Gemeinschaftskunde/Politik erteilt. Für Fächer wie z.B. Erziehungswissenschaft ist in der Regel ein Universitätsabschluss in Erziehungswissenschaft bzw. Psychologie erforderlich. Fachschulabsolventen (z.B. ErzieherInnen, HeilpädagogInnen) erhalten in vielen Bundesländern keine oder nur eine beschränkte Lehrerlaubnis für den sozialpädagogischen Übungsbereich.

Fachhochschulen für Sozialwesen

An den Fachhochschulen für Sozialarbeit, Sozialpädagogik, Heilpädagogik werden die Absolventen der Fachhochschulen mit mehrjähriger Praxiserfahrung (in der Regel 5 Jahre) mit dem Status als lehrende Sozialarbeiter oder als Fachhochschuldozenten, Fachschulräte oder als Professoren tätig, wobei zunehmend die Lehrbefähigung durch eine Promotion nachgewiesen werden muss. Als Lehrgebiete sind vor allem Methoden der Sozialarbeit, Sozialpädagogik, Heilpädagogik und Supervision vorgesehen. Die Lehrerlaubnis für erziehungs- oder sozialwissenschaftliche Fächer ist an einen Hochschulabschluss in Erziehungswissenschaft oder Sozialwissenschaften gebunden. Ähnliche Bedingungen gelten für die Berufsakademien in Baden-Württemberg, die ein Studium an zwei Lernorten (Berufsakademie und Praxiseinrichtung) vorsehen.

14.4 Referent Fort- und Weiterbildung

Überblick

Der Bereich Fort- und Weiterbildung ist ein wachsender Bereich in den Arbeitsfeldern der Sozialpädagogik. Die gewachsene Einsicht der Anstellungsträger in die Notwendigkeit der Personalentwicklung durch Ausbildung, Fort- und Weiterbildung hat ein großes Angebot unterschiedlichster Träger angeregt. Viele Träger organisieren hausintern für ihre profitorientierten oder sozialen Einrichtungen Fortbildungen, um den Wandel in ihren sozialen Unternehmen zu begleiten, z.B. bei der Einführung von Qualitätsmanagement, Umorganisation des Betriebes oder Implementierung neuer Dienstleistungsangebote. Spezielle Fortbildungsträger bieten regional oder überregional in Fortbildungsdozenturen ihre Angebote im Trägerverbund an. In zunehmendem Maße treten sozialpädagogische Fachkräfte freiberuflich als selbstständige Anbieter von Fort- und Weiterbildungsmaßnahmen auf (vgl. Kap. 15). Sie stoßen in Marktsegmente vor, die sie schneller, flexibler oder kostengünstiger als große Fortbildungsorganisationen anbieten können.

KONZEPTE/ARBEITSFORMEN

Die Konzepte der Fort- und Weiterbildungsinstitutionen unterscheiden sich in der Orientierung am regionalen Bedarf und klarer Bedarfs- und Kostensteuerung bis hin zu bundesweiten Verbundsystemen und regionalen Fortbildungsdozenturen. Als Beispiel kann die „Gesellschaft für Fortbildung und Organisationsentwicklung“ dienen, die folgende Themenfelder abdeckt:

(1) Fachlichkeit in Pflege, Begleitung, Förderung und Therapie,
(2) fachspezifische Zusatzausbildungen,
(3) Management – Führen und Leiten,
(4) Kommunikation – Gesprächsführung,
(5) Organisationsentwicklung – Qualitätsmanagement,
(6) Betriebswirtschaft – EDV – Hauswirtschaft,
(7) persönliches Wachstum und berufliche Identität,
(8) experimentieren, ausdrücken, gestalten,
(9) Menschen mit Behinderungen und MitarbeiterInnen lernen gemeinsam,
(10) einrichtungsspezifische Inhouse-Angebote (Gesellschaft für Fortbildung und Organisationsentwicklung, Jahresprogramm 2001, Schwäbisch Hall).

Als Arbeitsformen werden realisiert: Vorträge, Einzel-Gruppenarbeit, Rollenspiel, Skulpturarbeit, Fallarbeit, Beratung, Supervision, Teamberatung, Coaching, Organisationsentwicklungs-Projekte, Moderationstechniken u.a.

BERUFSPROFILE DER PÄDAGOGISCHEN FACHKRÄFTE

In der Fort- und Weiterbildung sind viele Berufsgruppen tätig, je nach Themengebiet SozialpädagogInnen, SozialarbeiterInnen, HeilpädagogInnen, HeilerziehungspflegerInnen, mit dem Anwachsen des medizinisch-pflegerischen Bereichs aber auch PflegepädagogInnen, ErgotherapeutInnen und andere Berufsgruppen. Zunehmend bekommen die Referenten Bedeutung, die Zusatzqualifikationen in Erwachsenenbildung, Supervision, Organisationsentwicklung nachweisen können. Tätigkeitsbezeichnungen wie „Erwachsenenbildner", „Trainer", „Organisationsberater" u.a. nehmen zu. Da nicht alle Bundesländer Weiterbildungsgesetze mit Qualitätsvorschriften erlassen haben, kann man den Weiterbildungssektor als „expansiv" und „kreativ" bezeichnen.

15. Freiberufliche Tätigkeit

Theodor Thesing

Überblick

Die sozialen Sicherungssysteme in Deutschland und Europa befinden sich in einem radikalen Umbruch. Bedingt durch die beständig hohe Arbeitslosenzahl steuert die Politik um, in traditionellen Bereichen der sozialen Sicherung werden Leistungen gekürzt (Gesundheitswesen, Krankenversicherung), dem Bürger mehr Selbstfinanzierung bzw. Selbstbeteiligung auferlegt (private Deckung der Rentenlücke, Teilkasko in der Pflegeversicherung), Geldleistungen gesenkt und Beratung verstärkt (Eingliederung von Langzeitarbeitslosen). Dem Abbau stationärer Hilfen (Heimerziehung, Altenheime) folgt der Aufbau ambulanter Hilfen (Vorrang der ambulanten Betreuung und Pflege in der eigenen Wohnung, Betreute Wohngruppen in der Jugend- und Behindertenhilfe). Ein Paradigmenwechsel in der Sozialen Arbeit fordert mehr Wettbewerb durch unterschiedliche Anbieter sozialer Leistungen. Nicht mehr die traditionellen Hilfen der Wohlfahrtsverbände sind gefragt, sondern flexible und kostengünstige Leistungen. Der Hilfesuchende oder Klient wird zum Kunden, der professionelle Helfer zum Dienstleistungsanbieter. Der kostengünstigste Anbieter auf dem Markt sozialer Dienstleistungen bekommt den Zuschlag und macht das Geschäft. Gewinne, in der Sozialen Arbeit bisher als ethisch verwerflich beurteilt, sind nun erwünscht, allerdings bei Absinken der Gesamtkosten des Sozialstaates. Wohlfahrtseinrichtungen beginnen sich betriebswirtschaftlich auszurichten und kostenbewusst zu arbeiten. Unrentable Bereiche werden geschlossen, durch „Outsourcing" von Leistungen nach außen soll die Organisation verschlankt, beweglicher und in ihren Leistungen effektiver gemacht werden. „Overheadkosten" für Verwaltung, Vorhaltung von Personal und Service werden reduziert und an andere Unternehmen oder „Unternehmer" abgegeben, die diese Leistungen effektiver und billiger zu erbringen versprechen. Dieser skizzierte Wandel führt dazu, dass traditionelle Personalbereiche abgebaut, Teilzeitbeschäftigungen verstärkt und durch den geöffneten Markt der Dienstleistungen „Selbstständige" oder „Freiberufler" verstärkt im Feld der Sozialen Arbeit auftreten. Der Mikrozensus 1999 definiert ca. 22.000 (2 %) der Personen in der Sozialen Arbeit als selbstständig, ca. 8.000 (3,4 %) der SozialarbeiterInnen/SozialpädagogInnen gelten statistisch als selbstständig, wobei allerdings unklar ist, ob es sich dabei um 100 %-Tätigkeiten oder um nebenberufliche Selbstständigkeit handelt (Statistisches Bundesamt: Erwerbstätige nach Berufsgruppen und ausgewählten Merkmalen. Ergebnis des Mikrozensus 1999).

Konzepte/Arbeitsformen

Der Schritt in die berufliche Selbstständigkeit erfolgt nicht immer nur aus Gewinnstreben oder dem Wunsch nach Unabhängigkeit von ungeliebten Vorgesetzten, sondern oftmals auch aus Mangel an Chancen oder drohender Arbeitslosigkeit. Egon Endres unterscheidet drei Gruppen von Selbstständigen:

- die klassischen Selbstständigen,
- die New Professionals,
- die Alternativlosen.

Die klassischen Selbstständigen

Hierzu gehören SozialarbeiterInnen/SozialpädagogInnen, die bereits seit vielen Jahren in fachlichen und/oder regionalen Marktsegmenten verankert sind, so in den klassischen Bereichen der Supervision, Therapie, Fort- und Weiterbildung. Sie sind oftmals in Netzwerken verbunden, betreiben gemeinsam Werbung und unterstützen sich in der Kontaktbildung zu Auftraggebern bzw. Kunden (vgl. Endres 2000, S. 14). Vielfach haben sie ein zweites Standbein, eine sichere Teilzeitbeschäftigung bei einer Behörde oder Wohlfahrtsorganisation und betreiben die freiberufliche Tätigkeit nebenher. Erfolgreiche machen dann den Sprung in die Freiberuflichkeit aus einer sicheren Position heraus.

Die New Professionals

Hier handelt es sich um eine neue und sehr expansive Gruppe von sozialen Fachkräften, „... die sich auf die herausbildenden Wachstumsfelder im sozialen Bereich und teilweise auch in Wirtschaftsunternehmen konzentrieren. Solche Tätigkeiten sind beispielsweise Personal- und Organisationsentwicklung, Qualitätsmanagement, Berufsbetreuung, die Übernahme von Aufgaben der Familien- und Jugendhilfe oder die Etablierung neuer Angebote (beispielsweise in der Seniorenarbeit)“ (Endres 2000, S. 14). Die Mitglieder dieser Gruppe sind in der Regel hoch qualifiziert, haben eine gute Marktkenntnis und gehören auch im Angestelltenverhältnis zu den gut bezahlten Profis.

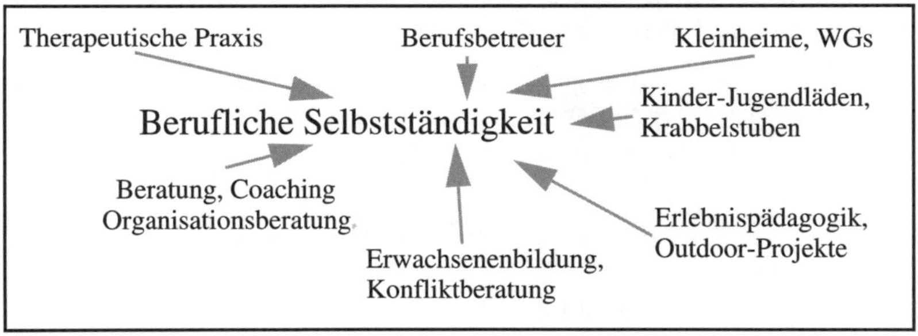

Die Alternativlosen

Diese Gruppe ist bereits aus vielen Wirtschaftsbereichen bekannt, in denen Outsourcing betrieben und kostenträchtige Bereiche ausgegliedert werden. Computerexperten, die zunächst entlassen und dann als freie Mitarbeiter wieder beschäftigt werden; Verkaufsfahrer, die einen LKW kaufen müssen und dann auf eigenes Risiko für die gleiche Firma weiter fahren; Versicherungsvertreter, die von ihrer Versicherung gezwungen werden, eine Agentur zu eröffnen und nur noch über Provisionen bezahlt werden. Diese Entwicklung ist auch zunehmend in der Sozialen Arbeit und im Fort- und Weiterbildungswesen zu beobachten. Hauptamtliche Mitarbeiter werden „abgespeckt“ und als Honorarkräfte wieder beschäftigt. Mitarbeiter einer von Schließung bedrohten Einrichtung gründen eine GmbH und werden notgedrungen selber Chefs, um ihre Arbeitsplätze zu erhalten.
Endres schätzt diese Gruppe als sehr gefährdet ein, da sie oft unvorbereitet den Schritt tun müssen, wenig Risikokenntnis und zu geringe Finanzmittel für den Schritt in die Freiberuflichkeit haben, in vielen Fällen endet dieser Ausflug in die Selbstständigkeit mit einem Konkurs. Es gibt Wege dies zu vermeiden, das zeigen inzwischen viele Existenzgründerseminare und Beratungsinstitutionen (vgl. Institut für freie Berufe, Marienstraße 2/IV, 90402 Nürnberg).

Quellen/Literatur

Deutscher Berufsverband für Sozialarbeit, Sozialpädagogik und Heilpädagogik (DBSH): Forum Sozial, Themenheft – Selbstständigkeit: Fluch oder Segen, Heft 1/2000

Endres, E.: Die Chancen und die Risiken polarisieren sich. Neue Selbstständigkeit und der Umbau der Wohlfahrtsverbände, in: DBSH, Heft 1/2000, S. 13–16

Rothfischer, D., Oberlander, W., u.a.: Ich mache mich selbstständig im sozialen Bereich. Von der Idee und Marktchance bis zur Finanzierung, Weinheim u. Basel 2000

15.1 Kleinheime, betreute Wohngruppen

Überblick

Kleinheime sind Einrichtungen der Kinder- und Jugendhilfe oder der Behindertenhilfe, die als private Einrichtungen bereits seit 30–40 Jahren existieren, Vorläufer waren die privaten Kinderheime. Vielfach führt ein Fachehepaar ein Kleinst- bzw. Kleinheim mit 5 bis 10 Kindern und übernimmt die Betreuung weitgehend selbst. Dieser Einrichtungstyp stellt eine Haushalts-, Lebens- und Freizeitgemeinschaft dar und ist vergleichbar mit einer Großfamilie. Bezeichnungen wie Therapeutisches Kleinheim oder Heilpädagogische Wohnfamilie sind ebenfalls zu finden. Dieser Heimtyp gehört zu der klassischen Form der Selbstständigkeit im Sozialbereich; eine Nische im sozialen Betreuungssystem mit langer Tradition.

Vergleichbar, doch zeitlich sehr viel später auftretend, sind die Betreuten Wohngruppen für Kinder, Jugendliche oder behinderte Menschen. Durch die geringe Anzahl der Betreuungskräfte, die alle anfallenden Arbeiten selbst erledigen, die Möglichkeit der Anmietung statt Kauf von Wohnraum und geregelte Pflegesätze durch die Jugend- und Sozialämter, ist das wirtschaftliche Risiko überschaubar. Zunehmend entstehen Netzwerke von Wohnformen in privater Trägerschaft, die sehr flexibel auf den Betreuungsbedarf reagieren.

15.2 ERLEBNISPÄDAGOGIK, OUTDOOR-PROJEKTE

Überblick

Die Jugendhilfe sieht sich seit langem mit jungen Menschen konfrontiert, die massive soziale und psychische Probleme haben, sich durch traditionelle Formen sozialpädagogischer Betreuung nicht ansprechen lassen, nicht gruppenfähig und therapieresistent sind (vgl. Kap. 3.2.7 Intensive sozialpädagogische Einzelbetreuung). Die Jugendämter begannen in den 80er Jahren für diese jungen Menschen erlebnispädagogische Projekte zu finanzieren, die durch Grenzerfahrungen eine radikale Verhaltensänderung auslösen sollten. Projekte wie Therapeutisches Segeln, Wüstendurchquerungen, Extremklettern, Eisbiwak u.a. wurden konzipiert. Da in den Jugendämtern dafür kein geeignetes Personal vorhanden war und die traditionelle Heimerziehung sehr vorsichtig und kritisch reagierte, drängten SozialpädagogInnen und SozialarbeiterInnen in diese Marktlücke, die neben den Grenzerfahrungen (Therapeutisches Segeln) inzwischen eine Vielzahl von erlebnispädagogischen Lernfeldern anbieten wie z.B. Bergwandern, Flussüberquerungen, Höhlenwanderungen, Biwak bis hin zu betreuten Klassenfahrten. Vielfach handelt es sich um 1–2 Mann/Frau-Unternehmen ergänzt durch Honorarkräfte. Auftraggeber sind Jugendämter und Schulen. Dieser Unternehmenstyp gehört zu den New Professionals, sie entwickeln Erfahrungsfelder, die erst viele Jahre später in der Literatur beschrieben und wissenschaftlich begleitet werden.

15.3 BERUFSBETREUER

Überblick

Adler und Oberlander zeigen auf, dass mit dem In-Kraft-Treten des Betreuungsgesetzes (BtG) zum 1.1.1992 die Rechtsinstitute der Vormundschaft und der Pflegschaft für Erwachsene abgeschafft und zugleich ein entscheidender Schritt zur Professionalisierung der Führung von Betreuungen getan wurde (Adler; Oberlander, in: Rothfischer; Oberlander 2000, S. 34ff.). Die Berufsbetreuer bilden neben ehrenamtlichen Betreuern und den bei Behörden angestellten Betreuern sowie den Mitarbeitern von Betreuungsvereinen eine vierte Kategorie. Das Berufsvormündervergütungsgesetz (BvormG v. 25.5.1998) sichert die Vergütung der Berufsbetreuer. Diese nehmen Aufgaben der Gesundheitsvorsorge, Aufenthaltsbestimmung, Unterbringung und unterbringungsähnliche Maßnahmen, Vermögenssorge und Behördenangelegenheiten für den Betreuten wahr (vgl. Adler; Oberlander, in: Rothfischer; Oberlander 2000, S. 35). Die Zahl der Berufsbetreuer wird auf ca. 5.000 geschätzt, von denen eine große Zahl im Bundesverband der Berufsbetreuer sowie im Verband freiberuflicher BetreuerInnen organisiert ist. Berufsbetreuer haben sich in vielen Fällen mit Rechtsanwälten in einer gemeinsamen Praxis zusammengeschlossen und bieten soziale Betreuung und rechtliche Vertretung aus einer Hand an.

Quellen/Literatur

Adler, R., Oberlander, W.: BerufsbetreuerInnen, in: Rothfischer, D., Oberlander, W.: Ich mache mich selbstständig im sozialen Bereich, Weinheim/Basel 2000

15.4 Therapeutische Praxis

Überblick

In der Sozialen Arbeit finden vielfältige Formen der Therapie und Behandlung Anwendung, die vielfach auf sehr soliden wissenschaftlichen Grundlagen und Erfahrungen beruhen, teilweise aber auch fragwürdig oder Modeerscheinungen sind. Das Gesetz über die Berufe der Psychologischen Psychotherapeuten und Kinder- und Jugendlichenpsychotherapeuten von 1998 hat eine Neuordnung des Zugangs und der Berufsausübung in der Psychotherapie gebracht. Es wird unterschieden zwischen approbierten und nicht approbierten Psychotherapeuten.

> „Das Gesetz über die Berufe des/r Psychologischen PsychotherapeutIn und des/r Kinder- und JugendlichenpsychotherapeutIn (Psychotherapeutengesetz-Psych ThG) bestimmt in § 1 Berufsausübung, dass die Ausübung von heilkundlicher Psychotherapie unter der Berufsbezeichnung ‚Psychologische PsychotherapeutIn' ... eine Approbation als Psychologische/r PsychotherapeutIn oder Kinder- und JugendlichenpsychotherapeutIn bedarf. Prinzipiell gilt: Das PsychThG re-gelt nicht den gesamten Anwendungsbereich psychotherapeutischer Verfahren. Beratungsstellen etwa können ihre Aufgaben weiterhin wahrnehmen, solange sie keine heilkundliche Psychotherapie in Form einer Behandlung von psychischen Störungen mit Krankheitswert ausüben. Pädagogisch-therapeutische Hilfen wie die Jugendhilfe oder Erziehungs-und Familienberatung sind in dem Gesetz ebenso nicht geregelt wie andere Tätigkeiten außerhalb der Heilkunde" (Rothfischer; Oberlander 2000, S. 48).

Als Kinder- und Jugendlichenpsychotherapeuten sind überwiegend SozialarbeiterInnen und SozialpädagogInnen tätig, die eine Zusatzausbildung von 5 bis 7 Jahren absolviert haben. Die Ausbildungskosten werden auf ca. 35.000 EUR geschätzt. Sie dürfen Kinder und Jugendliche bis 21 Jahre behandeln und erhalten eine kassenärztliche Zulassung.
Neben der Approbation als Kinder- und Jugendlichenpsychotherapeut suchen andere sozialpädagogische Fachkräfte mit therapeutischen Ausbildungen die Zulassung über eine Ausbildung als Heilpraktiker. Heilpraktikern ist die Psychotherapeutische Behandlung weiter erlaubt, nur dürfen sie die Berufsbezeichnung Psychotherapeut nicht verwenden, nennen sich vielfach Psychotherapeutische Berater. Die Erlaubnis zur Ausübung der Psychotherapie wird nur auf Antrag erteilt und mit vielen Einschränkungen gegeben. Die Erlaubnis ist mit einer umfangreichen Kenntnisprüfung verbunden (vgl. Rothfischer; Oberlander 2000, S. 49). In der Praxis der Heilpraktiker können viele Therapieformen angeboten werden von Aroma- über Bachblütentherapie, Edelsteintherapie bis hin zu fernöstlichen Behandlungsformen mit unterschiedlichsten Bezeichnungen.

15.5 Krabbelstuben, Kinder- und Schülerläden

Überblick

In den 60er Jahren sorgten die „roten Kinderläden" in Berlin und Frankfurt für Aufregung. Politisch links orientierte Gruppen wollten die Kleinkinderziehung benutzen, um ihre revolutionären Ziele bereits im Kindergarten zu verwirklichen. Als Träger traten Studentenwerke, aber auch Vereine mit studentischen Mitgliedern auf. Die Kommunen und Jugendämter mussten sich erstmals mit neuen Trägerformen beschäftigen, Kindergärten waren bis dahin fest in kommunaler Hand oder in Trägerschaft der Kirchen und Wohlfahrtsverbände. Private Institutionen für Kinderbetreuung gibt es auch heute, sie existieren vor allem in Großstädten, zunehmend aber auch in Kleinstädten und werden als „Kinder- oder Schülerläden", „Krabbelstube", „Kindertreff" bezeichnet. Oftmals sind die GründerInnen SozialpädagogInnen, SozialarbeiterInnen oder ErzieherInnen, die ihre Familienphase nutzen und mit Gleichgesinnten in Eigeninitiative Betreuungsgruppen für Klein-

kinder gründen und betreiben. Trägerformen sind Vereine oder GmbH, in denen einige Mitglieder oder Gesellschafter als Mitarbeiter angestellt werden, was aus steuerlichen Gründen sinnvoll sein kann. Die Leistungspalette ist unterschiedlich, je nach Intensität des Unternehmer- oder des Selbsthilfegedankens.
Leistungen:

- Kinderbetreuung,
- Baby-Sitting-Agentur,
- Secondhand-Agentur für Kinderkleidung/Spielzeug (vgl. Kap. 1.2 Familientreffs).

In diesen Institutionen wird vielfach versucht, verschiedene Intentionen zu verbinden: die Sicherheit des Angestelltenverhältnisses mit der Gestaltungsfreiheit der Selbstständigkeit und der Selbsthilfe Betroffener.

15.6 Spielpädagoge, Animateur

Überblick

Mit dem Anwachsen des Massentourismus und der Freizeitindustrie ist der Bedarf an professionellen Animateuren gestiegen. Animateure sind professionelle Spiel- und Freizeitpädagogen, die in Ferienanlagen für Kinder und Jugendliche oder in Ferienclubs für Erwachsene Animations- und Freizeitangebote anbieten (vgl. dazu Kap. 6ff.). Das Programm kann vielfältige Aktivitäten umfassen, wie Tanzpartys, Strandsportarten, Kreativtechniken, Wandern, Karaoke-Shows, Wassergymnastik, Kommunikationshilfen, Reiseleitung und ähnliches. Viele Reisegesellschaften beschäftigen ausschließlich freiberufliche Reiseleiter und freischaffende Animateure, die von Hotelanlage zu Hotelanlage reisen und zeitlich befristet engagiert werden. Ein ähnlicher Bedarf zeigt sich im kommunalen Bereich. Viele Gemeinden und Städte bieten in den Sommerferien Ferienspiele und Stadtspielaktionen an, in denen Kinder in interessante Rollen schlüpfen dürfen wie Bürgermeister, Gemeinderat, Handwerker, Stadtführer, Zeitungsredakteur u.a. Diese spielpädagogischen Aktionen werden von interessierten Laien oder ehrenamtlich tätigen sozialpädagogischen Fachkräften durchgeführt. Zunehmend werden aber freiberufliche Animateure oder Spielpädagogen engagiert. Als neue Unternehmer treten hier vielfach Einzelpersonen auf, die neben spielpädagogischen Aktionen auch Fortbildungsveranstaltungen, Outdoor-Projekte, Wanderreisen u.ä. anbieten.

15.7 GESCHÄFTSIDEEN UND FREIBERUFLICHE EXISTENZ

Eingangs wurde dargestellt, dass die Diskussion um die berufliche Selbstständigkeit von sozialen Berufen nicht allein aus den Chancen eines neuen Marktes in der Sozialen Arbeit entstanden ist, sondern auch durch zunehmende Arbeitslosigkeit und Perspektivlosigkeit von Berufsangehörigen. Je stärker die Motivation zur selbstständigen Existenz aus dem Gefühl der Alternativlosigkeit gespeist wird, desto geringer ist in der Regel die Kenntnis der Marktlage, eine ausreichende Prüfung der Geschäftsidee, die Stabilität der Unternehmerpersönlichkeit und entsprechend größer die Gefahr des Scheiterns.

Rothfischer und Oberlander benennen:

Eigenschaften für den Typ eines erfolgreichen Selbstständigen:

- hohe Leistungsmotivation; Wille, sich mit anderen zu messen,
- starkes Unabhängigkeitsstreben,
- Vertrauen in die eigenen Möglichkeiten, den eigenen Erfolg: „ich schaffe das",
- soziale Initiative, Geselligkeit, soziale Kompetenz,
- Begeisterungsfähigkeit für neue Ideen,
- hoher Individualismus, geringe Normenorientierung,
- Flexibilität, Spontanität,
- gesunder Menschenverstand,
- Systemdenken: Fähigkeit, komplexe Probleme auch auf der Basis unzureichender Informationen lösen zu können,
- Kreativität: Entwicklung von Ideen, Visionen,
- körperliche Fitness, um über einen längeren Zeitraum hinweg ein hohes Arbeitspensum durchzustehen,
- Berufserfahrung, möglichst einschlägige Branchenerfahrung (Rothfischer; Oberlander 2000, S. 80).

Als häufigste Pleiteursache der gescheiterten Sozialunternehmer erkennen sie: Planungsmängel, Informationsdefizite, Überschätzung der Betriebsleistung, Familienprobleme, Qualifikationsmängel, äußere

Einflüsse, Finanzierungsmängel (Rothfischer; Oberlander 2000, S. 183). Für die Führung eines erfolgreichen (Ein-Mann/Frau) Unternehmens sind solide Fachkenntnisse, ein schlüssiges Unternehmenskonzept, eine Marketingstrategie, Marktkenntnis, Standortprüfung und ausreichende Risikoabsicherung notwendig. Diese Kompetenzen erwirbt eine Fachkraft in der Sozialen Arbeit in der Regel nicht im Studium und in der Ausbildung. Literaturstudium, Kontakte zu erfolgreichen Freiberuflern und professionelle Beratung sind erforderlich.

Quellen/Literatur

Rothfischer, D., Oberlander, W., u.a.: Ich mache mich selbstständig im sozialen Bereich. Von der Idee und Marktchance bis zur Finanzierung, Weinheim u. Basel 2000

Institut für freie Berufe, Marienstraße 2/IV. 90402 Nürnberg, www.uni-erlangen.de/ifb (Forschungen über freie Berufe, Beratung von ExistenzgründerInnen)

Deutscher Berufsverband für Sozialarbeit, Sozialpädagogik und Heilpädagogik e.V.: Forum sozial, Themenheft – Selbstständigkeit: Fluch oder Segen, 1/2000

Autorinnen und Autoren

Theodor Thesing, Sozialarbeiter grad. und Dipl. Pädagoge, Institutsdirektor a.D.

Bettina Geiger, Dipl. Sozialpädagogin (BA), Dozentin an der Fachschule für Jugend- und Heimerziehung am Institut für Soziale Berufe IfSB Ravensburg

Petra Erne-Herrmann, Dipl. Pädagogin, Verantwortliche Referentin der Fachschule für Organisation und Führung am IfSB Ravensburg

Christina Klenk, Dipl. Pädagogin, Familientherapeutin, Fachbereichsleiterin der Fachschule für Jugend- und Heimerziehung am IfSB Ravensburg.